BIBLIOTHÈQUE
DES MERVEILLES

PUBLIÉE SOUS LA DIRECTION
DE M. ÉDOUARD CHARTON

LE FORUM

OUVRAGES DU MÊME AUTEUR

PUBLIÉS DANS LA BIBLIOTHÈQUE DES MERVEILLES
PAR LA LIBRAIRIE HACHETTE ET Cie

Voyage aux Sept Merveilles du monde. Un volume.
Les Tombeaux. Un volume.
Les Spectacles antiques. Un volume.

Prix de chaque volume, broché. 2 25
Relié en percaline bleue, tranches rouges. 3 50

22950. — Paris. Imprimerie LAHURE, rue de Fleurus, 9.

BIBLIOTHÈQUE DES MERVEILLES

LE FORUM

PAR

LUCIEN AUGÉ DE LASSUS

Immortale nihil mundi compage tenetur,
Non urbis, non regna hominum, non aurea Roma
(JUVENCUS.)

OUVRAGE ILLUSTRÉ DE 34 VIGNETTES

PARIS

LIBRAIRIE HACHETTE ET Cie

79, BOULEVARD SAINT-GERMAIN, 79

1892

LE FORUM

I

LES BERGERS.

« La mer rougissait des premiers rayons, et au haut
de l'Éther la jaune Aurore brillait sur son char rose. »

Ainsi chantera, quand le temps aura franchi l'espace
de sept cents années, un poëte, le plus aimé et le plus
grand qui soit passé en ces campagnes où tant de bruits
retentiront, aujourd'hui encore silencieuses.

La terre n'a pas d'autel qui soit mieux qu'un amoncel-
lement grossier de pierres et de gazon. Des cabanes de
roseaux, quelques cavernes béantes à peine usurpées d'hier,
voilà tout ce qui prête aux hommes, à leur bétail à peine
un peu moins sauvage que les fauves partout rôdant et menaçant, une incertaine et précaire hospitalité. Le nouveau
jour qui se lève, ramènera, ou du moins la différence ne
sera pas bien légère, les travaux, les misères, les alertes,
les joies naïves que la veille a ramenés, que ramènera le
lendemain. Ce n'est pas le blond Phœbus aux cheveux
d'or, Phœbus aimé de Thétys, qui monte et rayonne dans

le ciel déserté de la dernière étoile. En ces rudes campagnes son nom même est ignoré. Ici les dieux sont grossiers
comme leurs croyants et leurs serviteurs. Le plus grand,
et encore semble-t-il attaché à la terre et peu soucieux
des demeures surhumaines, c'est Saturne, le dieu ami des
travaux des champs ; il guide le semeur aux sillons que
péniblement il a creusés dans une terre mal domptée, il
instruit la main du travailleur déjà plus curieux et qui
blesse, pour les mieux féconder, les arbres où la greffe
sera placée ; il sait déjà le bienfaisant reconfort des nourri-
tures restituées à la glèbe, à la bonne nourrice : pas de
soin vulgaire qui le repousse ; c'est un dieu bon ouvrier,
il suit les troupeaux à la piste et ne sort de l'étable jour-
nellement nettoyée, que les mains pleines ou la corbeille
de jonc sous le bras. Aussi est-il familièrement appelé
Sterculus : les temps ne sont pas encore venus où l'impiété,
railleuse et sacrilège du passé, fera de ce surnom de longues
moqueries. Saturne apparaît, non dans des images sculp-
tées, que ses dévots ne sauraient lui consacrer encore,
mais dans leurs récits enfantins, dans leurs chansons
réconnaissantes, la faux à la main. Il est aussi un bon
moissonneur, et sa femme, Ops, d'humeur accueillante
et simple comme lui, c'est la Richesse.

Il veut l'égalité de tous sur la terre et dans les champs
dont la fécondité le réjouit. Il est libre et veut des hommes
libres ; aussi, quand viendront les jours où l'esclavage
aura sans fin multiplié, imposera-t-il aux maîtres la trêve
d'une liberté reconquise au moins l'espace de trois journées. Les saturnales rappelleront aux hommes la fraternité désapprise. En la montrant dans le passé, peut-être

le dieu clément la fera-t-il entrevoir dans l'avenir. Durant ces trois jours de paix, les tribunaux seront fermés, les conflits sommeilleront et l'homme voudra bien ne voir que l'homme dans l'homme qui le coudoie, qui rit et qui passe.

Saturne préside aux félicités sereines de l'âge d'or; son souvenir y doit rester associé. N'est-ce pas assez pour qu'il nous soit cher et respectable? C'est déjà bien beau de montrer l'homme heureux, ne serait-ce que dans le mirage d'une fable lointaine! Saturne cependant n'est pas seul adoré sur cette terre appelée de son nom et qui n'en connait pas d'autre, *Saturnia Tellus*; mais Saturne n'est pas un dieu jaloux, il accepte le partage avec ses frères divins, bien peu nombreux encore et plus humbles que lui; il n'a pour leurs autels plus pauvres que les siens, que des regards de complaisante sollicitude. Et d'ailleurs chacun de ces immortels, si flottante que soit leur immortalité, a son domaine réservé, sinon fermé, de frontières toujours bien délimitées; les empiétements où s'égare la dévotion ne sont pas une conquête violente, encore moins une insultante usurpation. On fait bon ménage chez ces petites gens d'un petit Olympe. Consus, lui aussi, aime les champs; il féconde les semailles; il exige les honneurs de deux fêtes annuelles, quand vient l'hiver et que le grain confié à la glèbe déjà prépare la moisson prochaine, puis quand les jours embrasés de l'été voient tomber sous la faucille les gerbes mûries. Consus, doux à ceux-là même qui savent peiner mais ne savent pas se plaindre, veut que ses fêtes soient celles des humbles et dociles travailleurs que l'homme associe à ses travaux. Ainsi, deux jours l'an, de par son ordre longtemps respecté, le bœuf pesant, la vache complaisamment nourricière, le mulet, le cheval, le pauvre petit âne trottinant, vont, viennent, trottent, galopent en toute liberté pour leur seule joie et l'oubli des labeurs journaliers; aussi dès le matin ont-ils quitté l'étable et leurs serviteurs, hier et demain leurs maîtres, les ont couronnés de fleurs.

Mais Consus ne manifeste qu'une puissance intermittente. C'est le plus souvent un dieu de l'ombre, du mystère et même de l'oubli. Il se dérobe aux entrailles de la terre. Son autel enseveli ne paraît que par surprise; les pasteurs des hommes, à peine distingués des autres pasteurs, mènent grand bruit et grande fête dé l'instant qu'ils le retrouvent. Quand viendra l'homme de Rome, Romulus, le roi à demi légendaire, et qu'il voudra le concours empressé des peuplades voisines, la fête qu'il annoncera, trouvera mieux qu'un prétexte dans la découverte d'un autel dédié au dieu Consus; et la fête qui consacrera, au mois de Sextilis, plus tard au mois d'Auguste, le souvenir du rapt des Sabines et de leur heureuse résignation, sera dite *Consualia*.

Mais Consus, aux jours qu'il disparaît aux profondeurs de la terre, peut-être fraternise avec les divinités infernales. Aussi, comme à ces puissances redoutables de la nuit et du mystère, lui sacrifie-t-on quelquefois une brebis noire. Le bon Saturne préfère d'innocentes offrandes, et quelques-uns des fruits qu'il a fait germer, demeurent pour lui le don le plus agréable: Ce n'est qu'aux jours d'affreuse disette et de grand appétit qu'il a pu se résigner à dévorer ses enfants. Encore faut-il le croire? Ici on ne sait rien de cela.

Le Forum. — État actuel.

Les dieux sont partout en cet âge d'une jeune humanité. On les voit sur la terre de Saturne en une vision moins précise et surtout moins glorieuse qu'aux pays de l'Hellade ; cependant ils grondent dans l'orage, ils murmurent dans les ruisseaux, ils parlent dans les grands bois que la brise balance, ils prophétisent dans le chant et le vol des oiseaux. Le pic vert est sacré. Emplumé de chatoyantes et diverses couleurs, il se plaît au plus profond des bois, il est de forme lourde et gauche, très agile pourtant ; il ne chante pas, il ne crie qu'à de longs intervalles, mais les petits coups secs et répétés sans fin qui révèlent sa présence et son travail acharné, disent de grands secrets à qui sait les comprendre.

Ils sont nombreux ces augures, souvent consultés, car la flèche des chasseurs les respecte, plus nombreux encore les aigles, les faucons, les corbeaux, confidents et révélateurs des oracles divins. Cette contrée en effet apparaît telle encore, ou à peu près, que les dieux l'ont livrée aux premiers hommes.

Un fleuve s'y épand, égarant ses méandres capricieux. Le berger qui du haut de quelque colline le contemple et le suit, ou le devin curieux des libres horizons et des mystères célestes, le compare à la couleuvre paresseuse et flexible qui passe, ondule et disparaît dans les herbes. Plus tard ses eaux jauniront souillées de fange et de limon ; elles sont blanchâtres maintenant. Les sources volcaniques, les émanations souterraines que le soufre pénètre, les ont ainsi colorées. Le feu n'est pas encore déchu de sa toute-puissance. Au pied d'une colline qui sera dite l'Aventin, l'antre de Cacus, le brigand voleur de

bétail, jette des flammes redoutées ; et souvent la terre
brusquement secouée se fend, réclamant quelque illustre
victime. En des âges que rien ne fait pressentir encore,
au milieu même du petit vallon devenu le glorieux
Forum, un gouffre s'ouvrira tout à coup, et Décius, qu'un
dévouement sacré librement y précipite, seul obtiendra
des dieux qu'il se referme.

Ce ne sont là cependant que des craintes bientôt dissipées, des épouvantes passagères ; ces campagnes respirent le plus souvent une quiétude profonde. Sept collines se dressent, huit si l'on veut compter celle que
le fleuve sépare des sept premières. Elles ne sont pas si
bien délimitées qu'elles ne puissent être, en leurs ondu-
lations fraternelles et voisines, quelquefois confondues.
Leur nombre même pourrait grandir, car les plus hautes
dressent une cime indécise, et la frondaison des arbres
inégalement inclinés la déplace au gré d'un souffle qui
passe. Les plus hautes, disons-nous, elles ne sont pas bien
hautes. Sans que l'haleine lui manque, le pasteur en quelques enjambées peut les atteindre et les gravir. Les bois
les enveloppent presque tout entières, vêtement sombre,
doux et plaisant aux yeux, mais que la cognée déjà menace et qu'elle mettra en pièces. Les forêts bientôt ne seront plus que des bois, les bois, des bocages aux
étroites limites. La cognée est sacrilège, et le bûcheron
jamais ne frappe un vieux tronc moussu qu'une vague
frayeur ne lui fasse aux premiers coups trembler la
main. Souvent même il murmure une invocation rapide
au dieu Pan, ou bien à quelque autre divinité protectrice
des ombrages inviolés. Mais il faut du bois aux cabanes

groupées sur les pentes prochaines, il en faut aux bergers
que les longs repos dans la campagne rassemblent auprès du feu ; il en faut à ceux-là qui veulent asservir la
terre et pousser la charrue, de tous les conquérants qui
viendront, les premiers et non les moins laborieux.
Enfin à ces cultures naissantes il faut ménager la place
et de libres étendues. Les premiers champs où verdoie,
pour jaunir bientôt, non pas le bon froment, mais
l'épeautre, blé plus commun, que seul on devait d'abord
connaître, ont usurpé, non les sommets que les bois cou-
ronneront longtemps encore, non les vallons où dort et
s'épand une eau croupissante, mais les pentes doucement
inclinées où commencent les collines. Ces marais qui
seront le Vélabre et qui seront le Forum, l'été les dessèche à demi, mais les hivers les remplissent. Une pluie
d'orage suffit à faire un cloaque du Forum. Le fleuve qui
ne connait ni la gêne d'une digue ou d'un quai, ni l'insulte victorieuse d'un pont rejoignant ses bords, visite à
son gré, aux jours de ses colères, tous les vallons avoisi-
nants. Les noirs sangliers se vautrent dans ses fanges, les
bœufs lents mais non pas encornés bien haut comme
ceux que de longs siècles plus tard amèneront des barbares inconnus, les brebis placides, non pas les buffles
massifs et pesants qui doivent charrier les invasions dernières, viennent piétiner les berges ; tantôt ils se glissent
dans la ramée frémissante des roseaux, tantôt, en leur
impatience de l'abreuvoir accoutumé, ils en jettent bas
toute une gerbe que la boue a bientôt souillée.

Ainsi les vallons dont les collines s'environnent, appar-
tiennent aux meneurs de bœufs, autant du moins que le

tolèrent les fauves restés très nombreux. Les travailleurs des champs lentement agrandissent leur domaine;
les bergers qui paissent les moutons, et ceux-là qui
mènent leurs chèvres, plus hardis, plus fiers, d'humeur
moins apaisée, ainsi que leurs bêtes le leur ont enseigné,
étendent leur empire aux frontières flottantes, sur les
collines, sur les roches que les dents meurtrières ont
commencé de dépouiller. Ces hommes sont rudes et
simples; ils ne chantent que de lentes et monotones mé-
lopées, les flûtes dont ils s'accompagnent et dont les cris
aigrelets éveillent et conduisent les troupeaux, un roseau
taillé, percé de trous inégaux, la leur a fournie. Là-bas,
bien au delà de ces collines qui leur sont familières et
de la plaine qui les entoure magnifiquement étalée, derrière ces montagnes lointaines, aux profils si fiers et qui
pour eux semblent limiter le monde, il est un peuple riche
et déjà fameux. Ses habitants sont nombreux et ses villes
ceintes de murailles; il a des temples, des collèges
de prêtres, des augures savants; il faut des palais sou-
terrains au faste impénitent de ses familles les plus puissantes; et le mystère des nécropoles, qu'une jalousie
ombrageuse s'ingénie à dérober, réserve aux sacrilèges
qui le viendront violer, l'éblouissement d'un butin merveilleux. La mort est là-bas aussi avare que la vie a été
prodigue. Les hommes sont cruels, leurs dieux, conçus à
leur image, aiment les sacrifices sanglants, et sur la
tombe à peine fermée, l'égorgement des victimes expiatoires. Le sang coule en Étrurie autant qu'en aucun lieu
du monde. Mais nos pasteurs ne connaissent de ce peuple
et de ces villes pour eux trop lointaines, que les mar-

chands brocanteurs de toisons qui passent, quelques
amulettes inexpliquées, quelques vases de bronze, luxe
bien rare et qui fait bien des jaloux. Si peu nombreux
qu'ils soient, car ils ne forment pas même un village, ils
ne sont pas issus d'une commune famille humaine ; ils le
savent, ils le disent, quelquefois brutalement ils se le
reprochent. Les montagnards aisément poussent les querelles jusqu'à la bataille. Saturne n'est pas si bien écouté
en l'apaisement de ses enseignements champêtres, que
la guerre soit inconnue. On a déjà vu des armes meurtrières, des boucliers grossiers, même des chars. La
fronde est d'un usage habituel. Les épieux n'ont pas
déchiré que le flanc des cerfs ou des sangliers, ils ont
goûté du sang de l'homme et ne doivent plus l'oublier.
Ces hommes de rapine et de proie dont les fils seront des
hommes de victoire et de conquête, coiffent leur tête de
la peau fauve des loups. Leur pied gauche est nu ; une
guêtre grossière revêt leur jambe droite.

Les Marses venus, assurent-ils, des retraites ombreuses
où l'eau des lacs profonds, étroitement emprisonnés,
reflète les arbres penchants, se vantent de connaître
l'art d'assoupir et d'apprivoiser les vipères. Ils les grisent
de chants attendris, les fascinent de lentes caresses ; les
reptiles les suivent docilement. Ce n'est qu'un jeu pour
ces charmeurs de guérir les plus cruelles morsures.

L'une des sept collines, celle qui sera fameuse entre
toutes, celle qui sera le Palatin et portera le palais des
Césars, a vu déjà s'établir une enceinte carrée, bien
réduite ; elle ne couvre même pas la colline tout entière,
mais elle est forte et peut défier un assaut précipité. Ceux

qui l'ont bâtie, enfants perdus que des migrations
incertaines ont dispersés aux rivages les plus divers, les
Pélasges, voyageurs éternels que ne retient nulle patrie
fidèlement acceptée, constructeurs audacieux et qui re-
muent les rochers pour les entasser en remparts ou les
dresser en citadelles, l'ont appelée Rome. Cela veut dire
« force » en un langage que les fils du pays ne sauraient connaître ; cependant ils sauront justifier la promesse et le
présage. Ces Pélasges, étrangers au milieu des peuplades
qui les ont accueillis ou plutôt subis, redoutaient quelque
surprise, peut-être quelque vengeance ; leur campement
est devenu une forteresse. Ils disparaîtront ainsi qu'ils
sont venus, dans la nuit, dans le mystère, mais un seul
nom laissé derrière eux, jeté peut-être au hasard et sans
une pensée réfléchie, suffira bientôt à fatiguer les échos
d'un monde qui n'aura plus d'autre nom.

Une seule colline, le Palatin, d'un avenir prochain,
contient les hommes fils légitimes de cette terre, ou du
moins qui ne connaissent plus d'autre aïeule, et les vagabonds plus hardis, mais aussi plus redoutés, qui sont
venus se tailler là un refuge passager. Leurs bras sont
forts ; et les lourdes pierres, à leur commandement, rou-
lées, empilées, péniblement dressées, ont limité une
enceinte ininterrompue. C'est la première conquête, la
prise de possession d'un libre espace, l'asservissement d'un
petit coin de terre. L'exemple sera suivi, et la conquête
du monde voulait cet apprentissage et ce commencement.
Les pasteurs, longtemps accoutumés à ne voir dans les
pierres qu'une immobilité inébranlable, ont raillé ces durs
labeurs, puis ils en ont conçu quelque étonnement,

bientôt quelque épouvante ; c'est que l'homme remueur
de rochers est un vainqueur, bientôt un maître, et du
haut de ces rudes remparts jalousement fermés, aire au-
dacieuse et que seul peut dominer de plus haut et embrasser du regard l'aigle enlevé dans l'espace, le bâtisseur
se fait redoutable ; ce qu'il prendra ne sera plus rendu ;
il acceptait pour lui d'effrayants labeurs, il saura les imposer à bien d'autres. La citadelle c'est déjà le royaume et
le roi, ce sera quelque jour, dans un agrandissement prodigieux, l'empire et l'empereur. Mais alors les camps largement espacés sur les frontières, les fleuves soumis
et complices, quelquefois même des remparts énormes
et fermant des provinces tout entières, seront la citadelle
d'une puissance qui n'eut jamais d'égale. Cependant, tels
sont le charme et la persistance des premiers souvenirs
que le Palatin, celui-là même des consuls et des césars,
sera dit le Palatin des troupeaux, *pecorosa Palatia*, et
qu'une de ses portes restera la porte *Mugonia*, la porte
mugissante, comme si les bœufs y venaient toujours chercher leur étable hospitalière.

L'enceinte que tracera Romulus, débordera le Palatin.
Une charrue par lui-même poussée, en aura sillonné
le tracé ; mais s'il lui plaît la marquer d'un vestige plus
durable, il lui faudra appeler des manœuvres mieux pré-
parés que les pasteurs de la contrée ou les vagabonds qui
déjà suivent sa fortune. Les Étrusques, patients et ingénieux bâtisseurs, viendront dès qu'un chantier sera
ouvert, et déjà, en cette aube incertaine d'un peuple
commençant, le Romain apparaît l'ordonnateur, l'initia-
teur, le maître prédestiné.

Et cependant ces pensées ne sont pas encore formulées. Le berger, sa peau de bique sur les épaules, le bâton à la main, le dos appuyé contre un arbre, pense et médite volontiers ; ce ne sont pas les cris de ses bêtes qui troublent ses interminables rêveries. Jamais, cependant, il n'oserait pressentir en lui, ni dans les enfants qui se jouent aux herbes des pâturages, une telle descendance de vainqueurs et de héros. Les Romains ne voudront pas renier ces très humbles ancêtres ; ou du moins, si quelque vanité complaisante doit supposer un jour le Grec Héraclès paissant les troupeaux de Géryon au bord du Tibre, si le dieu Mars doit promener ses amours vagabondes en ces campagnes encore sans gloire, jamais ces dieux ne banniront les véritables aïeux, jamais ils ne les feront oublier ; les vrais Romains, les meilleurs, les plus grands, Caton ou Virgile, aimeront les champs et comme le fabuleux Antée, digne rival d'Hercule, ils comprendront que toucher la terre, la fouler, l'étreindre d'une tendresse filiale, c'est reprendre la force et la vie en leurs origines premières. Le rude laboureur fera l'indomptable soldat.

Le jour qui se lève a de charmantes douceurs. Les troupeaux le saluent de leurs beuglements attendris et qui vont se répétant de colline en colline. Les cimes sont déjà caressées par la lumière, les bois profonds où les yeuses répandent d'insondables ténèbres, prolongent une nuit qui ne sera jamais complètement dissipée. Mais les oiseaux restés invisibles ont deviné l'aurore ; ils jettent leurs premiers gazouillements, ils ont secoué leurs ailes humides des fraîcheurs de la nuit et leur vol déjà s'est

essayé, traversant les branches, animant le silence et
l'immobilité des hautes ramures.

Les arbres qui librement prospèrent, gardent, au moins
les plus nombreux, l'éternelle parure d'un feuillage que
l'hiver ne saurait flétrir. Ainsi ces yeuses bien des fois
centenaires et qui étaient là quand l'homme n'était pas,
ainsi ces myrtes constellés de fleurettes blanches que la
Grèce consacre à la belle Aphrodite, car il faut la joie d'un
printemps éternel à la déesse qui aime et fait aimer, ainsi,
de tous ces arbres les plus fiers et les plus glorieux, les
lauriers qui couronnent et enveloppent l'Aventin d'un ombrage ininterrompu. Cette colline inspirera, on ne saurait
dire par quelle influence mystérieuse, un esprit de déni-
grement, d'hostilité, de révolte même à ceux-là qui la
graviront. Si Romulus eut réellement un frère, ce fut là
que Rémus, interrogeant le vol des oiseaux, vint lui disputer l'honneur de dénommer la cité nouvelle. L'Aventin, un
démocrate impénitent, longtemps jalousera le Palatin, un
intraitable aristocrate, et les plébéiens en masse s'y viendront retirer, fuyant la tyrannie trop lourde des patriciens.
Mais l'Aventin complaisamment aussi prêtera ses lauriers
à toutes les victoires, et combien il en faudra pour tresser
les couronnes de tant de vainqueurs et suffire à tant de
pompes triomphales !

Les hêtres, les cornouillers sèment leur feuillage aux
premières rigueurs de l'année finissante. Ils se groupent
au voisinage des rochers qui les surplombent. Les sources
que les bois disparaissant laisseront taries, sont encore
nombreuses ; les figuiers les ombragent, leurs larges
feuilles tamisent la lumière ; il semblerait qu'ils veulent

rendre à cette eau bienfaisante un peu de la fraîcheur qui
les a fait naître et qui les réjouit. L'une est dite la fontaine
de Juturne. C'est beaucoup
moins qu'un petit lac assurément, il faudrait dire une
mare, si le mot ne semblait
d'une impertinente vulga-
rité ; un peu d'eau librement épandue reflète au

Les Dioscures à la fontaine Juturna.

pied du Palatin un petit coin d'azur. Le Forum établi la
desséchera et fera disparaître ; mais le jour de la bataille
du lac Régille, Castor et Pollux y seront venus abreuver
leurs coursiers divins.

Le mont Célius dérobe en ses pentes premières la grotte
d'Égérie. Juvénal la pourra visiter encore.

Les brumes matinales ont flotté, d'un instant à l'autre
plus confuses et plus légères. C'était un voile où dispa-
raissait la profondeur des vallons et des gras pâturages ;
puis ce n'était plus que de fines écharpes, une gaze transpa-
rente, indiscrète et peu jalouse, ce n'est plus rien, et la
fuite dernière s'en est évanouie. Une bête rapide chemine
la tête basse ; elle se hâte comme si elle craignait le jour.
Cette campagne lui est familière, elle n'hésite pas, silencieuse elle marche, elle va ; c'est une louve, c'est une
mère, c'est une nourrice. Elle a dépassé les oseraies et
les vieux saules qui révèlent le voisinage du fleuve, elle
gagne le Palatin en coupant au plus court devant elle. Un
antre la reçoit. Le rocher est humide ; les scolopendres y
suspendent leurs feuilles allongées ainsi que des fers de
lance. La louve se couche, s'étale ; ses grands yeux

La Louve étrusque du Capitole.

fauves se sont attendris en un regard qui est une caresse, elle abaisse la tête, ses dents blanches et aiguës resteront inoffensives, lentement elle lèche et sous son ventre ses petits se blottissent, pressant les mamelles, avides et gloutons; puis ils vagissent si doucement que l'on dirait des voix humaines, et lentement, reconnaissant dans ces petits sa digne progéniture, si peu ressemblante soit-elle, la louve une fois encore lentement les a léchés.

LES CONSULS

« Qu'était Rome lorsque la flûte de l'habitant de Cures frappait de son paisible murmure le rocher de Jupiter et qu'aux lieux mêmes où la loi est aujourd'hui dictée aux nations vaincues, les javelots sabins se voyaient au milieu du Forum romain? »

Ainsi parle Properce, un poète épris en dilettante des choses du passé et qui devait se plaire à les évoquer dans les premiers rayonnements de la Rome impériale. En effet, autant qu'il est possible de dégager l'histoire aux traditions plus qu'à demi légendaires d'un grand peuple commençant, les Sabins sont les premiers que nous trouvons établis au Forum, au Quirinal et même au Capitole. Compagnie de bandits, les hommes de Romulus restèrent longtemps campés au Palatin.

Le Forum, avons-nous dit, fut un marais, au moins intermittent; il devient un marché, c'est dire qu'il n'est déjà plus reconnaissable. Les Tarquins venus d'Étrurie, grands bâtisseurs comme on l'était dans leur patrie d'origine, ont entrepris des travaux importants d'utilité vulgaire, mais aussi de consécration pieuse. Les dieux savent, tout un monde conquis et devenu Romain proclame, combien l'exemple devait être profitable et fidèlement suivi. Tarquin l'Ancien, meilleur constructeur que les Pélasges, fait donner les premiers coups de pioche, tailler les premières pierres d'un bel et régulier appareil. Tarquin le Superbe poursuit et achève cette tâche digne de son orgueil. Ainsi seront fondées pour ne plus jamais s'ébranler, les premières assises de la Rome monumentale. Une prodigieuse floraison de toutes les splendeurs doit germer et s'épanouir; mais si magnifique soit-elle, jamais elle ne doit abolir ni faire oublier l'œuvre des vieux Tarquins. La *cloaca maxima* reste encore aujourd'hui une des curiosités de Rome. N'est-ce pas une chose remarquable cependant et bien caractéristique, de la voir à son début construire ce monumental égout? L'esprit pratique, un peu terre à terre de son peuple, n'est-il pas ainsi, en ses plus lointaines origines, annoncé et prédit? Si les Tarquins, en fondant le grand temple de Jupiter au Capitole, attestaient leur foi religieuse et dans quel souci ils avaient la protection des dieux, ils révélaient à la même heure qu'un tel souci n'était pas leur unique pensée. S'ils comptaient sur les immortels pour les aider de haut et de loin dans leur tâche royale et humaine, ils ne comptaient que sur eux-mêmes pour se ménager une ville qui leur fût sainement et agréablement habitable.

Tatius, un roi sabin, ou plutôt un chef de bande, avait déjà dressé, dit-on, dans le Forum une statue à Vénus Purifiante, *Venus Cloacina*, preuve nouvelle que ce vallon avait tout spécialement besoin d'être assaini et purifié. Que pouvait être cette statue? Sans aucun doute une idole très grossière, un fétiche de sauvage. Varron nous affirme, et rien n'est plus vraisemblable, que Rome resta sans statue vraiment digne de ce nom pendant cent soixante et dix ans après sa fondation.

Ainsi les travaux des Tarquins ont desséché les vallons bourbeux. Ces princes peuvent descendre de leurs collines, de leur Regia, la première résidence royale, qui bien modestement préludait aux lointaines splendeurs du Palatin, et de là gagner le Capitole déjà couronné de temples, sans le risque de honteuses souillures ou l'ennui de se frayer passage à travers les roseaux. Tarquin l'Ancien éblouit ses sujets du premier char qu'ils aient vu passer, et dans ce bel appareil, affirmant peut-être sa prise de possession, il gravit le Capitole.

Le Forum, au temps des rois, est un lieu d'assemblée, un tribunal, avant tout un marché. Tarquin l'Ancien en traça le périmètre, en régularisa, au moins à peu près, l'emplacement et l'encadra de portiques. N'est-il pas curieux et d'une instructive ironie de voir ces rois ainsi ménager l'aire bientôt fameuse où la liberté romaine doit tenir ses assises premières, où la haine implacable des rois hautement proclamée devient un article de foi que la tyrannie impériale elle-même pourra duper mais n'osera pas franchement démentir?

A peine cependant le Forum est-il le Forum en toute la terrible majesté de ce mot, que le sang vient d'y couler, et le sang le plus illustre, le plus précieux qui fût alors, aussi le plus cher à cette peuplade que désormais nous pouvons appeler un peuple, le sang même de Brutus. Il abolit la royauté, il fonde l'état républicain, de quelle

main brutale et jamais défaillante! C'est là déjà, non pas
dans les joies, mais dans les menaces plutôt d'une aurore
qui sera le jour le plus splendide, un de ces durs meneurs
d'hommes, implacables à tous comme ils le sont à eux-
mêmes, tels que Rome en doit si longtemps enfanter. La

Brutus.

lignée commence des
féroces serviteurs de
la patrie et de la loi.
Assis sur la plate-forme
du Vulcanal, à l'om-
bre de l'autel de Vul-
cain et comme sous
l'inspiration de ce dieu
des abimes insondés
et de leur mystérieuse
épouvante, Brutus est
venu siéger, et devant
lui, sans qu'un seul
instant l'aveu d'un re-
gret ou l'éclair d'une
pitié clémente ait plis-
sé sa lèvre ou troublé
son regard, il a fait
battre de verges et l'un après l'autre décapiter ses deux
fils coupables de conspiration, convaincus de connivence
avec les derniers partisans des Tarquins.

Seule l'assistance devait manifester quelque horreur et
quelque répulsion; et cependant ces triomphes effrayants
du citoyen ou du soldat esclave de la loi et de la discipline
sur l'homme et sur le père n'étaient pas pour déplaire

aux vrais Romains. Quelque chose du génie de ce peuple, âpre mais grand, avait passé dans l'âme de Brutus.

La royauté romaine n'avait pas disparu sans laisser derrière elle comme une trainée mal effacée. Aussi parmi ce peuple fier et jaloux de ses libertés nouvelles ou plutôt de ses lois librement acceptées, le moindre incident, la plus légère apparence méchamment interprétée éveille aussitôt de l'ombrage. Patriciens et plébéiens rivalisent d'inquiète susceptibilité. Valérius Publicola, l'ami, le collègue en son terrible consulat du premier Brutus, habite la Vélia. C'est moins qu'une colline, à peine un monticule, une butte aux limites incertaines. Cependant elle se dresse à l'extrémité du Forum; elle fait pendant au Capitole.

La Vélia domine le Forum, que seuls les dieux ont droit de dominer. Les rois étrusques ont résidé sur la Vélia. Quel exemple et quel souvenir! N'est-ce pas tramer ou du moins rêver la tyrannie que demeurer si haut? Valérius prévient les soupçons et les accusations déjà formulées. Lui-même et ses pénates, ils délaissent leur citadelle et se transportent plus bas, de plain-pied avec le peuple, de plain-pied avec le Forum.

On ne saurait affirmer que toutes les circonstances de l'histoire romaine en ces premiers siècles soient d'une exactitude sûrement établie. Les Romains ont imposé tant de choses au monde qu'ils ont bien pu, si médiocrement douée que fût leur imagination créatrice, lui imposer aussi une histoire amendée et complaisamment embellie. Tite-Live, en son magnifique orgueil, ne s'en défend qu'à demi. Ces anecdotes sont caractéristiques cependant; elles accusent un grand accent de vérité dans leur ensemble

sinon dans leurs détails. Nous ne saurions jamais puiser
nos mensonges ou suivre nos erreurs qu'en nous-mêmes,
et nos fables nous racontent, en dépit que nous en ayons.
Le voile n'est pas un masque et le visage y transparaît.

La vie romaine, en ses coutumes les plus diverses, en
ses vulgarités quotidiennes comme en ses plus rares solen-
nités, emprunte l'encadrement coutumier du Forum. Que
ce soit le jour des prières publiques, d'un grand deuil
national, d'une lutte civile, des rivalités de partis, des
émotions populaires et de leurs terribles flux et reflux, le
Forum les voit venir, le Forum les voit passer. Cela ne traîne
pas toujours beaucoup de fracas. L'épopée est venue, elle
reviendra, il faudra bien des siècles et des ruines pour
qu'elle désapprenne ce chemin. Le drame n'abdique
jamais; à peine écarté l'espace de quelques jours, on le
devine tout prêt à rentrer en scène, tant les échos lui restent fidèles et attentifs. Mais la comédie, la farce même n'est
pas toujours ici absente et interdite. Le Forum a vu des
jeux, non pas seulement les jeux sanglants des premiers
gladiateurs, mais des représentations scéniques où la verve
bouffonne des précurseurs de Plaute et de Térence se donnait libre carrière. L'idylle aimable et souriante, une
invitée que Rome ne connaissait guère, ne s'est pas toujours détournée dans l'épouvante ou la menace des souvenirs mal apaisés. Strenia, la déesse latine, est une déesse
généreuse, elle veut la libéralité répandue sur tous les
cœurs et dans toutes les maisons. Les étrennes gardent
son nom et sa mémoire; cependant les enfants ingrats ainsi
que des hommes ne savent plus qu'ils lui doivent les joies
et les surprises de l'année commençante. Strenia a son

sanctuaire au pied de l'Esquilin. Rien de plus modeste, et les ruines en seront bien vite effacées. Le plus souvent le sanctuaire est déserté, sans offrandes. Il n'est joyeux et assiégé de la foule que l'espace d'une aurore. Mais la déesse est bonne mère, indulgente, sans rancune. Une fois l'an, un cortège se forme chez elle ; il suit la voie Sacrée, il chemine à travers le Forum. Aux feuillages verts qu'il emporte et balance, on dirait le printemps qui marche et déjà promet, si lointain que soit encore son premier réveil, la joie des verdures renaissantes. Strenia envoie au Capitole une ambassade que les grands dieux de bataille, d'orgueil et de victoire, accueillent en toute complaisance.

Les chevaliers qui devaient prendre, dans la hiérarchie des dignités et des partis, une place si considérable, n'étaient en leur destination première que la cavalerie de Rome. Le recensement et la revue en étaient faits au Forum. Ils s'assemblaient à la Vélia, suivaient la voie Sacrée, cheminant à pied et tenant leur cheval par la bride. Ils passaient devant le temple de Castor et Pollux, plus brièvement dénommé en langage vulgaire le temple de Castor ; peut-être ils murmuraient, à l'adresse de ces vaillants dompteurs de chevaux, quelque pieuse oraison, puis pénétraient dans le Forum.

Le censeur, un magistrat redoutable, est là qui les attend, assis devant les rostres. Il est vêtu de pourpre comme un victorieux ; il ne marche que précédé d'un licteur et, par un privilège tout spécial, il prête serment solennel de maintenir les lois et de les imposer à tous, au Capitole, attestant bien en face le seul Jupiter, tandis que les autres magistrats prêtent serment au Forum et n'attestent que le peuple romain. Aussi, en ce qui relève de ses attributions, le censeur, protégé comme d'une investiture divine, décide en toute souveraineté et sans appel. La tenue d'un chevalier lui semble-t-elle négligée : « Vends ton cheval » lui dit-il ! Et cela suffit, le chevalier est déchu de l'honneur de servir Rome. Enfin c'est prudence et sage précaution de surveiller, de réformer son régime quand s'annonce cette épreuve implacable. Une panse de Silène fait scandale et provoque la moquerie ; le soupçon d'une obésité commençante a fait jeter plus d'une fois l'humiliante interjection « Vends ton cheval ! », même à quelque brave vétéran qui s'en va tout penaud.

Cependant le mot *censere* s'appliquait primitivement au dénombrement des troupeaux et le premier censeur fut un berger ; telle est la persistance des souvenirs champêtres toujours reparaissant jusque dans les institutions de ce peuple batailleur.

Les barrières de bois où l'on classe et parque les citoyens aux jours de grandes assises populaires dans le Champ de Mars, sont dites bergeries, *ovilia*. Et les dieux savent cependant si les Romains furent jamais un peuple de moutons ! Les loups ne manquaient pas dans cette bergerie.

La lutte obstinément prolongée des grands et du populaire, des patriciens et des plébéiens, déroule ses diverses péripéties, émouvantes comme une tragédie, fécondes comme les grandes révolutions de la nature, dans ce cadre cependant bien réduit, bien disproportionné à de telles grandeurs, le Forum romain. Mais aussi, comme il est de règle dans un drame bien construit et d'une im-

placable logique, l'action se trouvant resserrée en un
court espace, rassemblée en quelques milliers de cœurs
si étroitement pressés les uns contre les autres qu'ils
pouvaient s'écouter battre, la pièce jouée ne nous en
apparaît que plus saisissante, plus profondément humaine.
Elle traverse à peu près cinq siècles, ainsi qu'une bonne
tragédie bien régulière et bien classique, les cinq actes
voulus. Elle ne s'en va pas égarée loin du cadre choisi.
Les dieux la suivent et l'embrassent, mais ils demeurent
dans une tranquille neutralité; elle est tout humaine ou
plutôt toute romaine, très précise, très raisonnée ainsi
qu'il convient à un peuple assez ignorant des libres rêveries. Cette pièce, d'autant plus angoissante qu'elle nous
est plus prochaine, accepte en son unité en quelque sorte
fatale de temps, d'action et de lieu, des épisodes inou-
bliables, des scènes qui sont des tableaux, qui sont du
marbre, qui sont du bronze, comme les belles légendes
dont se berçait la Grèce aimée des dieux, et qui cependant
sont aussi de la pensée, de l'âme et de la vie. Le drame
est un, mais telle est la vie qui le pénètre que les fragments eux-mêmes en restent tout frémissants.

Un jour un homme paraît dans le Forum. C'est presque
un vieillard. On le connaît. Mais, depuis de longs jours il
était absent, vainement désiré aux maisons où son amitié
fréquentait. On le nomme, on l'appelle, on l'entoure. Ses
vêtements sont misérables; on sait bien qu'il est pauvre,
mais ce n'est plus du dénuement que trahissent ces hail-
lons sordides. Il a le visage défait, sa démarche est chancelante. Jamais au retour de quelqu'une de ses campagnes
les plus rudes et les plus lointaines, il ne revint brisé

d'une égale fatigue, épuisé d'aussi cruelles souffrances.
Cet homme est un soldat, un soldat toujours vainqueur;
mais la victoire n'enrichit que les riches. La gloire est
pour la patrie romaine, et cela est bien; à ce vétéran
suffit, pour sa part d'immortalité, l'orgueil d'être Romain.
Il faut vivre cependant, manger, faire manger les siens. Le
butin du soldat n'est qu'une aubaine bien chanceuse. Si
lourdement chargé est le légionnaire, qu'il ne saurait ajouter à ses armes, ses pièces de campement, à ses vivres d'ordonnance rien qui soit bien pesant. Le partage des tributs
imposés aux peuplades conquises, ou mieux des champs
devenus, du droit de la victoire, patrimoine national, lui
permettrait de subsister, et le soldat ne retrouverait pas la
misère au sortir du triomphe. Mais, nous l'avons dit, les
petites gens sont écartés de la curée. Quelques familles
prennent et gardent tout, ne partageant que les dangers.
Ainsi, dans la dernière guerre, cet homme a vu sa ferme,
le seul héritage qui lui soit échu, dévastée; il n'en reste
qu'un souvenir et un peu de cendre. Ses troupeaux ont
disparu, emmenés par l'ennemi. Les taxes lui ont fait une
nécessité de l'emprunt; puis il n'a pu satisfaire aux dettes
contractées. Le créancier, un patricien usurier, complaisant la veille, implacable le lendemain, devenu tourmen-
teur et bourreau, a fait saisir cet homme, et chez lui,
dans sa prison d'esclave, cachot honteux qu'ignore la
lumière du jour, il l'a jeté, les fers aux mains, les fers
aux pieds, à ces pieds qui ont soulevé la poussière des
batailles, à ces mains qui ont brandi la lance et jamais
n'ont déserté le bouclier! Et l'on dit que Rome n'a qu'une
seule prison, celle-là que le roi Ancus Martius fit creuser

au bas du Capitole ! Mais chaque maison qu'un grand nom
décore, que hante l'orgueil d'un patricien, est la prison
d'un plébéien, ou le sera au gré de son caprice. Ainsi
gémit le fugitif tout ébloui de ce grand jour qu'il déses-
pérait de revoir. La tempête gronde autour de lui, les
rancunes se réveillent ; et chacun de raconter quelque
injustice patricienne, de renchérir sur les cruautés rappe-
lées, et l'hostilité grandissante se ferait meurtrière si tous
ces hommes, les plus grossiers, les plus malheureux
eux-mêmes, les plus injustement trahis de la fortune et
des joies promises, ne voyaient, non pas dans un rêve
flottant, mais dans une immédiate réalité partout présente,
Rome elle-même, leur commune adoration, imposant son
impartiale équité, sa très haute justice, désarmant les
haines ou du moins leur dictant une trêve au jour des
angoisses suprêmes et des prochains dangers. Longtemps,
en leurs colères les mieux fondées, en leurs séditions les
plus bruyantes, les plébéiens se borneront au refus du
service militaire, et encore jusqu'au mirage docilement
accepté des promesses souvent déçues. Une retraite au mont
Sacré marquera le terme de leurs plus furieux ressenti-
ments. Longtemps l'altière et maternelle vision de la patrie planera sur le Forum, et ce dieu n'aura pas un athée.

Rome est une cité de guerre et de conquêtes. Ses premiers pas dans l'histoire l'attestent et bien vite elle a
pleine conscience de la tâche qui lui est assignée.

Tu regere imperio populos, Romane, memento ! « Romain, souviens-toi qu'à toi il appartient de gouverner les
peuples ! » Rome l'avait pensé bien avant que Virgile
ne le chantàt.

Aussi la vie militaire nous apparaît étroitement asso-
·ciée à la vie civile, non pas confondue, au moins dans
l'âge des plus fécondes prospérités. Au Forum le soldat
redevient citoyen. Un exemple illustre nous y montre
cependant, en sa dureté nécessaire mais aussi en sa sublime grandeur, ce qui fut avec la foi ardente aux destinées de la patrie, la force la mieux assise, la condition
première des victoires accomplies et des victoires promises,
la discipline militaire. Ce jour-là le Forum, partageant les
émotions du camp à peine abandonné de la veille, devait
assister à la bataille la plus glorieuse; et Rome, sans
faire de vaincus, devait dispenser également entre tous
l'honneur et la victoire.

On guerroie contre les Samnites, de rudes adversaires
et dont la défaite laborieuse laissera le glaive de Rome
trempé à ne plus se briser. L'épreuve est décisive et redoutable; les consuls eux-mêmes ne feront plus qu'obéir.
Papirius Cursor est dictateur; il a choisi Quintus Maximus
Fabius Rullianus pour maître de la cavalerie.

Les poulets sacrés, consultés, ne présagent rien de bon.
C'est une grande affaire et dont le chef suprême d'une
armée romaine, serait-il campé en face de l'ennemi, ne
saurait se désintéresser. Papirius vient à Rome en quête de
plus favorables auspices. Cependant il a formellement
interdit à Fabius d'engager l'action avant son retour.
L'occasion se présente d'une bataille heureusement préparée; Fabius désobéit, livre la bataille et la gagne. La
nouvelle est reçue à Rome. Papirius irrité invoque son
autorité méconnue, congédie le Sénat qu'il allait consulter, déserte la curie et se hâte vers son camp tout frémis-

sant d'une nouvelle victoire. Fabius s'inquiète; un danger
approche et le menace plus redoutable encore que les
armes samnites. Lui vainqueur, il demande à ses soldats
de le protéger: les acclamations lui répondent et l'accueillent sans le rassurer pleinement toutefois.

Le dictateur a fait diligence. Son tribunal est dressé.
Papirius apparaît, il siège, il parle, il commande. Le victorieux n'est plus qu'un accusé. « Que le licteur s'avance!
a dit Papirius, qu'il prépare les verges et la hache! » On
murmure, on proteste, un tumulte éclate. Papirius impassible ne veut pas l'entendre. Le jour tombe cependant,
refusant d'éclairer ce sanglant démenti jeté à la victoire.
Selon la coutume, le jugement est remis au lendemain.
La nuit est venue, propice et complaisante. Fabius, mal
gardé peut-être, s'échappe. Pour une fois et par grand
hasard, la vigilance romaine consent à sommeiller. Fabius
est à Rome, chez son père. Ce père a été lui-même dictateur, trois fois consul; il appartient, aussi bien que
Papirius, à l'une des plus anciennes et des plus hono-
rées familles de Rome. Mais le souvenir de tant d'honneurs et des services rendus, que pourrait-il contre la loi?
Papirius est accouru à Rome sur les traces du fugitif. Il
ordonne à ses licteurs de le rechercher, de le saisir. Le
père supplie, le Sénat se récrie. Rien ne peut fléchir le
terrible justicier. Le père de Fabius en appelle aux tribuns
et au peuple. La curie est désertée; le Forum est maintenant
le théâtre où le drame agrandi poursuivra sa marche haletante et trouvera son dénouement. Jamais conflit plus tragique des passions les plus hautes, des traditions les plus
sacrées, de la pitié suppliante, de la justice menaçante et

suspendue ainsi que le tonnerre dans la main des dieux, ne devait captiver l'attention et bouleverser les âmes d'une angoisse plus profonde. Rome est en lutte avec elle-même, et le peuple plus étroitement que ne le fut jamais le chœur antique, est associé à cette tragédie sublime. Il n'est pas un echo docile; il est un acteur, il devient, du moins pour un jour, un de ces dieux inattendus mais toujours présents et qui seuls dénoüent ce qui dépasse la volonté des mortels. Sa voix est si haute et si fière qu'elle imposerait silence à la tempête.

Le dictateur monte à la tribune. Fabius vient se placer à ses côtés. Le dictateur l'éloigne et le repousse. Le père de Fabius saisit son fils, se cramponne à lui, atteste le peuple, atteste les dieux, accuse le dictateur. « Des verges, des haches, s'écrie-t-il, pour des généraux victorieux! — A quel supplice plus cruel mon fils aurait-il été réservé si l'armée avait péri? Les temples sont ouverts, les autels fument et disparaissent sous les offrandes, c'est par lui, par lui seul; cependant il sera dépouillé de ses vêtements, déchiré de verges en vue du Capitole, en présence de ce peuple romain qui lui doit sa dernière victoire et de ces dieux que dans la bataille il n'a jamais vainement invoqués! »

Et le Capitole est là, splendide, radieux, hier salué des acclamations qu'une heureuse nouvelle soulevait aussitôt; ses temples dominent le Forum. Ils sont si rapprochés que les mains des suppliants sont prêtes à les toucher. Et le vieux père embrasse son fils, et le rude soldat pleure au lieu même où pleurait le vieil Horace acharné à sauver son dernier enfant.

Les sénateurs, cependant gardiens jaloux des lois, les tribuns, le peuple se prononcent bruyamment pour le père. Le dictateur reste inflexible. Seul, sollicité des uns, menacé des autres, blâmé de tous, il tient tête à l'orage. Pas un instant son autorité n'est contestée ou méconnue; il demeure le maître, il est tout, il est la loi. « Voulez-vous, dit-il, offrir vos têtes pour protéger l'insubordination de Fabius? »

Les tribuns se troublent. Mais la grande âme romaine a compris et le sublime entêtement de Papirius et l'héroïque entraînement du jeune Fabius. Plus de menaces, plus de tumulte injurieux et qui déshonorerait dans Papirius la plus haute majesté qui soit après la majesté des dieux. D'une commune pensée et de la plus belle des abdications, la foule s'incline, s'agenouille, se prosterne, supplie. Rome demande à son fils la grâce de son fils, jalouse de les confondre en son maternel embrassement; car tous deux elle les aime, elle est fière de la fermeté implacable de l'un comme de la vaillante jeunesse de l'autre. En celui-ci comme en celui-là elle s'est reconnue et jamais elle ne fut plus grande qu'en cette prosternation et ce libre abaissement aux pieds du magistrat, l'exécuteur et l'esclave des lois. Et Papirius accordant la grâce que peut-être il ne retenait qu'à grand'peine, conclut en ces nobles paroles ; « C'est bien! la discipline militaire, la majesté de l'*imperium* l'ont emporté. Quintus Fabius n'est point absous d'avoir combattu contre l'ordre de l'*imperator* ; mais condamné pour crime, je le donne au peuple romain, je le livre à la puissance tribunitienne, qui a exercé en sa faveur une intervention officieuse, mais non de droit. »

Cela est compris, approuvé de tous. La foule, partagée
en deux libres cortèges, reconduit chez eux, l'un à l'autre
également sympathique, le dictateur et Fabius. Voilà
comment Rome accomplit et mérita la conquête du monde.

Le Forum résume et concentre la vie romaine; mais
dans cette existence tourmentée d'une ville, plus tard
d'un empire acharné à son prodigieux labeur, tout n'est
pas sonneries de bataille, fanfares de victoire. Les voix
s'abaissent à de plus vulgaires discours; les âmes fléchis-
sent en de moins hautes pensées. Au sortir d'une assemblée retentissante, au lendemain d'une scène inscrite en
des annales immortelles, la vie journalière reprend ses
droits et ses habitudes casanières. Que l'on soit le peuple
romain, il faut bien descendre de son piédestal, déserter
les splendeurs de l'apothéose. L'homme se découvre et
reparaît tel qu'il est partout, dans les fatalités de sa nature, l'homme qui flâne, l'homme qui brocante, l'homme
qui rentre dans sa boutique, se tapit dans son comptoir,
aime, chante, respire, vient, passe et repasse, oublieux des
ambitions surhumaines. Ce n'est plus le torrent qui gronde,
bouillonne emportant les renommées éphémères, soulevant
celui-ci pour abaisser celui-là aux bonds capricieux de la
fortune; ce n'est plus le fleuve magnifiquement épandu
et qui fertilise de son limon généreux des contrées toujours nouvelles; c'est un ruisselet au murmure monotone,
moins encore une eau endormie en attendant qu'un nouvel orage la réveille, tristement paresseuse et non pas
exempte de souillures. Les hommes ne sauraient rien toucher qui n'emprunte à leur passage quelque fange aussitôt déposée.

Plaute est un satyrique, et Thalie lui souffle à l'oreille de joyeuses moqueries; mais c'est aussi un observateur curieux, très expert à soulever les masques. N'est-il pas homme de théâtre et de quelles apparences menteuses se pourrait affubler l'humanité que son regard n'ait aussitôt traversées, que son rire n'ait dissipées ainsi que la lumière perce une ombre décevante? Plaute, toujours en quête d'hommes qui ne soient rien que des hommes d'une espèce très banale, les cherche et les trouve sans peine au Forum et dans ses alentours. « Vous faut-il un parjure? nous fait-il demander par le chef du chœur dans sa comédie de *Curculion*, allez au Comitium! Un menteur, un fanfaron? Allez au temple de Cloacine! Des maris prodigues et libertins? Vous en trouverez sous la basilique, avec de vieilles courtisanes et des intrigantes! Des gourmands? Courez au marché aux poissons! C'est dans le bas du Forum que les gens de bien, les citoyens riches se promènent. Au centre se pavanent les fats et les ambitieux. Au-dessus du lac (Plaute veut probablement parler de la fontaine voisine du temple de Castor), vous rencontrerez les sots, les bavards, les diseurs de méchants propos.... Derrière le temple de Castor s'assemblent les emprunteurs et les usuriers. Sous les boutiques vieilles (dans la partie méridionale du Forum) vous trouverez des infâmes; sur le quai de Vélabre, les boulangers, les bouchers, les devins, les faiseurs d'affaires et leurs dupes..... »

Plaute cependant vivait aux jours les plus tragiques mais aussi les plus justement fameux que Rome ait jamais traversés. Il écrivait ses comédies dans l'épouvante des batailles perdues ou dans le fracas des revanches suprêmes. Jamais le peuple romain ne fut plus grand qu'en ce long duel contre Carthage; et cependant c'est ce peuple que le poète raille et censure. Il n'est peuple qui n'ait sa tourbe.

III

LES TRIOMPHATEURS.

Rome retrouvait le meilleur de son génie dans quelques
familles longuement associées à toutes ses épreuves et
grandies avec elle. Elle avait ses dynasties de bons
serviteurs, de batailleurs et de conquérants. Une seule
dynastie, serait-elle issue d'un Alexandre, n'aurait pu
suffire à une ville prête à dévorer tant de royaumes et
de rois. Marcellus était proclamé l'épée de Rome, Fabius
son bouclier. Mais ni Marcellus, ni Fabius, ni le vainqueur de Syracuse et d'Archimède, ni le temporisateur
qui devait lasser Annibal, ne devait égaler la renommée de
Scipion le premier Africain.

Cannes consomme un désastre qui aurait anéanti toute
puissance qui n'aurait pas été la puissance romaine.
Quelques fugitifs, à grand'peine échappés, ont désespéré
cependant de Rome et de sa fortune. Quelques paroles
indignes de défaillance sont murmurées, trop complaisamment écoutées. Un jeune soldat, presque un enfant,
les a surprises, durement relevées. Il parle à son tour, il
est écouté de ceux mêmes qu'il gourmande, il leur fait
jurer de lutter, de combattre encore et toujours ; et ce

soldat acharné aux vengeances qu'il s'est déjà promises,
c'est Scipion.

Le terrible corps-à-corps de Rome et Carthage ébranle
la terre ; et l'on dirait deux bêtes fauves d'une force sensiblement égale, l'une et l'autre d'une masse écrasante et
qui se font un libre champ de bataille des campagnes
qu'elles fréquentaient. Malheur aux petits, aux faibles
qu'une alliance incertaine, nécessaire cependant, menace
ou sollicite ! La neutralité serait de la trahison ; une double vengeance la viendrait châtier. Ainsi la guerre étend
ses ravages à toute l'Italie, à la Sicile, à l'Espagne, au
monde.

Une guerre sans cesse renouvelée l'espace de soixante
ans et plus, traversée de répits bien courts, a détourné
loin du Forum les souvenirs de l'histoire et même les
âmes des Romains.

Carthage réduite à l'impuissance et qui porte à son flanc,
comme une plaie béante, la turbulente royauté de Massi-
nissa, a dû accepter un traité, suprème aveu de sa défaite
et de sa ruine. La guerre continue cependant, mais plus
lointaine ; c'est un orage qui s'éloigne et le sommeil de
Rome n'en sera plus troublé. Antiochus n'est pas Carthage ; ce n'est qu'un grand roi et dont la majesté domine
une vaste étendue de pays. Lucius Scipion reçoit le commandement des armées de Grèce et d'Asie ; son frère,
le grand Africain, sollicite et accepte de servir sous ses
ordres. Il sera le conseiller, et de son côté Antiochus a le
sien non moins illustre, Annibal lui-même. Mais rien ne
saurait plus retarder, sinon l'espace de quelques jours à
peine, le vol des aigles romaines.

Cependant le fils de Scipion est tombé aux mains d'Antiochus; Antiochus, ému de générosité peut-être, ou plutôt inspiré d'une politique prévoyante, a renvoyé l'enfant à son père, de bonne grâce et sans rançon. Ce procédé a touché Scipion, très dévoué, très affectueux à tous les siens. Mais cela est raconté à Rome, commenté, méchamment interprété.

La guerre a pris fin au milieu des victoires, et déjà Rome s'accoutume à ne plus traiter qu'avec des vaincus; elle s'en fait une loi. Les vainqueurs sont revenus. Porcius Caton, un plébéien, tête dure, un paysan enragé des plus rudes labeurs, bon soldat et qui a servi sous les ordres de Scipion, mais haineux et d'une morose austérité, un vertueux qui ferait détester la vertu, pérore et cabale contre Scipion. Caton n'aime ni les choses, ni les hommes de l'Orient, ni ceux-là même qui les ont touchés de trop près; il n'aime pas la Grèce, ni les amis de la Grèce; il ne sait que gronder ou sourciller de mauvaise humeur aux sourires comme aux lumières qui lui viennent de là-bas. Cette affaire d'Asie, les politesses d'Antiochus à Scipion, tout cela n'est pas clair, et Caton ne croit ni aux libres générosités, ni aux clémences désintéressées. On sait que ses entêtements ignorent répit et lassitude. Il a tant parlé, tant cabalé qu'une émotion profonde a traversé la ville. Un tribun, personnage inviolable et redouté, un édile, magistrat sacré, ont partagé les envieuses animosités de Caton. Scipion est accusé, poursuivi en face du peuple romain.

C'est au Forum maintenant qu'il va paraître, et ce champ de bataille n'est pas moins redoutable que la plaine de Zama. On peut craindre toutes les surprises et quelque désastre sans lendemain. La haine est vigilante plus que pas une sentinelle.

Le danger peut grandir de l'indignation même de l'accusé, de son humeur quelquefois hautaine. N'a-t-il pas défendu en plein Sénat à son frère Lucius de s'expliquer sur cette affaire d'Asie? Ne lui a-t-il pas arraché des mains les comptes où l'emploi des sommes payées par Antiochus était détaillé? N'a-t-il pas déchiré les pièces? N'a-t-il pas, de sa main toujours victorieuse, écarté de son frère le tribun qui voulait le saisir? Il a effacé tant de frontières que peut-être il ne connaîtra plus la frontière des lois.

Les assemblées plénières du peuple romain se tiennent au Champ de Mars, les assemblées patriciennes au Comitium, les assemblées plébéiennes, voisines et quelquefois fraternelles de ces dernières, dans le Forum. C'est là que siège celle qui doit juger, condamner peut-être le triomphateur de Zama. Les plébéiens sont là, les patriciens aussi, des magistrats, des sénateurs. Au jour néfaste où le nom de Cannes franchit l'enceinte de Rome, précédant à peine de quelques instants, on pouvait le croire, Annibal lui-même, le Sénat descendait de la Curie dans le Forum, condamnant ainsi sa majesté inviolée et presque divine aux plus vulgaires promiscuités, mais aussi relevant tous les cœurs au contact de cette glorieuse fraternité. Aujourd'hui Cannes n'est plus qu'un souvenir, mais Scipion, le vengeur des désastres accomplis, a droit, lui aussi, à la présence de tous; n'a-t-il pas été le commun sauveur?

Qu'est-il devenu, ce Forum que nous avons vu lentement

émerger des roseaux d'un marais? C'est une puissance, nous l'avons dit, mais quel aspect a-t-il revêtu? Après plus de cinq siècles révolus, le Forum est-il resté reconnaissable?

Nous avons laissé derrière nous les pentes de l'Esquilin et le petit temple de Strenia. Nous suivons la voie Sacrée qui serpente, ménageant les surprises des perspectives changeantes et nous dérobant ses splendeurs dernières. Les larges dalles de pépérin se sont déjà creusées d'ornières au passage des triomphateurs.

Le Palatin élève à notre gauche ses pentes rapides ; et le temple de Jupiter Stator, de Jupiter qui arrête la fuite, rétablit la bataille, montre ses colonnes, attestant le souvenir de Romulus, et d'une légende peut-être nous faisant une histoire incontestée. Le souvenir de Numa, le roi pieux, est resté attaché à la Regia, que nous dépassons. C'est une maison sainte, presque à l'égal d'un temple, où demeure le souverain pontife, aussi un lieu d'asile.

Les Vestales habitent auprès de la Regia. Elles ont là leur retraite inaccessible aux hommes sous peine de sacrilège et de mort.

Le temple de Vesta est attenant à l'habitation de ses prêtresses. Il est circulaire, entouré de colonnes, de très modestes proportions et fermé d'une coupole un peu lourdement aplatie. Pas de statue qui trône dans le sanctuaire, rien que la flamme toujours vigilante d'un feu qui ne doit pas s'éteindre; on y pourrait voir l'image symbolique et saisissante du génie même de Rome, toujours prêt à embraser le monde. Ce génie ne serait-il plus qu'une étincelle.

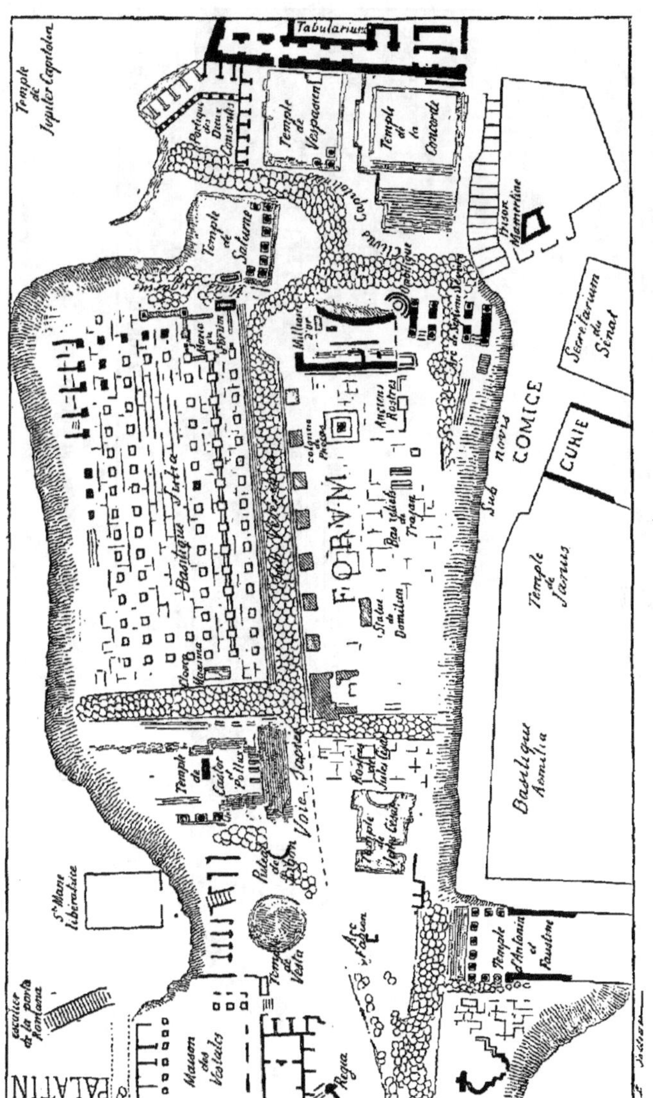

Plan du Forum. — État actuel.

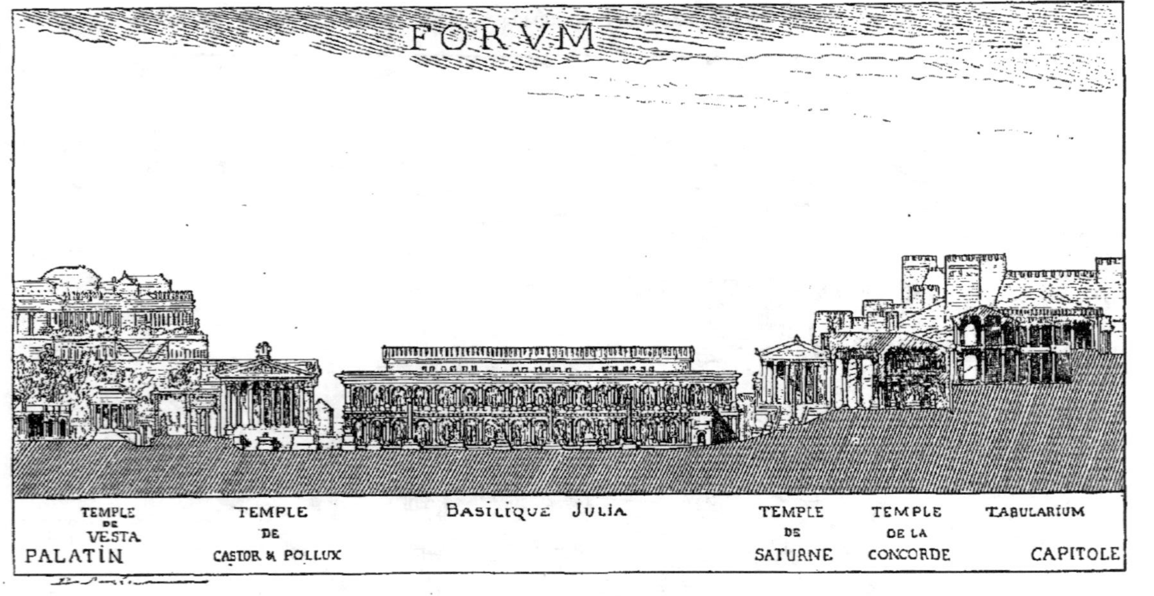

Le Forum restauré. Vue cavalière du côté Nord.

L'arc de Fabius Maximus, vainqueur des Allobroges ainsi
que le dit l'inscription, enjambe la voie Sacrée. C'est le
premier que le Rome ait élevé. Il est bâti de travertin,
d'une très médiocre magnificence.

Le temps n'est pas venu où les marbres charriés à
grands frais attesteront le faste des empereurs mieux
que la gloire de Rome.

Le sol que la foudre a frappé en devient aussitôt sacré.
Le putéal de Libon limite, en son étroite margelle, un
petit coin de terre
ainsi devenu le patri-
moine des dieux.

Le temple de Castor,
que fonda le dictateur
Aulus Postumius et
que son fils le duum-

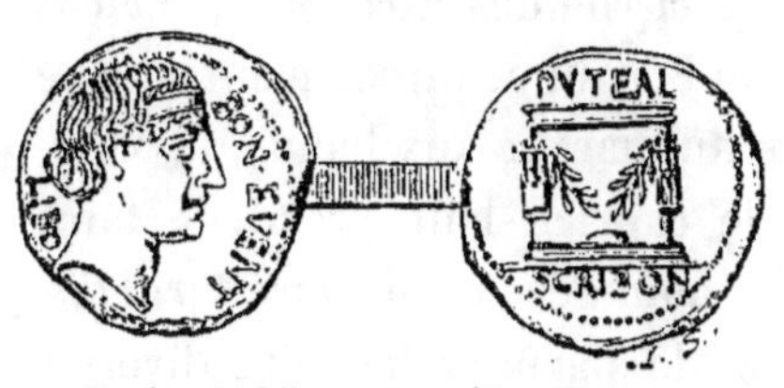
Putéal de Libon. (Médaille d'argent.)

vir inaugura en l'an 275 de Rome, consacre les plus
lointains souvenirs, l'assistance miraculeuse de Castor et
de Pollux au combat du lac Régille. Mais le temple que
nous trouvons à notre gauche, n'est pas le temple pri-
mitif. Lucius Metellus Dalmaticus a déjà présidé à sa
complète reconstruction, et ce ne sera pas la dernière.

Tous ces monuments dont nous marchons environnés,
les temples et la Regia elle-même, accusent une réfection
toute récente. Aux derniers jours de la seconde guerre
punique, un incendie, peut-être allumé par une main criminelle, a cruellement dévasté le Forum et tous les édifices
voisins.

En avant du temple de Castor, chevauche, drapé dans
sa toge, Marcius Remulus, vainqueur des Herniques. La

gloire de Rome a encombré le Forum et ses plus prochains abords. Au cours du vi° siècle il a déjà fallu qu'un ordre du Sénat fît enlever quelques-uns de ses monuments. Marbres et bronzes reviendront, toujours plus nombreux; le Forum ne pourra bien longtemps se refuser à la consécration des renommées toujours plus envahissantes. Une ruelle escarpée borde le temple de Castor et commence l'escalade du Palatin; mais encore plus directement un escalier donne accès sur la colline royale.

Voici que nous dépassons la rue des Étrusques, le *vicus Tuscus*. Elle va du Tibre au Forum et directement amène les bateliers, les bouviers du marché aux bœufs, le populaire du Vélabre, quand le caprice leur prend de faire acte de citoyen. Elle est dénommée aussi *vicus turarius*. Les marchands d'encens et de parfums les plus divers y sont nombreux en effet, ainsi que les marchands d'étoffes précieuses. C'est toute une population commerçante, joyeuse, qu'une clientèle élégante recherche et fréquente, dont s'amuse une flânerie paresseuse, mais que les Romains de la vieille Rome réprouvent et méprisent. Caton verrait flamber toute la rue des Étrusques qu'il n'en témoignerait que du plaisir. Aussi ne doit-il pas fatiguer de ses supplications, Vertumne le dieu du quartier. Un artiste sabin, Mamurius, en a dressé le simulacre de bronze à l'entrée même de la rue et tout près de la basilique Sempronia.

Celle-ci nous apparaît dans tout l'éclat de sa nouveauté. Pour l'établir on a dû restreindre le nombre des boutiques vieilles (*sub veteribus*) qui, sur notre gauche, bordent la voie Sacrée et nous cachent les pentes premières du Pala-

tin. Leurs portiques étaient de bois, aussi le dernier
incendie en a-t-il dévoré plus de la moitié. On les a refaits
de pierre, et la basilique elle aussi est de pierre. Ses portiques largement ouverts à tout venant, assurent un refuge
pendant l'importune maussaderie des journées pluvieu-
ses. On écoute les plaideurs, on rend la justice à l'étage
supérieur. Déjà le peuple romain se fait un peu plus
délicat; il veut bien que l'on s'inquiète de lui ménager
de l'ombre et de la fraîcheur aux heures brûlantes du
jour, une promenade et les tranquilles rencontres des
compagnies bavardes aux jours des brutales intempéries.
C'est désormais une obligation pour tout homme public
non seulement de servir les grands intérêts de Rome,
mais aussi de prévoir, de provoquer peut-être des appétits
moins glorieux.

Le vicus Jugarius sépare la basilique Sempronia du
temple de Saturne. Une fontaine très ancienne, dite fontaine Servilia, en marque l'entrée et, dans son auge de
pierre, une tête de lion brutalement ébauchée pleure
goutte à goutte une eau que tarissent quelquefois les
arides baisers de Phœbus. Près de cette fontaine, les piliers
d'Horace portent les trophées enlevés aux Curiaces vaincus.

Le vicus Jugarius, contournant le Capitole, va rejoindre
la porte Carmentale et le pont Fabricius.

Saturne habite un temple, l'un des plus anciens qui
soient. Rome lui confie son épargne toujours grandissante
et les enseignes de ses soldats. Le dieu Sancus ne reçoit
que les traités passés avec l'étranger; les Nymphes ne
gardent dans leur sanctuaire que les registres des censeurs.
Rien de tout cela ne vaut une aigle de bronze poudreuse

et toute sanglante, au bout d'une pique. Rien n'est vulgaire et bas que la victoire a sanctifié.

Portique des douze dieux. — Restes du Tabularium.

Le temple de Saturne est d'ordre ionique.

Les douze grands dieux appelés Consentes, c'est-à-dire

les conseillers et les suivants de Jupiter, ont leurs statues dorées dans autant de cellules rangées sous un portique adossé au mont Capitolin, au sommet duquel Jupiter a son temple. Ils nous apparaissent fraternellement groupés; pour les atteindre nous avons enjambé le clivus Capitolinus, la voie la plus fameuse qui donne accès au Capitole. De ce côté la façade monumentale du *Tabularium* revêt la colline sainte. Les arcades symétriques sont encadrées de colonnes à demi engagées. Un seul étage existe encore; mais les archives publiques, dépôt à l'infini multiplié, imposeront bientôt la nécessité d'un second étage et de considérables agrandissements. Appuyé sur les assises puissantes qui contre-butent le Capitole, le Tabularium, domine le temple de la Concorde que Camille, dictateur, a voué afin de consacrer l'union un moment rétablie entre le Sénat et le peuple. Il occupe une très grande partie de ce qui fut la plate-forme de Vulcanal. Là fut aussi placée la statue d'Horatius Coclès, lorsqu'on la transporta du Comitium.

Rome a sa prison, que déjà nous avons signalée et que le roi Ancus tailla dans le tuf de la colline. Elle est là tout près de nous; quelques degrés, une porte basse nous en pourraient révéler les sanglants mystères. C'est moins une prison que l'antichambre de la mort. Les geôliers sont des bourreaux fidèles et pressés. On vivait bien peu de jours dans la nuit de la prison Mamertine. Bientôt Jugurtha y mourra de faim. Combien d'autres non moins fameux n'auront pas même le loisir de graver leurs noms dans la pierre! Rome ne tarde guère en ses vengeances et les veut sans lendemain.

Le *clivus Argentarius* emprunte son nom aux banquiers faisant le commerce de l'argent; leurs étroites boutiques se ferment et se verrouillent au moindre soupçon d'émotion populaire. Le Sénat, le conseil suprême du peuple romain, une assemblée de dieux, ainsi le proclamait l'ambassadeur de Pyrrhus, tient ses assises à la Curie, lorsqu'il ne va pas demander l'hospitalité de quelque temple. Nous ne sommes plus au temps, très lointain, où quelque pasteur, à son de trompe, assemblait dans un pré les conseillers du roi, et ne s'étonnait peut-être qu'à demi de voir venir à lui autant de bonnes bêtes ruminantes et curieuses que de graves sénateurs. Le roi Tullus Hostilius a construit la première curie et lui a laissé son nom. La chute des rois n'a fait que donner plus d'importance à la Curie comme à l'institution du Sénat.

C'est un édifice carré, assez vaste pour contenir sans aucune gêne plusieurs centaines d'assistants. On y accède par un escalier qui descend au Comitium. La Curie présente au dehors des aspects imposants, un peu massifs ; c'est quelque chose de bien assis, de robuste, sans élégance aucune. On dirait le temple d'une divinité un peu morose, d'un abord facile cependant, car tout le jour les portes sont grandes ouvertes. Le Romain, si docile qu'il soit, veut qu'on le gouverne en pleine lumière et les yeux dans les yeux. Quelques œuvres de peinture et de sculpture ont trouvé place dans la Curie; ce n'est pas que les sénateurs en prennent grand souci, mais ce sont là des trophées, souvenirs et promesses de victoire. Pas de tribune dans la Curie et du moins, parmi ces maîtres, ombrageux de toute puissance, règne l'égalité. Chacun parle de sa place, sans même obtenir le privilège d'un isolement passager.

Le *Senaculum* est une salle destinée à des réunions moins nombreuses. La *Græcostasis* est une sorte de loggia élevée et très en vue, servant d'antichambre aux envoyés des rois ou des cités amies. La majesté romaine, commodément abritée en sa Curie, quelquefois les oublie là, dans l'attente de l'audience sollicitée, et les laisse se morfondre à tous les vents, sous l'injure des intempéries; car la Grécostase n'est pas encore fermée d'un toit hospitalier.

Le Comitium, enceinte autrefois très vénérée, où seules se réunissaient et votaient les tribus patriciennes, complète, avec la Curie, le domaine et la citadelle de la vieille et jalouse oligarchie romaine. L'étendue en est très réduite, et le jour où Caton, dans l'attente de sa nomination à la questure, y jouait à la balle, il risquait fort de l'envoyer rouler dans le Forum.

Les conquêtes de Rome, le culte pieux qu'elle se rend à elle-même, ont multiplié les monuments au Comitium. Un Attius Nævius de bronze est debout sur ses degrés. Un lion de pierre, plus vénérable encore, marque la sépulture légendaire de Romulus, ou du moins la place même où son apothéose l'emporta loin de la terre. Le figuier Ruminal, qui abrita son berceau, transplanté du Palatin, est venu là grandir et prospérer.

Qui aurait prévu la rencontre, au Comitium, et se faisant pendant, du législateur de Crotone, Pythagore, et du plus beau des Athéniens, Alcibiade? Ces bronzes, avant la tristesse de ce dernier exil, ont figuré en quelque cité de l'Hellade ou de la Sicile.

Caton, que toujours on a pu justement qualifier d'*An-cien*, car jamais il ne fut bien jeune, si austère, si ombrageux soit-il, ne dédaigne pas toujours de complaire au peuple romain et même de flatter en lui les goûts de bien-être. A lui revient l'honneur d'avoir élevé la première basilique, la basilique Porcia, toute voisine de la Curie.

Tous ces monuments, déjà si nombreux, et qui doivent encore se multiplier, grandir et renaître plus fastueux, ne sont que le cadre cependant. Ils entourent, ils limitent le Forum : ils ne sont pas le Forum. Le Forum, ainsi que le veut Vitruve, grand architecte et théoricien savant, présente un parallélogramme à peu près régulier et non inclinant jusqu'à la figure trapézoïdale, ainsi qu'on le croyait avant les dernières découvertes. La voie dite *sub veteribus*, sous les boutiques vieilles, prolongement de la voie Sacrée, la limite du côté du sud ; la voie dite *sub novis*, avec les boutiques neuves, le limite du côté du nord. En l'espace de quelques minutes il est aisé de le parcourir. Le Forum est payé d'un dallage en pierre que partage un étroit canal, dernier témoin des travaux de drainage ordonnés par les rois ; de là vient l'appellation vulgaire donnée aux habitués du Forum, les *canalicolæ.*

Les dévouements héroïques de Curtius et des deux Décius jalonnent le Forum des autels qui leur sont consacrés.

> « Plebciæ Deciorum animæ, plebeia fuerunt
> nomina.... »

nous dit Juvénal : « Ames plébéiennes, noms plébéiens ».

Les Décius ne devaient leur immortalité qu'à leur mort consentie et voulue. L'un et l'autre, le père et le fils, dans l'angoisse d'un danger suprême, s'étaient, devant l'armée, solennellement dévoués eux-mêmes, ainsi que des victimes librement offertes, et les dieux, pris à témoin, sommés d'accepter l'échange, avaient deux fois payé l'offrande d'une complète victoire.

La tribune est placée à l'extrémité du Forum la plus voisine du Capitole, à l'est du Comitium et sous sa hautaine protection. C'est une plate-forme allongée, semi-circulaire. Elle domine le Forum, mais le Comitium la domine au moins de quelques degrés, dominé lui aussi par la Curie; et cette hiérarchie expressive, immobilisée dans la pierre, accuse la hiérarchie même de l'État romain. Cependant les choses ne correspondent plus toujours, en une absolue fidélité, à ces traditionnelles apparences. La tribune est une puissance, une âme, une voix redoutable : elle commande au delà de son étroite enceinte, si loin que son tonnerre ait pu retentir et porter.

Rome pieuse, d'autant plus craintive des dieux que toute autre crainte lui devient étrangère, a voulu que la tribune fût sacrée autant qu'elle est glorieuse; elle a été inaugurée, elle est un *templum*. Le nom particulier et le plus vulgaire qui la désigne, les rostres, lui vient des éperons de bronze arrachés aux vaisseaux d'Antium. Ainsi, chaque cité vaincue ajoute une richesse nouvelle ou du moins un curieux trophée à la cité victorieuse.

Les rostres, scellés aux pierres de la tribune, n'ont pas suffi à la gloire de C. Mænius. Une colonne, que son image surmonte, se dresse tout près de là. Une seconde

colonne, celle de Duilius, porte, elle aussi, des éperons
de bronze, souvenir
de la première bataille
que Rome ait livrée
en pleine mer et vais-
seaux contre vais-
seaux.

. . . .

Scipion est à la tri-
bune ; la foule im-
mense s'empresse au-
tour de lui, la foule
vivante et frémissante
des êtres humains qui
tant de fois l'ont accla-
mé, qui aujourd'hui
demeurent hésitants,
incertains d'eux-mê-
mes, la foule aussi,
non moins nombreuse,
non moins directe-
ment présente, bien
que silencieuse, de
tous les souvenirs res-
tés dans la pierre ou
dans le bronze. C'est
Rome tout entière,
celle d'hier que Sci-

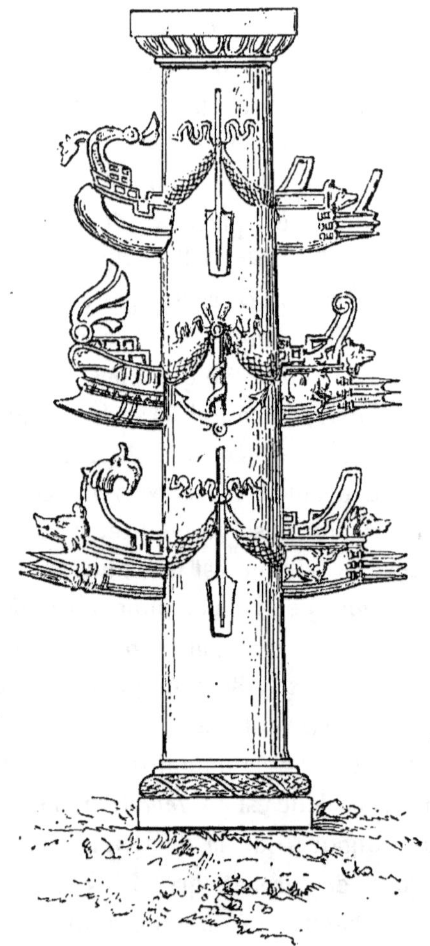

Colonne rostrale de Duilius.

pion connaît bien, celle d'aujourd'hui vengée, sauvée par
lui, qui va le juger, l'écarter, le proscrire peut-être. Si

grands que soient les services rendus, ils ne sauraient égaler la grandeur même de Rome ; ils n'ont pu désarmer l'envie, ils n'ont pu arrêter les accusations. Scipion ne s'est-il pas laissé quelquefois trop complaisamment circonvenir et aduler? Quelques enthousiastes lui voulaient décerner le consulat à vie ; il les a démentis, mais non brutalement découragés. On lui voulait élever une statue dans le Forum ; il a décliné cet honneur, mais il accepte que sa statue en robe triomphale trône dans le temple de Jupiter ; il est vrai que le dieu est le confident, le familier de l'Africain. Cette statue retirée de sa divine demeure, chaque année, chemine par la ville, répétant, usurpant les honneurs d'un triomphe qui ne finit plus. On sait tout cela, on le répète, on s'en étonne, bien que toutes choses, et jusqu'au rite de ce culte nouveau, se soient accomplis d'un consentement longtemps unanime. La gratitude d'un peuple a souvent des retours et de cruels repentirs.

Du haut de la tribune qu'il vient de gravir, Scipion découvre le Forum et les temples, l'assemblée du peuple et l'assemblée des dieux. Qu'il détourne un peu la tête, il verra le Capitole ; et ce temple où sa divinité commençante est associée à la souveraine toute-puissance du maître des dieux, il le verra tel à peu près que les Tarquins l'avaient conçu, avec son toit triangulaire, son quadrige de terre cuite, ses colonnes de travertin, groupées six par six, sur chacune de ses faces les plus étroites. Il verra le temple de l'épouse divine, de Junon, dite *Moneta*, de Junon qui prévient, qui veille ; ses oies sacrées n'ont-elles pas sauvé le Capitole? Il devinera, plutôt qu'il ne distinguera, mais

l'enseignement est déjà d'une brutale éloquence, la roche
Tarpéienne. Le tribun Sicinius en voulait déjà précipiter
Coriolan ; et Manlius, renversé de ce piédestal, est venu se
briser au pied même de cette colline qu'il avait si vaillamment défendue.

De pareils exemples restent présents à la pensée de tous,
Scipion n'est pas homme à les oublier, mais non plus
il n'est homme à s'en émouvoir. Il a regardé face à
face Annibal et son armée ; il peut regarder les vaincus de
Trasimène et de Cannes.

Ce n'est plus le jour cependant des épouvantes suprêmes.
On n'est pas venu dire qu'une statue de Mars avait sué
du sang à la porte Capène, que dans le *forum boarium*, un
bœuf avait grimpé jusqu'au troisième étage d'une maison
et qu'il avait trouvé dans l'ouverture d'une fenêtre sa roche Tarpéienne. Au milieu de la cérémonie d'un sacrifice,
aucune victime ne s'est échappée, renversant le victi-
maire, éclaboussant les prêtres de sang. Horreur suprême !
la foudre n'a pas frappé le temple de l'Espérance. Le Sénat ne va pas mettre en vente le champ où campe Annibal ;
Annibal ne va pas répliquer en mettant aux enchères
les boutiques du Forum. Il n'est plus aucun danger, pas
même le mirage d'une lointaine inquiétude, qui se lève
dans l'azur de la grandeur romaine.

L'accusation a été formulée : c'est à Scipion de répondre. On attend une harangue, ingénieuse peut-être, tous
les Scipions sont rompus à l'escrime de la phrase,
comme à l'escrime de l'épée ; dans tous les cas une réfuta-
tion des charges alléguées, une apologie savante. Que c'est
mal connaître Scipion ! Et comme il pénètre mieux dans

les profondeurs de l'âme romaine! Il va parler, il parle ;
tout fait silence, les dieux mêmes sont attentifs.

« Tribuns du peuple, et vous, Quirites, à pareil jour,
j'ai combattu en Afrique les Carthaginois ; et j'ai bien et
heureusement com-
battu. Aussi, dans un
pareil jour, est-il
juste d'ajourner tous
procès et discussions.
Je vais au Capitole
saluer Jupiter très
grand, très bon, Ju-
non, Minerve, les au-
tres dieux qui rè-
gnent au Capitole et
dans la citadelle.
Je leur rendrai grâce
de ce qu'en ce jour-
là, comme en beau-
coup d'autres, ils
m'ont inspiré la pen-
sée et accordé la
puissance de bien gé-
rer la chose publique.
Que ceux d'entre vous
qui le jugent convenable, viennent demander aux dieux
des chefs qui me ressemblent! »

Scipion l'Africain.

Rien de plus, Scipion descend de la tribune. Pas
un cri n'a troublé le grand silence. Et Scipion s'éloigne ;
il monte au Capitole, bientôt suivi de tous. Le peuple

romain une fois encore n'est plus que l'escorte de
Scipion.

Au lendemain de la grande solennité triomphale qui
avait ramené Scipion à Rome et qui pompeusement l'avait
conduit jusqu'au temple de Jupiter Capitolin, un des consuls, interprètes de la pensée et des résolutions du Sénat,
interpella dans ces termes les centuries assemblées au
Champ de Mars : « Ordonnez-vous que la guerre soit déclarée au roi Philippe pour avoir fait injure et guerre aux
alliés du peuple romain? » Aussitôt de courir et d'éclater
les plus véhémentes protestations. A peine Rome vient-elle
d'échapper à tant de périls, à peine est-elle remise d'une
guerre telle que le monde n'en devait jamais connaître de
plus acharnée et de plus terrible, à peine sont fermées
d'hier les portes du temple de Janus, si longtemps immobili-
sées toutes grandes ouvertes que leurs gonds ne voulaient
plus céder. Il faudra donc repartir, camper, peiner, batailler, mourir ! L'existence même de Rome ne sera donc plus
qu'une bataille interminable? En effet, cette existence
d'épreuves, de durs labeurs mais aussi d'éblouissantes
victoires, sera la sienne ; cette loi s'impose comme une
suprême fatalité. Rome l'a voulu. La tête ramassée au
Capitole et qui lui fut un présage d'avenir, ne lui a-t-elle
pas annoncé qu'elle serait la tête du monde? Rome ne
saurait échapper au courant qui l'entraîne. Quelque chose
a grandi dans son âme, un ouragan la soulève et l'emporte,
qui la dépasse en toute-puissance. La voici prisonnière de
ses victoires, esclave de ses conquêtes. Elle est une force
de la nature ; elle est la tempête qui gronde et qui dévaste, le grand fleuve qui déborde terrible comme la mer,

mais aussi qui nivelle et féconde. Le monde doit appartenir à Rome, mais Rome à son tour doit lui appartenir. Que sert de se plaindre et de récriminer, d'accuser les sénateurs empressés, dit-on, à vouloir l'éternité des campagnes et des guerres pour assurer l'éternité de leur domination ! Le Sénat n'est plus lui-même qu'un instrument docile ; une main le pousse invisible mais impérieuse. L'évidente nécessité de cette loi que Rome s'est faite elle-même et qui l'étreint de toutes parts, apparaît bientôt jusque dans les lassitudes mal réparées et la satiété de la victoire. On attaquera Philippe, Antiochus, Prusias, bien d'autres, l'Europe, l'Afrique, l'Asie ; et les provinces ne se compteront plus où planera la majesté romaine, non plus que déjà ne se comptent les cités soumises à ses lois ou qui mendient son alliance.

Quelques flatteries de la Fortune n'ont pu sauver Philippe de la défaite. Il a été vaincu, humilié ; Rome, aux applaudissements d'une foule en délire, a proclamé l'affranchissement et l'indépendance des cités grecques. Rome émiette pour mieux dévorer. Mais Persée, fils naturel de Philippe, a médité la vengeance et le relèvement de la Macédoine.

Monnaie de Persée.

C'est un homme de ruse et capable de très longs desseins. Il ose dire que Mars égalise ses faveurs entre tous. Il se rappelle que cinq mille Macédoniens ont honorablement combattu à Zama et qu'Annibal les comptait au nombre de ses meilleurs soldats. Il sait préparer la guerre, il sait la soutenir. Les premiers coups portés lui valent la prise d'une flotte romaine, la retraite de Publius Licinius, la fuite d'Hostilius. Le Sénat commence à s'inquiéter d'une guerre si mal engagée; Rome ne sait plus accepter les retards de la victoire. Paul Émile reprendra la tâche compromise. Il inspire toute confiance et saura la mériter.

Il est de très noble maison. Son père est resté sur le champ de bataille de Cannes; sa sœur est devenue la femme du grand Scipion. Longtemps augure et très scrupuleux observateur des pratiques traditionnelles, il a obtenu l'édilité, la préture, le consulat, gagné deux batailles en Espagne, occupé deux cent cinquante villes, tué trente mille ennemis. C'est bien déjà quelque chose. Esprit très cultivé, épris des innocents plaisirs de la paix non moins que des rudes travaux de la guerre, sa vieille austérité romaine accepte et sollicite les doux enseignements de la Grèce; il aime la familiarité des parleurs agréables, il s'entoure, comme les Scipions, et veut entourer ses enfants, de sophistes et de grammairiens. Il a soixante ans; et voici qu'il est nommé consul pour la seconde fois. Son collègue ne lui sera, dans la conduite de la guerre, qu'un auxiliaire subordonné.

Les présages sont heureux, et cette faveur première était bien due à un homme aussi respectueux du vieux culte national. Ce n'est pas lui qui aurait ri des augures ses collègues, ou brutalement fait boire les poulets qui ne voulaient pas manger. A peine est-il rentré chez lui revêtu de ce nouveau consulat qu'il trouve tout en larmes sa dernière fille, la petite Tertia. La pauvrette a perdu son cher petit Persée, le chien compagnon de ses jeux. Et Paul Émile, si bon père qu'il soit, ne peut que sourire à cette douleur. Les dieux ont condamné Persée. Leurs sympathies, leur assistance s'affirment hautement. En l'espace d'un matin, aux dalles du temple de Jupiter Capitolin, un palmier a germé. C'est un arbre à peu près inconnu de Rome, inconnu aussi de la Macédoine ; mais le populaire ne marchande pas ses complaisantes crédulités. Le palmier est fils de l'Orient, et déjà l'Orient est promis à l'empire de Rome.

Paul Émile n'est pas cependant d'humeur plaisante et facile. Il l'a publiquement déclaré, ce n'est que par dévouement que sa vieillesse accepte ces nouveaux labeurs. Ainsi qu'il est d'usage, à la veille de partir, il est venu au Forum, il a parlé ; cette harangue n'est rien moins qu'aimable et gracieuse. Elle a sonné comme une fanfare, grondé comme un orage. Il a promis l'implacable fermeté du commandement, le maintien d'une exacte discipline.

Il n'a pas oublié de railler au passage les importuns et les donneurs d'avis : « Si quelqu'un se croit en état de me conseiller dans cette campagne, qu'il ne refuse pas ses services à la république et vienne avec moi en Macédoine, je lui fournirai vaisseau, cheval, tente, et je le défrayerai de tout. Pour ceux qui ne veulent pas se donner cette peine et qui préfèrent les loisirs de la ville aux fatigues de la vie des camps, je les prie de ne pas prendre le gouvernail en demeurant à terre. Rome fournit assez de sujets de conversation pour alimenter leur bavardage ; mais qu'ils sachent que les avis de mes lieutenants me suffisent.... »

Pydna et l'espace à peine d'une courte journée ont consommé le désastre de Persée, la ruine de la Macédoine. Rome ne pouvait plus être vaincue par un homme, le plus merveilleux assemblage de toutes les qualités du soldat et du général aurait-il trouvé en lui son incarnation ; les guerres puniques l'ont prouvé.

Cependant l'honneur suprême, la récompense la plus haute que Rome réserve à ses grands victorieux, le triomphe est marchandé à Paul Émile.

Servius Galba a servi sous les ordres du consul, commandé mille hommes ; du reste il n'a mérité que des reproches et le consul ne les lui a pas épargnés. Il s'en souvient ; c'est une âme basse et vindicative. Le Sénat, plus équitable et que les pilleries militaires scandalisent quand elles menacent de corrompre la discipline, décide d'accorder le triomphe à Paul Émile. Mais il faut que le Forum soit consulté : la Curie ne saurait décider seule et sans appel. Toutes les conditions requises ont été remplies. Paul Émile a combattu *suis auspiciis*, sous ses auspices personnels, sollicités, obtenus par lui-même et dans une interrogation directement adressée aux dieux protecteurs de Rome. Un massacre de cinq mille hommes tombés sur le même champ de bataille, c'est le moins dont Rome se puisse déclarer satisfaite. Pydna en a dévoré vingt-cinq mille.

Servius Galba si bien s'agite et se multiplie, contestant les services de Paul Émile, rabaissant sa victoire, insinuant de vagues et d'autant plus dangereuses accusations, que l'assemblée du peuple, partagée bientôt, témoigne d'une évidente hostilité. Le Forum a ce spectacle indigne, et sans doute bien nouveau, de soldats discutant la pensée de leur général, refaisant ses campagnes, dissimulant, sous de spécieuses critiques d'art militaire et de stratégie, leur avidité mal satisfaite, leurs appétits déçus. Le temps est déjà passé où Rome n'allait chercher, dans l'amphithéâtre des montagnes dont elle semble l'arène, que des nations pauvres comme elle, comme elle éprises avant tout des joies guerrières. Elle a étendu sa main sur la Sicile, sur l'Afrique; la voilà qui passe des mers pour elle longtemps inconnues; et les éblouissements qui l'appellent ne sont que de l'ombre auprès des réalités touchées de la main, foulées du pied. Une opulence accueillante, résignée au partage, environne, sollicite, grise le soldat. L'avarice est née dans ces hommes; le fer veut de l'or, et les jours ne sont pas loin où le butin sera pour la plupart, sinon pour tous, la plus belle récompense de la victoire.

Paul Émile, de tous les trésors du roi Persée, n'a retenu qu'un petit lot de livres grecs utiles à l'instruction de ses enfants, une coupe d'argent qu'il destine à son gendre Ælius Tubero. C'est là tout. Qu'il aille donc souper avec ce Tubero en famille! La maison est bien fournie de convives, sinon de vivres. Seize personnes à nourrir! cela commanderait une table abondante. La chère est maigre cependant, la cuisine parcimonieuse. C'est affaire à Paul Émile de s'y plaire et de s'en contenter. Le triomphe à cet avare! Non! par les dieux! Il a ramené ses soldats trop maigres du ventre et trop légers d'argent. Ainsi Galba et bien d'autres, avidement écoutés, larves hideuses et rampantes, tout à coup enhardies aux outrages, aux lâches souillures, ont bavé sur les lauriers.

Mais le Sénat, instruit, respectueux même des droits de

la plèbe, n'abdique ni ses droits, ni ses volontés. Il maintient ses résolutions, fort de sentir, siégeant et délibérant avec lui, la vraie Rome digne d'elle-même et la justice aimée des dieux

Paul-Émile ne compte pas que des envieux, de mauvais soldats condamnés à la victoire, mais qui ne sauraient le lui pardonner. Il a des amis, des juges plus dignes aussi, des rivaux, hier peut-être un peu jaloux, mais qu'une honteuse ingratitude révolte. Marcus Servilius est un consulaire; il a bien des fois corps à corps maîtrisé la victoire, car vingt-trois fois il a tué le chef ennemi. Il prend la défense de Paul-Émile. On l'écoute; il montre sa poitrine où les blessures ne sauraient plus se compter; il étale, dans une héroïque impudeur, tout son corps couturé, sillonné de cicatrices. Galba veut rire et se moquer; mais les blessures ne font pas rire les Romains. Galba rit tout seul et ses dernières moqueries lui restent dans la gorge; Servilius est homme à les y faire rentrer.

« Achève de recueillir les voix, lui a-t-il crié en finissant! Moi j'irai après, observant, remarquant ceux-là qui feront les ingrats, tous ces mauvais citoyens qui veulent la flatterie et non le ferme commandement, comme il est nécessaire qu'un bon capitaine l'impose. »

Paul-Émile a rallié la terre d'Italie. Il remonte le Tibre lentement, pompeusement. Il ne connaît d'orgueil que l'orgueil tout romain de sa renommée justement conquise. Mais le témoignage de sa haute conscience, les calomnies elles-mêmes qui n'ont pas craint de l'assaillir, lui commandent l'affirmation solennelle de sa victoire et l'étalage

d'un magnifique retour. Accueilli comme il devait s'y
attendre par la joyeuse envolée de tous les cœurs, il
aurait pu, sans plus de tapage, regagner sa très humble
maison, ainsi que tant d'autres ont fait aux plus beaux
jours de Rome. Un dictateur fameux, à peine descendu de
sa toute-puissance, n'a-t-il pas ramassé la pelle et repris
la culture de son petit jardin? A peine dévêtus de la robe
triomphale, les consulaires Fabricius, Æmilius Papus
redevenaient les hommes de la veille et, de leurs mains
qui venaient de consacrer aux immortels de solennelles
libations, ils préparaient leur maigre souper, n'ayant
d'autre vaisselle que des tasses de bois. La pauvreté de
Paul-Émile n'est pas à ce point dénuée; mais il est de la
famille des grands cœurs insoucieux des vulgaires opu-
lences.

La galère de Persée a reçu Paul-Émile à son bord. Les
rameurs se groupent seize par seize. Cependant le lourd
vaisseau n'avance que lentement. Il s'envolait jadis d'un
essor plus hardi aux radieuses tranquillités d'une mer
obéissante. Les flots docilement écartés, les rames précipitant leur rythme sonore, là-bas ont échangé des caresses
rapides. A présent la galère appesantit sa marche; l'exil
pour elle a commencé, elle avance et voudrait reculer.
Elle est cependant parée de toutes les splendeurs qui se
puissent rêver; elle est plus drapée de pourpre et d'azur; elle
est festonnée de fleurs; elle est pavoisée de longues ori-
flammes, mais les pavillons pendent le long du mât; il n'est
pas de zéphyr qui les soulève, mais les voiles précieuses
traînent dans le fleuve et le Tibre les salit en passant, mais
l'espace manque tout alentour, et dans les rives étroites,

menaçantes, prêtes aux trahisons d'un naufrage honteux, la pauvre galère chemine inquiète. Elle porte Paul-Émile et les Romains ; comme un coursier généreux et fidèle, sent-elle que ce n'est plus le maître accoutumé ? Elle porte la honte et la défaite.

Enfin les honneurs du triomphe sont décernés à Paul-Émile ; le triomphe retardé n'en sera que plus magnifique. Rome veut réparer l'indignité d'une hésitation première. C'est dans le champ de Mars, auprès du temple de Bellone, que se forme le cortège et que le défilé commence. Le nom même de la divinité présente atteste le caractère essentiel de la fête tout à la fois militaire et religieuse. Plusieurs fois le temple de Bellone a reçu le Sénat, même les ambassades admises à l'honneur d'une séance, mais aux jours seulement où les résolutions dernières, à peine suspendues, présageaient une nouvelle guerre. Le Sénat voulait que la déesse même, associée aux tranquilles colères de Rome, assistât aux suprêmes déroutes d'une vaine diplomatie.

Devant le temple une colonne est dressée, monument redoutable. Au temps lointain où les ennemis de Rome étaient ses voisins immédiats, un prêtre, un fécial, gagnait la frontière que la guerre allait violer. Prenant les dieux à témoin du bon droit de Rome, il lançait un javelot ensanglanté, et la guerre ainsi était déclarée.

On ne saurait imposer au fécial des voyages devenus journaliers et toujours plus lointains. Rome, étroitement formaliste cependant, tient à ses vieilles coutumes. Déjà, pour défier Pyrrhus dans les formes consacrées, elle a fait acheter à quelques Épirotes, ses captifs, un champ sous

les murs de Rome, et c'est là, dans cette apparence d'une
Épire commodément rapprochée, que le fécial a planté
son javelot. Maintenant la cérémonie est encore plus
simple; le fécial vient heurter de son arme la colonne de
la guerre, il jette au vent quelques objurgations, et les
destins ont décidé. La terre comptera un royaume de
moins,.quelque nation fameuse s'effacera comme un peu
de sable emporté dans la tempête.

La guerre revient au sanctuaire même d'où elle est
partie. Paul-Émile et les siens ont regagné le temple de
Bellone. C'est un rassemblement immense et qui couvre
le champ de Mars tout entier.

Une loi sage, et qui devait longtemps épargner aux pénates romains les batailles fratricides, interdit l'entrée
de la ville aux armées. Dans la cité le soldat est et ne
doit être que citoyen : sur le seuil il a déposé le glaive
et le pilum. Sa gloire suffit à le protéger. Une exception
est admise cependant, mais strictement limitée. L'*imperium*, cette puissance souveraine que Rome délègue au
chef militaire, pour quelques jours dépasse les remparts,
lorsque la guerre achevée n'est plus qu'une fête triomphale. Alors seulement le tumulte des armes remplit librement la ville. Ce bruit, le plus terrible, le plus cher aussi
aux vrais Romains, ne saurait manquer dans le sublime
concert de toutes les âmes soulevées de joie et d'orgueil.
Rome se veut tout entière aux plus grandes fêtes de Rome.
Acclamer le vainqueur, fêter son retour, saluer son passage, cela est de tous les temps et de tous les pays. Mais
le triomphe réglementé, publiquement sollicité, légalement
obtenu, le triomphe noblement ambitionné, estimé la su-

prême récompense, c'est là une institution bien romaine et restée toute romaine.

Déjà le triomphe de Paul-Émile a duré deux jours. Le premier jour on a charrié des tableaux, des statues, quelques-unes de proportions colossales et qui fatiguaient l'attelage de huit ou dix bœufs accouplés. C'était déjà une magnificence singulière que cette arrivée des dieux eux-mêmes infidèles aux vaincus et rabaissant leur toute-puissance sous la majesté romaine. Les tableaux ont beaucoup moins intéressé la foule. Ces planchettes mises en couleur, quelques-unes éteintes et poudreuses, car le pinceau est brisé depuis longtemps qui les avait vivifiées, étonnent plutôt qu'elles ne séduisent. C'est leur faire beaucoup d'honneur que de les apporter de si loin. On dit cependant que cela vaut de lourdes sommes, et des Romains s'en disputeront la conquête si le Sénat, peu soucieux de ces vieilleries, en ordonne la vente.

Deux cent cinquante chariots ont à peine suffi à la solennelle arrivée de ce royal mobilier.

Les arsenaux de Persée ont fourni les lourdes charges voiturées par les rues dans les pompes du second jour. Toute la Macédoine guerrière est venue se livrer aux Romains. Un tel spectacle est mieux compris de la foule, estimé plus haut que les merveilleuses richesses de la veille. Il n'est pas un vieux légionnaire qui ne se complaise à cette exhibition.

Ces jours derniers, les soldats romains, sans négliger le soin de leurs armes, et l'on sait combien Paul-Émile y veille de près, ont dû nettoyer, polir, fourbir les armes de l'ennemi désormais impuissantes. Elles n'avaient pas depui longtemps resplendi de cet éclat magnifique. Plus de poussière ramassée dans la mêlée, plus de tache, plus de rouille sanglante. Il faut que tout soit de belle et joyeuse apparence : c'est Rome qui passe la revue. On a disposé toutes choses dans un désordre pittoresque et voulu, sur de multiples chariots, les cnémides de bronze qui ralentissaient à peine les rapides enjambées des hoplites, les cuirasses qui modelaient la puissante musculature de leur poitrine, les casques aux aigrettes hardies qui grandissaient les soldats dans la bataille et ne laissaient plus rien d'humain aux visages masqués à demi. Les boucliers de forme allongée sont mêlés aux peltas crétoises, aux cetras circulaires de la Thrace, les épées rassemblées en gerbes, et les longues sarisses jetées en tas sur les chariots comme les épis d'une prodigieuse moisson, les arcs, les carquois encore tout hérissés de flèches, les harnachements, les mors entassés pêle-mêle en un inextricable fouillis.

Tout cela chemine et passe, heurté, retentissant d'un héroïque fracas. Il semble que ce soit, non pas une armée, mais une bataille même qui fait son entrée dans Rome.

Trois mille hommes, des soldats, des exilés, des prisonniers, des esclaves, prêtent docilement leurs épaules au grand pillage de leurs palais, de leurs maisons, de leurs temples, de leurs princes et de leurs dieux. L'argent monnayé remplit sept cent cinquante vases; chaque vase contient la valeur de trois talents, et le talent d'argent vaut plus de quatre mille drachmes. Quel ruissellement d'or dans les carrefours et dans les rues! On apporte aussi par milliers les coupes curieusement ciselées, les vases d'or et

d'argent, les grands gobelets en forme de cornes d'abondance, les cratères énormes, toute une vaisselle digne de
contenir l'ambroisie et le nectar et que l'on dirait em-
portée de la table des dieux.

Le troisième jour est venu, le dernier, le plus fameux.
. Les personnages principaux, les grands meneurs du drame
vont paraître, associant Rome au suprême dénouement.
Cette fois encore le champ de Mars prêtera ses larges
espaces au premier rassemblement, et le seuil du temple
de Bellone marquera l'entrée en marche du cortège.

Les dieux sont là représentés par leurs prêtres : le fla-
mine de Jupiter, les augures, le collège des douze frères
Arvales. Ceux-ci portent la prétexte; une couronne d'épis
retenue d'un étroit bandeau de laine les désigne comme
aux jours consacrés où leurs prières sollicitent Dea Dia,
la déesse champêtre qu'ils ont mission de servir. Auprès
d'eux les prêtres Saliens, voués au culte de Mars, sont
venus se grouper.

Le Sénat tout entier, les tribuns, les édiles, les préteurs,
les consuls nouvellement désignés, les consulaires, ont
dépassé l'enceinte de la ville et viennent prendre le triomphateur. Rome déserte ses pénates, s'abandonne elle-
même pour accueillir celui de ses enfants aujourd'hui le
mieux méritant et le plus fameux. Entreprendre de dénommer ces hommes, ce serait raconter les annales mêmes
de la cité, rappeler tout son passé, fatiguer les airs d'une
évocation qui ne finirait plus.

Le cortège se forme, le cortège s'ébranle. Les licteurs,
trop peu nombreux pour la tâche qui leur incombe, ont
reçu le renfort de quelques légionnaires. C'est à grand'-

peine que leurs cris, leurs ordres, leurs prières obtiennent
un libre passage.

Les *tubicines*, les joues gonflées, leur longue trompette
droite aux lèvres, cheminent sur plusieurs rangs. Le
bronze éclate en une fanfare furieuse. Ce ne sont pas les
chants religieux qu'on est accoutumé à entendre dans les
processions solennelles, c'est la charge, comme pour une
mêlée prochaine.

Le triomphe n'est pas l'exaltation d'un homme, c'est la
pompe d'un sacrifice. Paul-Émile, non plus que Rome, ne
voudrait marchander sa gratitude aux dieux qui l'ont si
fidèlement assisté. C'est plus encore et mieux que l'hécatombe traditionnelle : cent vingt bœufs, choisis entre les
plus beaux et les mieux nourris, marchent, troupeau mu_
gissant. Les conducteurs qui les mènent, le torse nu, les
flancs ceints d'une étroite draperie tombante, la hache sur
l'épaule, les flanquent et leur imposent un solennel alignement. Les cornes dorées sont festonnées de feuillage et de
fleurs.

Encore de l'or, toujours de l'or. Jamais, au comptoir
même des argentiers les plus avides, on ne put rêver
cette abondance et cette marée toujours montante. Quelle
concurrence !

Le premier jour on n'a vu défiler qu'une partie des
richesses rapportées. Voici, péniblement soulevés sur des
civières, soixante-dix-sept vases contenant chacun en
pièces sonnantes la valeur de trois talents. Encore des
coupes, toute la vaisselle qui servait à l'usage même du
roi Persée. Il l'avait héritée des anciens rois de Macédoine,
des généraux d'Alexandre à leur tour passés rois ; il l'avait

lui-même augmentée de pièces nouvelles. Les Antigonides sont là, et les Séleucides, et les vases théricléens plus prisés encore pour leur beauté que ceux-là pour leur richesse; enfin, la coupe d'or massif et scintillante de pierreries, que Paul Émile doit consacrer aux dieux. Elle pèse la valeur de dix talents.

Persée ne possédait pas que de l'or, du fer aussi, richesse plus solide, quoique moins enviée; mais ceci n'a pu sauver cela. Un chariot, attelé de ses chevaux, conduit par ses mêmes serviteurs, porte ses armes, son épée qui n'a pas su vaincre, son bouclier qui n'a pas su le défendre, son bandeau royal qui n'a pas su le protéger du tonnerre.

Le chariot qui suit, plus vaste, drapé de pourpre et d'or, ramène un butin plus rare et plus précieux encore, un butin vivant, une proie dernière et qui laisse la vieille Macédoine dépouillée de tout, même de l'avenir. C'est le rêve de sa grandeur qui vient, c'est la suprême espérance qui passe et qui va s'éteindre dans le flamboiement de la victoire romaine. Trois enfants sont là, une fillette, deux petits garçons.

Comme autrefois, ils sont entourés de leurs gouverneurs, d'officiers et de serviteurs, toute une maison princière. L'un d'eux, dirigé par son précepteur, un homme d'expérience et qui sait à merveillle ce que l'on doit à la force, à tous les favorisés de la fortune, tend les mains, essaye de petits gestes très humbles, comme s'il voulait implorer la pitié. Le plus petit, à peine échappé aux bras de sa nourrice, ne saurait mimer une tristesse aussi touchante. Il fait tout ce qu'il peut, tout ce qu'il sait. Le dernier-né du dernier roi de Macédoine envoie des baisers au peuple romain.

Cette foule n'est pas d'une humeur aisément attendrie. Plus d'un visage se détourne cependant dont la grosse gaieté un instant s'est assombrie. Il y a là des mères qui, rentrées au logis, s'empresseront plus inquiètes au berceau de leurs petits; il y a là des pères que cet écroulement de fortune a pénétrés d'une angoisse cruelle. Il ne faut pas voir de trop près les exilés, les orphelins que l'on a faits, d'autant plus misérables que leur innocence ne saurait comprendre l'horreur du châtiment, d'autant plus grands dans leur malheur qu'ils sont plus petits. Rome qui ne payera plus de tribut à puissance humaine, a trouvé quelques larmes pour pleurer les enfants de Persée.

Ils n'étaient pour lui qu'un orgueil, une joie, une espérance, non pas un appui ou un secours; et pourtant, dans cette épreuve sans nom, plus cruelle que la désolation d'une bataille perdue et l'épouvante de la déroute, ils ont épargné à leur père les moqueries, les cris de haine, l'insulte des regards trop brutalement curieux. Ils l'ont couvert de leur innocence, protégé de leur sourire, sauvé de leur abandon. Ils sont trop près pour que cette douce lumière n'ait pas rayonné jusqu'à lui.

Le voilà cependant, seul, bien en vue, sa femme est à côté de lui, il est précédé de ses enfants, suivi de ses familiers, mais dans un isolement voulu et qui devait ne rien lui ménager qui fût de la douleur et de la honte. Il est vêtu de noir; ses pieds sont chaussés de crépides grecques.

Il marche titubant, incertain, les yeux perdus, le geste

fou, la tête basse ainsi qu'un homme ivre. Il ne semble pas qu'une pensée bien précise hante cet esprit ravagé de souffrance et de désespoir. Ce n'est pas en pleine lumière, dans les rues de Rome, que ce roi chemine et passe, c'est dans les ténèbres, dans l'horreur d'une nuit sans aurore, dans un abîme refermé sur l'écroulement de lui-même et de sa haute fortune.

Rome, au moins pour ce dernier jour encore, a laissé au roi vaincu sa royale maison, sa famille, sa cour. Au temps de sa prospérité et des ambitions menaçantes, même des premières victoires par lui gagnées, jamais il n'eut devant lui plus d'empressement, des dévouements plus attentifs, de plus nombreuses adulations. Ceux-là seuls manquent qui sont morts. Rome a voulu la fidélité au malheur; elle a voulu le roi vaincu dans toute la pompe de son cortège accoutumé.

Cependant hier encore Persée a fait conjurer Paul-Émile de lui épargner cette flétrissure. Mais Paul-Émile a répondu : « Il n'a tenu qu'au roi de se l'épargner, et cela est encore en son pouvoir. »

Persée, qui sut combattre, qui sut tuer, même les siens, car il ne dut sa couronne qu'au fratricide, n'a pas su mourir. Ses fidèles se répandent en lamentations, ainsi que l'on voit faire aux pleureuses dont le désespoir est de commande dans la gloire des illustres funérailles.

Cent couronnes d'or sont portées à la suite, présents d'autant de peuples et d'autant de cités de la Grèce et de l'Asie.

Voici enfin le dieu de ces éblouissantes journées. Quatre chevaux blancs le traînent d'un pas doucement rythmé.

Il a revêtu la tunique aux palmes d'or, la toge de pourpre que lui prête Jupiter Capitolin. Il porte d'une main un sceptre d'ivoire qu'un aigle surmonte, de l'autre un rameau de laurier cueilli aux ombrages d'un bois sacré. Il a remis pour ce jour seulement à son cou la bulle d'or permise aux enfants d'illustre lignée, mais qu'ils abandonnent quand leur jeunesse revêt la toge virile. Debout derrière lui, un jeune esclave soulève une couronne, et le rayonnement de l'or enveloppe le front du triomphateur. Une telle exaltation de la gloire humaine griserait jusqu'au délire. Aussi ce même esclave, porteur de diadème, souvent se penche et murmure aux oreilles même de celui qu'il a couronné : « Souviens-toi que tu es un homme! » Ce rappel aux misères de notre destinée commune sans aucun doute est entendu de l'âme de Paul Émile; elle plane encore plus haut que sa gloire.

« Io triumphe! » Ce cri éclate, monte, roule, bondit, tonne. Ce n'est plus un concert de voix humaines qui va traversant et remplissant la ville, c'est la montée d'une mer partout débordante et qui, docile cependant, respectueuse d'une majesté supérieure à la sienne, arrêtée devant une grandeur qui la dépasse, vient expirer sous les pieds d'un soldat.

« Io triumphe! » C'est le refrain. L'hymne s'improvise ou plutôt la chanson, brutale, joyeuse, enragée d'une superbe vantardise. Elle s'est envolée du cœur des soldats, elle a soulevé ces poitrines que chargent les torques gagnés sur les champs de bataille, les phalères clouées sur le bronze des cuirasses et qui proclament les héros des mêlées les plus furieuses; elle a sonné sur leurs lèvres

coutumières des hautains défis, hier encore fatiguées de
clameurs guerrières. On ne saurait dire que ce soient là des
vers d'une forme régulière, pas même des strophes à peu
près ébauchées. Mais les pas des victorieux les scandent
et les emportent, les sonneries tapageuses les traversent
comme les éclairs un ciel chargé d'orage; cela est grand
et magnifique ainsi que la plus sublime épopée, c'est l'âme
chantante de la patrie romaine.

L'armée presque tout entière, celle que Paul-Émile
avait retrouvée doutant d'elle-même, celle qui devait si
vaillamment incarner ses hautes pensées, pour la dernière
fois escorte le général. Les combats l'ont quelque peu
diminuée et aussi les garnisons laissées dans quelques
villes. Mais ces garnisons, très peu nombreuses, témoignent d'une victoire sans retour. L'ombre seule de Rome
éteint toute lumière importune, et son nom seul suffit à
commander.

Ainsi Rome retrouve à peu près tous les siens. Derrière
Paul-Émile, prolongeant mais aussi terminant le cortége
triomphal, ce n'est plus qu'un hérissement de piques,
l'éclat des aigrettes, l'éblouissement des hauts cimiers de
bronze où le soleil accroche de subites étincelles.

Le cortège est arrivé à la porte Carmentale. Elle subsiste telle à peu près qu'elle fut élevée. Cependant Rome
déborde son enceinte; elle n'est plus la Rome de Servius
Tullius. Bientôt elle rompra cette enceinte trop resserrée
encore, inutile, humiliante même à son orgueil.

Des échafauds sont dressés dans tous les carrefours.
Quelques-uns ne sont que des planches hâtivement
clouées, ébauches de gradins qui branlent et vacillent.

Cependant un assaut furieux les environne et les emporte. Les pauvres seuls exceptés ou les campagnards descendus dans la ville de leurs villages lointains, tous sont vêtus de blanc. La fête est moins celle de Paul-Émile que la fête commune de tous. Rome sent bien qu'elle est, jusque dans l'âme des plus braves, la force et le génie suprême inspirateur; elle se célèbre elle-même, elle-même s'acclame.

On dépasse le Vélabre et le *forum Boarium*.

En ce quartier la population est adonnée à de vulgaires occupations. Elle a tiré de leurs remises de lourds chariots et les a roulés au débouché des rues, et la marée humaine les a submergés. On a dû clore les boutiques; les étaux laissés à l'abandon ont servi de piédestaux.

Le cortège pénètre dans le grand cirque. Les gradins ont disparu sous les spectateurs. Au sortir du cirque, on se détourne de la porte Capène et de la voie Appienne. On passe entre le Cœlius et le Palatin. Quelque verdure y diversifie l'entassement des constructions chaque jour plus pressées. Que ce soit sous la poussée des curieux accrochés aux branches, que ce soit une consigne obéie de tout ce qui respire dans Rome et se nourrit d'une terre aussi féconde, les arbres eux-mêmes inclinent leur ramure. Les lauriers ont salué le victorieux qui passe.

On atteint la Vélia, on la gravit; on la dépasse; et les dalles que foule à présent le cortège sont les dalles mêmes de la voie Sacrée. Le vainqueur fait son entrée dans le Forum. Il n'a plus sous les pieds les rues où circule et fourmille une foule humaine à peu près innommée; il soulève la poussière d'un passé déjà prodigieux, que lui-

Animaux de sacrifice. — Bas-relief trouvé au Forum.

même continue dignement. Tous les temples ont ouvert leurs portes et l'on aperçoit, dans leurs profondeurs ténébreuses, l'incertaine vision de leurs dieux. Cette immobile immortalité contemple l'éternelle mobilité des hommes. Les fleurs festonnent les colonnes, le feuillage serpente aux cannelures ainsi que le lierre aux vieux troncs noueux. Pas un autel qui ne soit embrasé, et les flammes bleuâtres montent et crépitent plus joyeusement quand le prêtre, aux premières sonneries de la pompe triomphale, s'empresse à les ranimer.

« Io triumphe! » Les monuments disparaissent sous leur parure de fête et sous la foule du peuple qui les assiège.

Voici que l'on passe bien près de la prison Mamertine. C'est un moment redoutable. Pour quelques-uns souvent, non pas les moins fameux, ni les moins curieusement regardés, le triomphe finit là. A quelques pas du triomphateur un abîme est là toujours béant, avide et qui ne rend pas ce qu'il a saisi. Que Paul-Émile esquisse à peine un ordre de la main, moins qu'un geste, un regard, et la mort comprendra ; elle est là qui veille et guette. Mais Persée a survécu à sa gloire, il doit survivre à la honte. La pitié ou plutôt le dédain le veut épargner ; l'oubli descendra si vite sur cette renommée que Persée, disparu de la scène du monde, semblera s'être évanoui. On ne saura rien de certain sur l'agonie de ses derniers jours, et cette mort n'aura pas de funérailles qui aient laissé un souvenir.

La pompe triomphale a gravi le Capitole, non pas tout entière cependant. Là-bas une foule immense, grouillante ainsi qu'une fourmilière en émoi, remplit le Forum. Mais le triomphateur et le quadrige qui le semble égaler aux dieux, sont venus s'arrêter devant le temple de Jupiter. Le dieu lui-même, répété en de multiples images, et dépassant de haut notre chétive humanité dans le colosse de bronze que Papirius lui a dressé et consacré du large butin conquis sur les Samnites, regarde Paul-Émile et semble lui faire les honneurs de la colline sainte. Paul-Émile est descendu de son char. Il est debout sur le seuil du temple, saluant le dieu, saluant Rome, saluant sa gloire; il gravit les degrés et, recueilli, le front incliné, avant de commencer le sacrifice, il va déposer sur les genoux du dieu les lauriers dont il est chargé.

La fortune n'a-t-elle pas épuisé toutes ses faveurs? Ne faut-il pas craindre de subits retours et les revanches du malheur? Il a droit à si large part en toutes les choses humaines! Mais non, la gloire de Paul-Émile a payé rançon. L'un de ses fils, à peine âgé de quatorze ans, est mort il y a cinq jours; l'autre compte à peine douze ans, et déjà il se meurt. Il ne survivra que trois jours au triomphe achevé. Quelle veille! quel lendemain! Et de quelles tristesses cette joie apparaît environnée! Paul-Émile accepte l'épreuve durement imposée. Cette fois encore il aura détourné l'infortune loin de sa chère patrie! Seul il est frappé; seul, dans la désolation de sa maison déserte, et non pas au grand soleil, il pleurera la douceur des espérances flétries. Seul peut-être jamais il ne connaîtra l'apaisement d'une douleur finissante. Mais les dieux sont satisfaits.

Quand peu de jours après il revint au Forum et monta à la tribune pour rendre compte, selon l'usage, de ce

qu'il avait fait, après avoir raconté brièvement sa campagne de vingt-six jours terminée par un coup de foudre :
« Un succès si rapide m'effrayait, dit-il. Je devais craindre
que les dieux jaloux ne le fissent expier. J'ai supplié le
grand Jupiter, Junon reine et Minerve, leur demandant
que si un malheur menaçait le peuple romain, ce malheur fût détourné sur moi tout entier. Puisqu'il en est
ainsi, ils ont exaucé mes vœux. Votre félicité et la fortune
publique me consolent. »

IV

Le Forum n'a pas entendu que des voix fameuses; la
tribune n'a pas prêté son glorieux piédestal seulement
à des hommes rompus à l'escrime de la parole et dont
le nom, à peine avaient-ils gravi les degrés, courait répété
par toute l'assemblée. Tout citoyen, si humble que fût
son origine, en quelque profonde obscurité qu'il eût
traîné ses jours, avait libre accès aux rostres et pouvait
affronter le tête-à-tête de la patrie romaine. Ainsi les
petits grandissaient égalés aux plus grands; et quelques
phrases sans préparation, sans art, tombées de lèvres
ignorantes, devaient mériter la fidélité des échos les plus
lointains, tant le souffle de la seule pensée les avait
emportées à de sublimes hauteurs. A la veille de cette
guerre de Macédoine qui promettait de si rudes labeurs,
le Sénat projetait l'enrôlement de centurions éprouvés
et d'une inébranlable solidité. Il fallait des armes, mais
aussi des cœurs bien trempés, pour rompre la phalange
d'Alexandre. Mais ces cœurs commençaient à se pouvoir
compter, tant les batailles dernières en avaient dévoré.
Les centurions, rentrés au foyer si longtemps déserté,

avaient bien souvent servi au delà même de la limite
d'âge prescrite par la loi ; et malgré les supplications
du consul, les refus d'enrôlement pouvaient compromettre la bonne organisation de la nouvelle armée.
C'est alors qu'un légionnaire monta aux rostres, non
pas d'un élan subit, mais d'un pas ferme, avec cette
rectitude et cette assurance que la trompette semble
rythmer, comme à l'heure venue d'investir une citadelle.
Sa parole rude, coutumière seulement des brefs com-
mandements, trouvait aussitôt la plus mâle éloquence.
Cet orateur inattendu ne disait que ce qu'il pensait et que
ce qu'il fallait dire : « Je suis Spurius Ligurtinus, de la
tribu Crustumine, né au pays des Sabins. Mon père m'a
laissé un arpent de terre, la chaumière où je suis né, où
j'ai été élevé, rien de plus ; c'est là que j'habite.... Ma
femme, la fille de mon frère, ne m'apporta en dot que
sa condition libre, sa vertu, sa fécondité.... Nous avons
six fils, deux filles, l'une et l'autre mariées.... Je com-
mençai de servir sous le consulat de P. Sulpicius et de
C. Aurelius ; je fus deux ans simple soldat dans l'armée
envoyée en Macédoine contre le roi Philippe. La troisième
année, Quintius Flamininus me donna, en récompense de
mon courage, le commandement de la dixième centurie
des hastats.... Puis je suis parti pour l'Espagne, volontaire, sous les ordres du consul M. Porcius.... Il me jugea
digne du grade de premier centurion au premier manipule
des hastats. Une troisième fois je partis, toujours volontaire, avec l'armée qu'on envoyait contre les Étoliens et
le roi Antiochus.... Le roi Antiochus vaincu, les Étoliens
soumis, on nous ramena en Italie, où je fis deux fois le

service annuel comme simple soldat. J'ai servi encore deux fois en Espagne sous Fulvius Flaccus et sous Sempronius Gracchus. Flaccus me désigna au nombre de ceux auxquels il accordait l'honneur de l'escorter dans son triomphe. Gracchus me demanda de le suivre dans la province placée sous son gouvernement. En l'espace de peu d'années j'ai commandé quatre fois la première centurie de ma légion. Mes chefs m'ont accordé trente-quatre récompenses militaires; j'ai reçu six couronnes civiques. Je compte vingt-deux ans de service, et j'ai dépassé l'âge de cinquante ans.... »

Il aurait pu ajouter que les blessures reçues dépassaient les années de campagnes et de batailles; et pourtant ce vétéran, ce père chargé de famille et que la guerre ne devait jamais enrichir, s'offrait à repartir. Cette harangue aussi belle que pas une, car la vieille Rome des plus beaux jours l'avait seule inspirée, sonnait sur le Forum ainsi qu'un appel de trompette sur le camp ensommeillé. Dès lors les hésitations premières ne sont plus que de lâches défaillances; ce soldat tout seul gagne la bataille, consomme la conquête d'un peuple tout entier, plus grand, plus magnifique que pas un conquérant, car ce peuple asservi à sa victoire est le peuple romain. Ce soldat résume un siècle, une nation; il le faut saluer au passage.

Des paroles aussi fières ne descendaient pas toujours de la tribune. Les vulgarités de la vie journalière, ses petitesses même, nous l'avons dit, n'arrêtaient pas leur inévitable invasion aux premières dalles du Forum. Elles devaient escalader la tribune.

Que parle-t-on de la liberté romaine? Ce n'est rien

qu'une servitude dans la gloire, et chaque jour plus lourdement appesantie. Au lendemain de la bataille de Cannes et dans le deuil des suprêmes désastres, une loi cruelle a été promulguée, la loi Oppia. Défense aux femmes de paraître en public avec des vêtements de couleurs variées, de porter des bijoux dépassant le poids d'une demi-once d'or, défense de monter en char dans l'intérieur de la ville et même dans ses alentours immédiats. Une promenade à plus d'un mille de distance, presque un petit voyage, seul autorise ce luxe effréné. Elles peuvent bien aller à pied! ainsi faisait Lucrèce, ou rester à la maison et filer la laine, ce qui vaudrait mieux encore. C'est la pensée obstinée des vieux Romains de la vieille Rome. Mais la jeunesse violemment les contredit. Combien de fois cette loi Oppia n'a-t-elle pas été déjà effrontément violée! La femme de Scipion, sans même attendre la complicité discrète de la nuit commençante, cheminait en char, et c'était comme un triomphe journalier qu'elle promenait par la ville, car elle se faisait escorter de nombreux esclaves. Mais c'était la femme du grand Africain, et l'on sait que le vainqueur d'Annibal en prenait souvent à son aise avec les lois et les traditions. Les censeurs n'osaient sévir contre les Scipions; quelques autres, autorisées de cet exemple, se sauvaient des punitions méritées, des amendes encourues par la seule rançon d'un sourire ou d'un regard. La coquetterie suppliante trouve à Rome même des cœurs compatissants. Cependant, selon le tempérament du censeur en exercice, selon son âge ou l'humeur de sa femme, il y avait de subites reprises de sévérité, et souvent les amendes grêlaient sur les coupables. Il fallait en

toute hâte se réfugier au plus profond des logis, comme aux
jours d'averse on se hâte vers l'hospitalité des portiques
les plus voisins; il fallait, quelle désolation! serrer dans
les coffres les atours les plus aimés. Que de larmes!
Au lendemain de Cannes, c'était bien, ou du moins cela
pouvait se justifier! Mais au lendemain de Zama, après
Pydna, après la déroute de l'Orient et sa soumission,
quelle folie! quelle cruauté! A quoi bon tant de richesses
si elles doivent disparaître aux ténèbres du trésor public!
Pourquoi les pompes triomphales si pas un reflet ne doit
franchir le seuil des vainqueurs? Ne porter qu'une demi-
once d'or! Mais un seul bracelet pèse plus que cela! Les
pierreries scintillent comme les étoiles, l'or rayonne
comme le soleil; les pierreries ont droit à la joie de
toutes les fêtes, l'or a droit au libre étalage de ses splendeurs. On dit cela partout, on le répète, on le prouve
bruyamment par des plaintes toujours croissantes, dans le
concert de clameurs furieuses. Cet Oppius était un homme
abominable! Caton n'en juge pas de la sorte : si la loi d'Oppius ne sévissait dans Rome, il l'aurait inventée. Caton
gronde, querelle, gourmande. Sa main est prompte à
s'abattre aux épaules de ses esclaves, et jamais elle ne fut
si prodigue de coups. Dans l'immensité de la patrie romaine
il n'est pas d'homme qui soit maudit comme Caton, et
Annibal ne fut jamais d'aussi bon cœur voué aux dieux
infernaux. Ce Caton a les yeux bleus, il est roux comme un
barbare Germain. Ses aïeux sabins ont gardé les porcs
dans la Sabine, et de là sa famille est dite Porcia. La glorieuse origine!

Il sait le grec et le parle aisément, lui-même est élève

du pythagoricien Néarque ; mais il déteste tout ce qui vien
de Grèce. Voilà que cette Grèce envoie à Rome ses philosophes. Serait-ce une revanche de son abaissement ? Car-
néade est venu ; un certain Diogène, qui n'est pas le chien
aboyant la sagesse dont s'amusait Alexandre, l'a suivi, puis
Aristolaüs. Celui-là hantait le bois d'Académus; celui-ci
veut enseigner en se promenant, c'est un péripatéticien.
Cet autre affecte la gravité du stoïcien. Quelle peste que
ces beaux parleurs, que ces subtils raisonneurs ! avec eux
la raison n'est jamais sûre d'avoir raison. Caton n'a pas eu
de cesse qu'il ne les ait fait jeter hors de la ville. Dehors
les philosophes et détruisons Carthage ! Cette double malédiction éclatait en tout lieu où paraissait Caton. Sa haine
s'est étendue jusqu'aux barbiers. Encore des Grecs ! et
quelle effronterie à ces gens-là, de beaux parleurs eux
aussi, de caresser le menton d'un Romain ! Et voilà que
Scipion Émilien, un bon serviteur de Rome cependant,
car il a ruiné Carthage de fond en comble, a son barbier
favori et se fait raser tous les jours ! Peut-être il murmure
des vers grecs sur la ruine consentie de sa barbe, il a bien
chanté sur la ruine de Carthage !

Au reste, ce Caton chaque soir s'ingénie à trouver pour
le lendemain quelque moyen d'être désagréable et fâcheux.
Il a fait nettoyer les égouts et les rues, c'est bien mériter
de la patrie. Mais il tarit les sources qu'adroitement les
riverains des aqueducs avaient su découvrir dans leurs
jardins. Il impose un implacable alignement aux maisons
et défend la rue comme un chien le seuil de son maître.

Voici en quels termes il exprime ses rancunes et for-
mule sa pensée :

« Romains, si nous avions maintenu nos droits et notre
dignité d'époux, nous n'aurions pas affaire aujourd'hui à
toutes ces femmes. Nous n'avons pas su leur résister à
chacune en particulier, les voilà toutes ameutées contre
nous. C'est un sexe indomptable; lâchez la bride à leurs
passions, à leurs caprices, et vous verrez ensuite s'il est
possible d'imposer une barrière à leurs emportements....
Croyez-moi, c'est pour le malheur de Rome qu'on a
ramené dans nos murs les dépouilles de Syracuse. Je n'en-
tends que trop vanter les frises d'Athènes et les statues
de Corinthe et railler les images d'argile de nos dieux. Eh
bien, moi, je préfère ces dieux qui nous ont protégés et
nous protégeront encore, je l'espère, si nous ne les ban-
nissons pas de leurs temples.... »

Telle est l'attitude que devait prendre Caton, et telle
il la maintient obstinément. Il ne laisse pas d'en imposer
à celles mêmes qui mènent le plus furieusement campagne
contre lui et contre l'inhumanité des lois somptuaires.
Pas une n'oserait lui tenir tête bien en face, pas une ne
soutiendrait les mépris de son silence et de ses yeux. Mais
derrière lui, autour de lui, la campagne est poursuivie.
Les femmes les plus jeunes, les plus séduisantes, les plus
écoutées, tiennent des conciliabules. Les rebelles cependant n'ont pas franchi l'enceinte du Forum ; on les surprend, on les devine errant tout alentour. Une terreur
mystérieuse, une majesté divine entrevue vaguement,
peut-être seulement l'image du vieux Caton qui passe, défend le Forum et sauve son antique inviolabilité. Mais à la
Curie, dans l'assemblée du peuple, au *consilium*, au champ
de Mars, chez les chevaliers, les sénateurs, les consulaires,

les tribuns, la question est posée urgente, impérieuse. Les magistrats sont assaillis, investis de toutes parts ; il leur faudra capituler, Caton en vain aura montré sa tête de Méduse qui glace et pétrifie. La révolte reprend d'où son regard s'est détourné. Déjà nous l'avons vu dans sa lutte contre Scipion, vaincu, humilié. Combien les Romaines lui étaient devenues des adversaires plus redoutables ! Elles ont défendu leurs joyaux d'une rage aussi terrible que les Carthaginoises leur dernière citadelle ; mais plus heureuses elles ont triomphé. La loi Oppia est abrogée. Caton n'a plus qu'à se voiler la face. Il part pour l'Espagne, désertant le Forum, mais non pas la cause romaine. Lui aussi a son esclavage et dont rien ne saurait un seul jour l'affranchir. Il a déjà gagné, il gagnera des batailles aux Thermopyles, en Espagne, et ses soldats lui obéiront mieux que les matrones romaines. Au piédestal de la statue qui lui sera dressée, il voudra cependant n'être loué que « d'avoir, étant censeur, remis dans la droite voie, par ses bonnes directions et ses institutions sages, le gouvernement des Romains qui tournait à mal et penchait vers sa ruine ».

Cependant c'est grande fête dans la ville, dans le secret de tous les logis, dans les rues, un peu partout, l'âme seule de Caton exceptée. Un cortège se forme, non pas prévu, non pas réglé par les prescriptions d'un usage consacré et dans la discipline d'une hiérarchie acceptée, mais dans le laisser-aller pittoresque, aimable, d'une subite improvisation, dans l'explosion d'une joie soudaine. La nouvelle d'une victoire fiévreusement attendue ne saurait provoquer un tel émoi. Rome vit désormais dans une si intime

familiarité de la victoire ! Les coffres sont ouverts, les cas-
settes sont vidées. Dès la première heure les esclaves sont
accourues à l'appel de leurs maîtresses ; et jamais tant de
parfums ne seront répandus, jamais tant de joyaux hier
encore tristement enfermés dans la nuit des cachettes,
n'ont scintillé aux mains qui les caressent. Les plus pauvres trouveront moyen de simuler la richesse. Il en coû-
tera cher aux pères de famille d'avoir triomphé d'Oppius
et de Caton. La revanche est complète. Il a cessé enfin le
deuil de la vieille Rome et c'est de ce jour seulement
qu'Annibal est bien vaincu.

Il n'est pas une magistrature romaine qui n'ait joué son
rôle dans les drames ou les comédies du Forum. Aucune
ne fut plus constamment fidèle à ce théâtre que le tribunat. Les tribuns sont la vivante revendication des droits
populaires. Leur inviolabilité très longtemps respectée
leur conseille toutes les résistances, bientôt même leur
permettra toutes les audaces. Au reste, les plébéiens docilement les suivent et de cette obéissance muette relèvent
l'autorité tribunitienne. Les tribuns ne vont pas précédés de
faisceaux, et tenant ainsi, sous l'immédiat commandement
de leur regard, les verges qui souvent châtient, la hache
qui tue. Chaque tribun a son *viator*, un homme sans
armes qui seul l'accompagne. On ne saurait imaginer plus
modeste appareil, et l'orgueil patricien n'en pouvait conce-
voir quelque ombrage. Le tribun est avant tout un témoin,
mais qui sait voir, un auditeur, mais qui sait écouter.
Que le Sénat où le patriciat romain se cantonne ainsi qu'en
une citadelle bien fermée, s'assemble et délibère, qu'il
décide du sort des nations, déchaîne le tonnerre des ven-

geances romaines, il le peut tout à son aise, docilement la victoire attendra qu'un signe lui soit adressé; mais le tribun aussi écoutera. Il est là très humblement assis sur son tabouret de bois, à la porte de la Curie, ou bien à la porte du temple choisi, aux jours où le Sénat délibère dans la familiarité des dieux. Cette porte jamais ne sera fermée. Ainsi le tribun connaîtra toutes choses, les instants qu'un porteur de sceptre peut encore se flatter de régner, la destinée du monde. Il connaîtra aussi les lendemains promis au peuple même de Rome, ou du moins à cette partie du peuple qui est la plus nombreuse et non la moins dévouée aux labeurs de la chose publique. Ce qu'il sait il le redira, ce qu'il a vu il va le publier. Ces patriciens superbes ont leur clientèle à peine un peu moins asservie à leur volonté que leurs esclaves mêmes; mais lui, le tribun, même nouveau, sans nom fameux et sans histoire, homme qui ne saurait peupler sa pauvre maison des images de ses ancêtres, il a sa clientèle aussi, plus nombreuse encore, librement disciplinée, vigilante, tout à l'heure invisible peut-être, mais présente au premier appel et qui remplirait sans peine le Forum tout entier. Le torrent est refoulé, contenu, mais le tribun tient la vanne qui l'arrête et d'un geste il peut le déchaîner.

Aussi le tribun, d'abord toléré, est bientôt redouté, son silence même impose et se fait écouter. Ainsi laborieusement, péniblement, lentement, les plébéiens ont conquis leurs droits. Ils ont monté, les comptant, un à un, les degrés de toutes ou du moins de presque toutes les charges publiques; et cette conquête, poursuivie avec une obstination toute romaine, disputée furieusement, ne présente pas de

moins dramatiques épisodes, de moins glorieuses batailles
que la conquête du monde.

Au jour où Paul-Émile descendait de son char triomphal, cette lutte, déjà plusieurs fois séculaire, semblait
apaisée dans une accalmie prolongée. Cette trêve donnait
l'illusion de la paix. Entre les prétentions rivales, les
haines en éveil, les résistances jalouses, les revendications excessives, les rêves menteurs, les réalités prochaines, un certain équilibre s'était établi, un heureux
rapprochement avait tempéré toutes choses et consommé
un semblant de réconciliation. On avait tant souffert
en commun, tant peiné, partagé de si cruelles angoisses! Les désastres subis avaient enseigné l'implacable
solidarité de tous; et les veines de tous avaient à peine
suffi à rendre un peu de sang au cœur même de la patrie.
A cette heure magnifique et sainte, la plus belle que
Rome ait vécue dans sa longue histoire, Rome est une,
même en l'image diverse de ses institutions, de ses intérêts et de ses pensées. Le Sénat, et les familles patriciennes
parmi lesquelles il se recrute de préférence, non plus ex-
clusivement cependant, maintient la religion des grandes
traditions nationales, assure la continuité des longs desseins, au nom du passé conseille et règle l'avenir; enfin,
du droit des services rendus non moins que des institutions
éprouvées, assume une suprématie, exerce une autorité
docilement obéie. Les masses plébéiennes glorifiées aux
yeux de tous dans l'éclat des victoires communes, relevées dans l'heureuse revendication de droits équitables et
cependant étroitement limités, assurent le mouvement, l'u-
tile fermentation des réformes encore désirées, l'agitation

même des rêveries dont se consolent certaines misères
présentes, rançon toujours fatale de toutes les prospérités. Les alliés, ces peuples d'Italie successivement vaincus
et soumis, quelquefois cruellement foulés, fidèles cepen-
nant pour la plupart, au milieu même des épouvantes d'une
invasion victorieuse, acceptent, vénèrent et déjà sont à la
veille de chérir cette ville prédestinée qui les domine de
si haut. Ils ont puissamment contribué à son salut; ils ont
partagé l'enivrement de ses victoires. Ils ne sont plus des
sujets, ils ont surpris, pour cette Rome, au fond de
leur cœur, des tendresses de fils; ils rêvent leur adoption dans cette glorieuse famille.

Il n'est pas d'équilibre laborieusement obtenu qui ne
soit instable; et c'est trop demander à la raison mortelle
d'accepter longtemps les conseils de la justice et de la
modération. Le sacrifice du moi à l'intérêt général, Rome
l'a inspiré et commandé, plus docilement écoutée que pas
une autre puissance humaine; mais un tel sacrifice n'est
facile qu'adressé à la patrie elle-même. Tolérer le voisin,
écouter ses raisons, accepter ses conseils, surtout partager avec lui, cela est plus malaisé et plus dur. Tel citoyen
qui aurait abandonné à Rome son patrimoine tout entier,
épuisé pour elle jusqu'à la dernière goutte le sang de lui-
même et des siens, refusera obstinément de morceler son
champ et de reconnaître la juste créance du vétéran
même qui le coudoyait dans les camps et peut-être l'a
sauvé sur les champs de bataille.

Longtemps la guerre n'a poursuivi et brisé que des
peuples aussi pauvres ou plus pauvres que Rome. Il n'en
va plus de même, et les rançons des victoires gagnées en

Sicile, en Orient, ont rempli, à les faire éclater, les jarres
et les coffres du trésor public. L'or monnayé, les objets
précieux ne composent pas tout le butin; de vastes terri-
toires sont tombés sous la main de Rome, encore peu-
plés de troupeaux, dorés de moissons abondantes. La
guerre les a dévastés, mais leur fécondité repose. Qu'un
nouveau maître la réveille et la sollicite, et des moissons
plus riches encore le viendront récompenser. Ces terres,
du droit de la conquête, sont la chose du peuple romain.
La vulgaire équité, l'intérêt bien compris de Rome en ré-
clament le juste partage. Vaine attente, espérance bientôt
déçue! Ainsi que les larmes infécondes d'un ruisselet s'en
vont, d'un entraînement fatal, disparaître aux abîmes du
torrent le plus prochain, et que le torrent à son tour emporte au fleuve épandu près de là le tribut des eaux qu'il
a conquises, tout ou presque tout ce qui devait être la
part des humbles et des petits, s'est englouti dans l'immensité dévorante de quelques énormes patrimoines.
Rome, prodigieusement enrichie de gloire, d'argent et de
terres, à vu la misère étendre, dans ses murailles mêmes
et dans ses alentours, ses tristesses, ses hontes et sa désolation. Contraste singulier et qui donne à penser, en attendant le jour prochain des haines trop bien justifiées et
des tumultueuses revendications, quelques familles, par
leur crédit, l'autorité de leur nom, leur situation déjà
acquise et toujours maintenue, ont mis la main sur les
épaves du naufrage de tant de nations.

Les campagnes lointaines auraient-elles jeté sur des rivages inconnus hier encore, les fils et le père, à Rome restait une clientèle vigilante ou seulement quelque intendant

expert, jaloux de mériter les éloges du maître ; on prenait,
on occupait les terres délaissées, provisoirement, disait-
on, et seulement pour ne pas attrister les campagnes d'un
spectacle d'abandon ; puis on oubliait de rendre. Les
comptes embrouillés à plaisir, indéfiniment retardés, dé-
courageaient les plaintes, lassaient les réclamations. Enfin
l'usure que nombre de patriciens ne rougissaient pas d'exer-
cer, dévorait les petits héritages. Ces légionnaires qui
font trembler les empires à la seule cadence de leurs pas,
longtemps il leur a fallu pourvoir aux frais de leur équi-
pement ; la solde qui leur a été attribuée plus tard est
bien médiocre, et si au lendemain de Zama chaque soldat
a reçu quatre cents as, pareille aubaine ne se renouvelle
pas, et la générosité du grand Scipion ne pourrait une
seconde fois en laisser même l'espérance. Cependant l'absence du père de famille est funeste à l'administration
d'un modeste patrimoine. Les champs sont mal cultivés,
les récoltes perdues ; les dettes viennent, tarissant l'abondance de la veille, stérilisant même les promesses du
lendemain. Puis la mort a fauché largement, jetant bas
les plus braves ; les orphelins sont restés, lamentables
quémandeurs d'une aumône souvent refusée.

Ainsi Rome qui essaime, sur des rivages chaque jour
plus lointains, ses victoires, ses camps, ses ambassades
hautaines, voit la solitude se faire en ses campagnes les
plus voisines. Jamais elle ne mena si grand tapage par le
monde, et les champs restent silencieux que l'on découvre
de ses murailles, et c'est déjà un semblant de désert qui la
presse et qui l'environne. Oh ! certes, ces terres ont des propriétaires, des maîtres jaloux, cruels même ; leur orgueil

cependant dépasse leur véritable richesse. Seul le laboureur, libre et que son labeur enorgueillit, obtient de son petit champ une complète redevance. Le champ est encore une patrie, d'autant plus chère qu'elle est resserrée en des limites plus étroites; elle veut de fidèles amours. Le laisser-aller et la superbe indifférence des maîtres à peine entrevus, jusque dans les sillons ouverts où les pâturages démesurés, ne trouvent que des ingrats. Les troupeaux d'esclaves poussés sur ces terres qui leur sont inconnues et peut-être odieuses, ne les cultivent qu'à regret, et la sueur est inféconde tombée d'un front que l'esclavage appesantit.

Rome sans doute offre des spectacles variés, des jeux, des combats de gladiateurs. Dans sa grandeur bien assise, solide comme les murailles qu'elle aime à cimenter, Rome est elle-même un spectacle, et le plus magnifique qu'il soit au monde. Qu'il vienne au Forum, ce paysan de la Sabine, si la pompe de quelque triomphe n'est pas annoncée ou seulement le cortège d'une ovation, il entendra bien quelque orateur parler des grands intérêts de la patrie; on lui nommera des rois qui ce matin encore lui étaient ignorés, des contrées nouvelles où plusieurs mois de voyage à peine le pourraient amener. Il doutera que le même soleil, resplendissant sur Rome, les puisse éclairer.

Il verra dans la Grécostase, car cette enceinte est visible du Forum, ainsi l'a voulu l'orgueil du Sénat romain, des ambassadeurs attendre l'heure de l'audience très humblement sollicitée. Ils sont venus de Grèce, d'Égypte, d'Athènes, d'Alexandrie, de royaumes anciens à ne plus compter les

siècles ou des cités les plus fameuses. Ils auront revêtu
des costumes étranges, ceint de hautes tiares, et le populaire s'amusera de cette mascarade imprévue; ou bien,
si la cause est plus pressante, ces ambassadeurs ne seront
que des suppliants. Ils n'auront revêtu que des vêtements
souillés de poussière; leurs cheveux en désordre aveugle-
ront à demi leurs yeux, et leurs mains frénétiques et désolées secoueront des rameaux d'olivier. On les verra, on les
entendra en pleine lumière, en toute liberté, et leurs
gémissements tomberont presque dans le Forum. Toute
cette désolation n'avancera pas l'heure de l'audience. Un
jour les envoyés du roi d'Illyrie se sont hasardés à pénétrer
dans la Curie, sans que la permission leur en fût accor-
dée; il leur a fallu sortir au plus vite et jamais on n'a
daigné les écouter. C'est le temps où un cercle tracé par
la baguette de Popilius Lænas suffit à emprisonner le roi
Antiochus et à lui imposer l'acceptation d'un traité.

Eh bien, pauvre laboureur sans charrue, citoyen sans
pénates, soldat sans obole, cela ne saurait-il te consoler et
te suffire? Rome te fera voir, si tu veux, des peuples qui
saignent, des rois qui pleurent. C'est beau, c'est grand,
mais les enfants crient famine sur les chemins, mais la
mère traîne sa misère au seuil de l'usurier qui vous a fait
jeter loin de la vieille cabane paternelle. On se peut lasser
de tout, même de la gloire. Tout cela ne vaut pas une
poignée de pois chiches, et le vainqueur d'Annibal, de
Persée, le conquérant de l'Asie, ne prendrait pas le temps
de les cuire avant de les dévorer.

La question est posée, impérieuse, bientôt menaçante,
l'existence même de Rome s'y trouve intéressée. Un cœur

généreux, une pensée ardente, Spurius Cassius en a voulu chercher la solution. Mais les siens l'ont renié, son père même l'a condamné. Des accusations aussi folles qu'odieuses l'ont poursuivi. Né patricien, mais devenu ami des plébéiens, ou plutôt ami de la justice même, il aspirait, disait-on, à la tyrannie. Il est mort précipité de la roche Tarpéienne.

Un meurtre, si cruel qu'il soit, n'est pas une raison, encore moins une réponse qui puisse satisfaire un peuple. D'autres viendront, aussi hardis, non pas beaucoup plus heureux cependant, qui reprendront la tâche inaccomplie, et la cause des plébéiens méritera de plus illustres martyrs. Les Gracques vont paraître et la lutte reprendra, mieux conduite, plus terrible encore.

Les Gracques sont plébéiens; mais leur famille, alliée aux Scipions, alliée aux Clodius, maisons patriciennes très orgueilleuses et très jalouses de leur renommée, compte entre les plus considérables qui soient à Rome. Ce n'est pas qu'elle possède de grands biens; le patrimoine est médiocre; mais les jours ne sont pas encore venus où les richesses deviendront la première, sinon la seule cause de considération et de respect. L'intégrité reconnue, les services rendus sont une noblesse, et les Gracques la peuvent hautement revendiquer.

En des temps lointains, à peu près oubliés, au pays des Èques, un chef recevait un envoyé de Rome. Ce n'était pas encore l'âge des palais, ni même des temples fermés de murailles jalouses; la lisière d'un bois, une libre campagne suffisait à la majesté de l'audience. Le Romain cependant, devançant un peu les temps, haussait le ton, et sa diplomatie se faisait menaçante. « Parle à ce chêne! » lui fut-il répliqué. Et ce chef à demi barbare, cet homme, inébranlable et fier comme le chêne même qu'il désignait de la main, s'appelait Gracchus.

Aux jours les plus sombres des guerres puniques, un Gracque enrôle les esclaves de bonne volonté et leur promet la liberté pour prix de leur vaillance et de leur dévouement, estimant que des soldats peuvent être des hommes. Le danger passé, la victoire gagnée, il leur tient parole. Fermeté, indépendance de pensée, haute générosité, tels sont les traits de caractère qui font reconnaître les Gracques à travers le long enfantement des grandeurs romaines.

Sempronius Gracchus a servi en Espagne, d'abord en sous-ordre des Scipions. Brave soldat, mais aussi réformateur attentif et redresseur de torts, il a voulu panser les blessures que la victoire laissait toutes béantes. Il a tendu la main aux vaincus, il a repeuplé les champs, soulagé en les groupant les misères autour de lui gémissantes, et, reparti pour Rome, il a vu surgir à son appel de nouvelles cités. La fille de Scipion, le grand Africain, est devenue sa femme. Cornélie apparaît, fille, épouse, veuve, mère, fière de son père, fière de son mari, plus orgueilleuse encore de ses enfants. Cette figure calme, sereine, grande à l'égal de toutes les grandeurs, est souriante aussi cependant, car Cornélie, nourrie des graves enseignements de Rome, a connu auprès de son père et compris quelque chose des élégances athéniennes. Mère douze fois, elle est à son foyer, elle est dans Rome une divinité protectrice et féconde ; chaque enfant lui a été une joie,

presque une gloire, ainsi qu'il en ést pour Rome de chaque
nouvelle conquête. Ses enfants sont sa parure, a-t-elle dit,
ses bijoux ; en effet, elle en apparait environnée, parée,
suivie comme une étoile fertile multipliée en un essaim
d'étoiles enfantées de sa lumière maternelle. Elle a vu,
elle veut la gloire autour d'elle, et elle ne saurait comprendre un Romain qui ne soit le serviteur de Rome,
une Romaine qui ne soit la servante d'un Romain, servante très digne cependant, superbe et qui s'élèverait jusqu'à égaler le maitre si elle ne voulait limiter son empire
au seuil sacré de la maison. Un roi a sollicité son alliance
un Ptolémée ; elle aurait pu ajouter aux cartouches
royaux où se lisent les noms des Bérénices ou des reines
compagnes des vieux Pharaons, le nom de la fille des Scipions, mais c'eût été déchoir. Très simplement elle l'a pensé.
Elle ne conçoit pas qu'il puisse être au monde quelque
chose de plus. magnifique et de plus saint qu'une maison
romaine, tout à la fois sanctuaire et berceau ; car les
images des aïeux en bordent l'atrium, attestant le passé,
et les rires des enfants la réjouissent, promettant l'avenir. C'est là que la matrone est reine et souvent dans
la solitude d'une royauté sans partage, car l'époux est au
Forum, à la Curie, ou parti si loin que seule l'espérance
le peut suivre et deviner. Quel palais est désirable,
quel temple est sacré auprès de cette maison ? La puissance de Rome réside avant tout dans la famille romaine ;
ce rocher supportera le poids d'un monde ; c'est dire
qu'une Cornélie assure et maintient l'œuvre accomplie
aussi bien, mieux peut-être qu'une victoire de Scipion.

Cornélie, née patricienne, n'a pas inspiré, encore moins

conseillé les réformes démocratiques rêvées de son mari,
poursuivies de ses fils. Elle a su taire ses répugnances et
ses inquiétudes. Si haute que soit la place par elle occupée,
elle n'oublie jamais qu'une autre place, encore plus-haute,
est réservée au père de famille; et le père lui-même disparu, elle sait que le fils, devenu homme, reprend de
plein droit cette pleine souveraineté. La mère redevient
une fille, une sœur, une amie peut-être, entre toutes vénérée, mais qui ne saurait, sans déserter sa mission véritable, orienter la marche du maître ou les destinées
mêmes de la patrie.

Cornélie a vu détruire, et sur l'initiative de son mari, la
maison de son père Scipion ; mais un intérêt public le
commandait : sur l'emplacement de cette maison et de
quelques autres toutes voisines, Sempronius a fait élever
la basilique Sempronia, donnant un vis-à-vis à la basilique
Porcia, celle-ci toute prochaine de la Curie. Ainsi le Forum
a reçu une parure nouvelle. Les boutiques environnantes,
les vieilles (*Veteres*), groupées au pied du Palatin, comme
les neuves (*Novæ*) en vis-à-vis, une à une disparaissent,
faisant place à des édifices d'utilité générale. Le Forum
présente un ensemble monumental chaque jour plus complet. Le commerce ne désertera pas, il empruntera l'hospitalité complaisante des portiques partout ménagés ; mais
il n'aura plus que des installations improvisées, changeantes, craintives en quelque sorte et toujours promptes
à disparaître au premier froncement de sourcil d'un édile.

Il y avait autrefois des maîtres d'école au Forum, grecs
pour la plupart; il a fallu que la Grèce enseignât à lire
aux Romains. La petite Virginie, parée de ses grâces à peine

printanières, — elle comptait tout au plus treize ans, — allait, suivie de sa nourrice, retrouver aux boutiques vieilles, son maître et son école, lorsque du Vulcanal où siégeaient les décemvirs, Appius la vit traverser le Forum. Maintenant Virginius ne trouverait plus, à portée de sa main, un couteau oublié à l'étal d'un boucher et ne pourrait plus sauver ainsi, à défaut de la vie, l'honneur du moins d'une enfant chère à son orgueil de soldat aussi bien qu'à sa tendresse de père.

Ainsi nous voyons transformé en sa décoration architecturale, mais non pas sensiblement modifié cependant, le Forum romain. Les monuments commémoratifs ne cessent d'y multiplier. Il n'est pas un épisode quelconque de cette histoire journalière qui ne soit désormais prétexte à couler le bronze ou à tailler le marbre. Une reine d'Illyrie, Teuca, trop confiante dans le mystère de ses rivages mal connus et dans la terreur qu'inspirent ses hardis pirates, a fait massacrer les envoyés de Rome. Des statues, monuments expiatoires, leur sont dressées, et voici l'ambassade revenue dans le Forum. Le marbre atteste le crime, mais aussi la vengeance obtenue.

Cependant, entre le triomphe de Paul-Émile et le tribunat de Tibérius Gracchus, le Forum n'a pas changé sensiblement d'aspect. Mais combien la foule qui le hante est devenue plus inquiète, plus mobile, plus prompte à des colères chaque jour plus redoutables ! Un souffle de tempête s'est levé et qui ne s'apaisera plus pendant près d'un siècle. Les plus violentes dissensions n'étaient que des querelles aux rapides repentirs, non pas de véritables guerres. L'heure est venue où les rivalités de classes né

voudront plus s'attarder en de telles innocences. La loi
et l'usage, aisément obéis, interdisaient les armes dans
Rome et surtout dans les assemblées publiques. Aussi les
bourrades et les coups de poing longtemps sont restés les
arguments suprêmes. C'était trop peu. Virginius n'aurait
qu'à secouer la toge du premier passant pour y trouver
couteau ou poignard. On sort armé, on vient armé au
Forum et jusque dans la Curie ; on parle, on délibère,
assurant de la main, sous les plis de la laine complaisante,
la dernière réplique. Cependant l'arme reste cachée, toute
petite, en quelque sorte honteuse d'elle-même, et cette
pudeur témoigne d'un reste de respect à la majorité des lois.

Tibérius Gracchus le premier a entrepris les réformes.
Élevé au tribunat, il a proposé des lois agraires, le partage équitable des terres tombées dans le domaine de
l'État et la recherche, la reprise de celles de ces terres
que d'insolentes usurpations avaient conquises à quelques
familles privilégiées. Caïus Lælius déjà a projeté, annoncé
des lois agraires ; les premiers grondements de l'orage
pressenti l'ont fait reculer. Ses beaux projets ont disparu
comme un songe ; et ses adversaires ont bien voulu récompenser cette défaillance d'une épithète ironiquement élo-
gieuse. Lælius est devenu Lælius le sage.

Tibérius est d'humeur plus hardie. Il n'a rien voulu
précipiter cependant. Il s'est appuyé, éclairé de conseils
venus de haut. Son beau-père Appius Clodius a reçu ses
confidences. De longues entrevues, d'intimes causeries lui
ont assuré la collaboration au moins discrète du pontife
Crassus et du consul Mucius Scævola. Il n'a pas dédaigné
de consulter quelques jurisconsultes grecs. Ce n'est pas

la première fois que la sagesse de la Grèce aura conseillé
les lois de Rome.

Tibérius, très prudent jusque dans ses audaces, décidé
aux ménagements possibles, n'a pas voulu la reprise de
tous les biens détournés et la revanche de toutes les injus-
tices consommées. Il proposait des indemnités consenties
même à d'effrontés voleurs. Tout cela n'a servi de rien.
La rage des résistances intéressées n'en a pas moins éclaté
implacable et folle. Le Sénat surtout, au moins dans sa
majorité, oppose à tous les projets de réforme une force
d'inertie, ou même la tempête de véhémentes indignations. Tibérius cependant a obtenu que le nombre des
sénateurs fût doublé et porté à six cents. Trois cents chevaliers ont désormais accès dans la Curie, et ces chevaliers
ne sont pour la plupart que des plébéiens enrichis. Mais
ces parvenus, démentant les espérances de Tibérius et
leurs origines bientôt complaisamment oubliées, ne font
que rivaliser avec les vieux patriciens d'étroitesse jalouse
et de basse avidité. Quelques-uns pensent et proclament
que les institutions de Rome sont un roc inébranlable et
que la main est sacrilège qui entreprend de l'ébranler. Ils
ne veulent pas comprendre qu'à Rome même l'immobilité
est impossible et que réparer, refaire est parfois le seul
moyen de préservation et de salut. Beaucoup ne voient
qu'une chose, l'humiliation d'une publique reculade, ou
le désagrément d'un sacrifice même partiel, l'ennui de
déplacer les images champêtres du dieu Terme trop largement espacées. Restreindre un jardin, découper une villa,
raser un bosquet, rentrer au logis quelque aimable divinité venue de Grèce et qui égayait d'un si plaisant sourire

une ombreuse allée de myrtes et de lauriers, n'est-ce pas
de la profanation? Tous ces gens-là s'agitent et crient
comme les oies du Capitole. La citadelle qu'ils veulent
sauver, ce n'est pas le dernier rempart de la patrie romaine, c'est le suprême réduit de leur orgueil et de leur
avarice; rien pour eux n'est aussi précieux.

Les plébéiens, pour soutenir leurs justes réclamations,
formuler les espérances déjà conçues et les traduire dans
le langage impérieux des lois, ont des amis, des partisans,
des cœurs ouverts à la pitié, surtout des esprits planant
d'assez haut pour embrasser l'horizon du lendemain; ils
ont enfin leurs huit tribuns et parmi eux le meilleur, le
plus courageux, le plus fier, Tibérius Gracchus. Huit,
disons-nous; ils étaient huit en effet, ils ne sont plus que
sept. L'un d'eux, Octavius, peut-être secrètement gagné à
la cause patricienne, intimidé plutôt, car sa probité n'est
pas directement soupçonnée, et timoré, trembleur de sa
nature, a déserté la tâche entreprise en commun.
La volonté d'un seul des huit tribuns peut suspendre
toute l'action tribunicienne. Ainsi Tibérius est mis en
échec dans ses projets, dans ses volontés, dans la mission
si vaillamment acceptée. Il est encouragé de sa haute conscience, et c'est la force première, de l'accueil même que
les tribus plébéiennes ont fait à la seule annonce de ses lois.
Si les menaces l'assaillent, il n'est pas que des menaces
qui le suivent dans son chemin. Dans la ville, aux carrefours que hantent les petites gens, aux portiques des
temples, de préférence dans les rues que Tibérius devra
parcourir, aux murs de sa maison, jusqu'au bronze des
rostres ou sur les pierres qui les tiennent enchâssés, des

mains hâtives, inconnues, ont écrit à la pointe d'un couteau grossier, òu charbonné en passant : « Va de l'avant !... Nous te suivrons ! ... Courage ! » Et comme si la mort elle-même voulait encore témoigner des souffrances longuement souffertes, des désespoirs qui peut-être prématurément sont venus la peupler, quelques tombes, elles aussi, ont crié : « Courage! »

Cependant les aveuglements, les lâchetés d'un seul, compromettront l'avenir de tout un peuple et la cause plébéienne sera perdue parce qu'un seul tribun, traître à son mandat, l'aura reniée! Tibérius ne peut accepter une telle pensée. Octavius était son ami, il l'est encore. Cette amitié, Tibérius la rappelle et l'atteste. La scène est sublime et telle que le Forum n'en vit jamais de plus émouvante. Tibérius est jeune, il est brave. La gravité redoutable des intérêts qu'il défend le grandit et l'enveloppe d'une majesté qui n'est pas sans tristesse ; la fleur de sa jeunesse n'est pas encore cependant oublieuse du sourire. Il apparaît dans l'éblouissement des gloires accumulées, son héritage premier, aussi dans l'aurore de sa renommée grandissante. Pour les pauvres gens qui lui font cortège, c'est comme un retour de l'âge d'or qu'il a promis et qu'il fait entrevoir. Une cabane d'où les petits pénates aimés ne seront plus jetés dehors, c'est le ciel sur la terre, et la gratitude naïve des humbles a commencé l'apothéose de Tibérius.

Son éloquence est célèbre, ses ennemis eux-mêmes renoncent à le contester. Cette éloquence, si cruels que soient les tableaux parfois évoqués, si menaçants que soient les horizons d'un avenir prochain hardiment découverts, est faite d'une douceur pénétrante. Le ton en est souple, l'allure rapide, mais volontiers caressante. Les larmes viennent aux yeux plus vite que les clameurs indignées sur la lèvre. Tibérius attendrirait des lions comme autrefois Orphée, il remuerait des pierres pour en bâtir une cité nouvelle, comme jadis Amphion; mais ses adversaires ne sont pas des fauves, ce ne sont pas des pierres, ce sont des Romains et des Romains ennemis des Romains; ils seront broyés sur place peut-être, ils ne seront pas déplacés de l'épaisseur d'une épingle.

Le Forum a vu Tibérius conjurer Octavius. Il l'a vu promettre à ce rebelle de l'indemniser intégralement, car Octavius est détenteur de biens mal acquis, et cependant Tibérius resterait ruiné de ce sacrifice. Le Forum l'a vu lui presser les mains, embrasser les genoux. Octavius, surveillé des haines jalouses dont il accepte la complicité, a résisté au tribun son collègue, à son ami, aux supplications de ceux-là même qui devaient le croire associé à leurs peines comme à leurs espérances. Sur l'initiative de Tibérius et cependant à sa profonde douleur, les tribus plébéiennes, consultées une à une, ont retiré à Octavius son mandat de tribun. C'est une illégalité et qui aussitôt en amène une autre encore plus grave. Sur l'ordre de Tibérius et par la main d'un affranchi à lui, Octavius est entraîné loin de la tribune. Un tumulte éclate, Octavius n'échappe qu'à grand'peine. Un de ses esclaves est si brutalement roué de coups qu'il en restera aveugle. L'intervention de Tibérius a cependant sauvé Octavius. Le tribun dégradé a pu regagner sa maison, celle-là même où naîtra un autre Octave plus fameux.

Ce nom et cette maison devaient être fatals à la liberté romaine.

Tibérius l'a emporté, mais l'inviolabilité tribunicienne a été méconnue; le précédent est menaçant et ne sera plus oublié. Cependant le vainqueur librement légifère; il domine le Forum; le voilà, pour quelques jours du moins, la pensée directrice.

Les rois, qu'une politique prudente et ménagère même de la victoire veut bien tolérer encore, en viennent à solliciter la conquête et l'effacement, tant le vertige est irrésistible qui emporte le monde dans le sillage de la fortune romaine. Attale, roi de Pergame, a institué son héritier le peuple romain. Tiberius demande le partage entre tous les citoyens, de toutes les richesses royales. Un bruit est répandu toutefois, complaisamment accueilli de quelques-uns, et qui peut compromettre le crédit de Tibérius. De par la volonté du roi Attale, un bandeau royal a été transporté à Rome, et Tibérius en est le dépositaire! Attale aurait-il deviné un maître dans ce tribun tout-puissant? Tibérius exerce une autorité presque royale, et le titre de roi reste seul à lui manquer. Les insignes souverains sont à portée de sa main, n'osera-t-il pas les prendre et ceindre le bandeau royal? Attale aurait un héritier qui grandirait étrangement son royaume. La calomnie fait son chemin. Les jours du roi prétendu sont comptés, ou plutôt ses instants.

La prochaine assemblée du peuple aura lieu au Capitole; ainsi l'a voulu le Sénat. L'espace est plus étroit, mal commode, resserré. L'encombrement des temples, des sanctuaires, tous voisins, se prête mieux aux surprises, aux

embuscades traitresses. Le Forum et le libre soleil auraient
mieux défendu Tibérius, on le sait bien, et déjà ce chan-
gement de scène fait pressentir une lutte nouvelle et sur
un champ de bataille qui n'est pas familier au vainqueur.
Il sait quelles haines l'environnent, quelles perfidies le
guettent. Un jour, dans l'assemblée du peuple, mais dans
le Forum cette fois, il avait amené avec lui ses enfants,
pauvres petits, ignorants de toutes choses et seulement
étonnés de cette foule immense. Il les avait mis sous la
garde du peuple romain, sollicitant pour eux cette grande
adoption, et quelques-uns avaient pleuré, pressentant déjà
dans ces enfants les orphelins du lendemain.

Cependant Tibérius n'est pas homme à se dérober aux
luttes suprêmes. Les présages sont funestes. Il a trouvé
des serpents nichés dans son casque ; des poulets sacrés
ont refusé toute nourriture. Tibérius, sortant du logis,
heurte du pied gauche, il se blesse et le sang rougit le seuil.

Tibérius poursuit son chemin. Les amis qui lui font
escorte ont pâli et restent silencieux. Un bruit singulier
arrive et toujours de gauche ; deux corbeaux se battent sur
un toit. Une pierre détachée tombe et se brise aux pieds
de Tibérius. Cette fois l'avertissement est direct et plus
pressant encore. La flatterie a pris les devants ; maintenant
l'amitié l'imite et déserte ce passant, déjà si visiblement
abandonné des dieux. Flaccus, un fidèle, est informé des
choses vainement tenues secrètes. Il sait que la mort de
Tibérius est résolue et préparée. Il le fait prévenir. Tibérius
poursuit son chemin.

Il y a quelques jours à peine, le Sénat ne répondait à
ses observations que par des huées et des outrages ; il

prépare une réponse plus précise. Cependant, cette fois encore le Sénat veut mettre ses résolutions sous la sauvegarde d'une divinité; il a délaissé la Curie, il siège dans le temple de la Bonne Foi! Il ne pouvait mieux choisir.

Qu'il s'agisse d'ameuter les colères, d'intimider les fidélités déjà chancelantes, de soudoyer les clameurs insultantes et les suprêmes violences, un Scipion, Scipion Nasica, accepte ce rôle. Ce Scipion est possesseur de terres considérables; le meurtre lui semble plus simple, moins préjudiciable qu'un partage redouté.

Tibérius, pressé de ses ennemis, a porté la main à son front, dénonçant ainsi à ses derniers amis, trop éloignés de lui pour que son appel fût entendu, le danger couru et la mort imminente. Aussitôt on a crié qu'il demandait au peuple de le proclamer roi! On l'assomme de coups, on le tue. Un tribun s'est trouvé pour se mettre de la partie. Un certain Lucius Rufus se vantera d'avoir porté le second coup; le premier, par malheur, est resté anonyme. Le corps est tombé sur les marches du temple de Jupiter, à quelques pas des statues des anciens rois de Rome. N'est-ce pas la confirmation du crime dénoncé! Un nouveau Tarquin a disparu; et les nouveaux Brutus se félicitent d'avoir si bien sauvé la république et leurs maisons.

Le père de Tibérius deux fois a promené par la ville sa pompe triomphale. Ce n'est pas un char qu'il faut à son fils, c'est un croc. Lui aussi va roulant par les rues et les carrefours de Rome, précipité de ce Capitole où son père était monté. Un instant il reparait au Forum; mais ce n'est plus lui qui le remplit de sa voix hier encore si religieusement écoutée. Il a fallu le concert de bien des voix pour remplacer la sienne! Combien il est changé le peuple qui vient là! C'est déjà la tourbe du Forum, *forensis turba*. Elle entre en scène et ses cris de fauve accusent sa basse animalité.

Le pauvre cadavre n'a plus de tête. Cornélie elle-même le pourrait méconnaître. Du Forum jusqu'au Tibre un assez long chemin lui reste à parcourir. C'est là-bas, dans les flots fangeux, qu'un certain Lucrétius, un magistrat, un édile, jettera cette ruine humaine. Le sobriquet de *Vespillo* lui en sera donné. Hier encore Rome dénommait ses plus augustes fils : l'Asiatique, l'Africain; voilà qu'elle en trouve un à surnommer le Croque-Mort.

Tibérius a été accusé de viser à la tyrannie; est-ce pour cela qu'on va lui donner les funérailles d'un petit Alexandre? Trois cents de ses partisans sont massacrés, Villius est cloué dans un tonneau en compagnie de vipères et meurt de leurs morsures. Les serpents du casque de Tibérius ont fait des petits, et voilà que Rome leur donne droit de cité. Les voilà de la famille, ils sont mieux accueillis que les alliés italiens.

Tibérius est mort à trente ans. Nous sommes dans un âge où l'homme peut vivre, épuiser même une vie très grande et très féconde dans l'espace de quelques printemps. Caïus, lui aussi, fils de Cornélie, est plus jeune de neuf ans que Tibérius. La mère, épouvantée dans le secret de son âme non dans ses paroles, d'un tel exemple, a rêvé pour ce dernier fils une existence moins orageuse, non pas obscure cependant; Cornélie veut au libre soleil le rayonnement de ses enfants. N'a-t-elle pas déjà dit qu'ils étaient sa véritable parure?

Caïus s'est recueilli cependant. Il a pris le loisir de méditer ses desseins, de mûrir son esprit. Il semble qu'il ait voulu de plus loin prendre son élan, espérant peut-être atteindre, plus heureusement que son frère, le but qu'il s'est proposé. Il a hésité cependant, et de cruels combats ont angoissé cette âme. Rien ne doit manquer à la nouvelle tragédie, ni les fluctuations premières des pensées encore incertaines, ni l'envolée héroïque vers l'horizon promis, ni les terreurs des sombres pressentiments, ni même la mystérieuse intervention de ceux-là qui ne sont plus. Un rêve, plusieurs fois répété, a poursuivi Caïus. Son frère lui est apparu : « Hésite tant que tu voudras, lui a-t-il dit, il faudra que tu combattes et que tu meures comme moi! »

Nul ne saurait échapper à sa destinée. Caïus le comprend, et fièrement, résolument, il reprend la tâche inachevée. Il est tribun. Sa popularité grandit. Rome presque tout entière sourit à sa bienvenue. Caïus bénéficie des sympathies acquises à tous les siens, du souvenir de son frère, aussi des remords inavoués de quelques-uns et des espérances toujours prêtes à renaître au cœur des souffrants de ce monde. Il fait construire d'immenses greniers où s'amasse le blé qui sera chaque mois distribué, à moitié prix, à tous les citoyens. Il préside à la construction de quelques routes nouvelles, à la réparation des anciennes. Il les fait jalonner de hautes bornes où les distances sont écrites dans la pierre. L'étranger, curieux des magnificences de Rome, se sentira conduit, encouragé ainsi que d'un appel répété à des intervalles égaux ; et Rome, toujours plus prochaine, semblera venir au-devant de lui. L'usage de ces bornes milliaires, monuments caractéristiques du génie de Rome et qui disent si bien son goût de l'ordre, passera pour une innovation de Caïus. Mesurer et discipliner l'espace, c'est bien romain !

D'autres soucis et de plus redoutable conséquence, sollicitent Caïus. Le Forum l'appelle. Il monte aux rostres. Il parle, et ses premières paroles sont pour accuser les meurtriers de Tibérius. L'accusation ne sera pas suivie d'effet ; mais c'est déjà une franche déclaration de guerre, et Caïus en a mesuré toute la portée. Lui aussi est éloquent, mais son éloquence a des éclats, des coups de tonnerre comme jamais il n'en est échappé aux lèvres

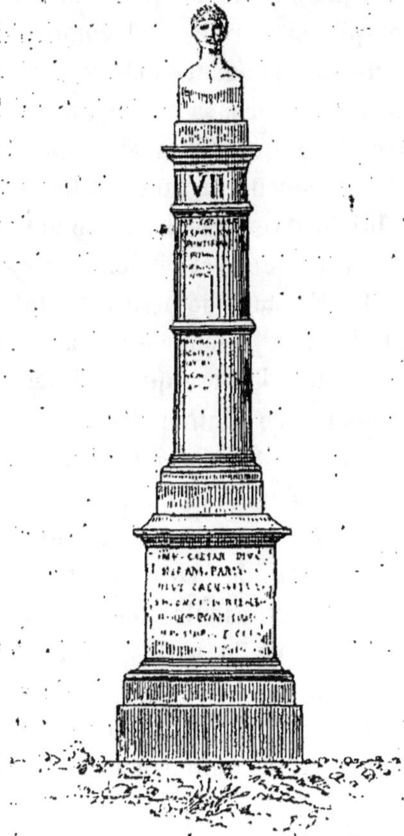

Une borne milliaire.

de Tibérius. Caïus se souvient qu'on lui a tué son frère, et ses apostrophes véhémentes le rappellent à tous les échos. Le geste est rapide, quelquefois un peu désordonné. La toge dérange ses plis et parfois c'est comme en un souffle de tempête. Caïus a cependant quelque méfiance de lui-même et voudrait imposer à sa parole, sinon à sa pensée, au moins le répit de quelque apaisement. Souvent il veut l'assistance d'un joueur de flûte; et Licinius le suit, monte avec lui aux rostres, discrètement derrière lui, se place, sa flûte à la bouche et l'haleine suspendue. L'orateur en vient-il à l'instant de perdre toute mesure et tout sang-froid, la voix résonne-t-elle à se briser? La flûte parle aussitôt, timide, presque éteinte. Ce n'est rien qu'un doux rappel, une plainte d'ami qui s'inquiète et s'afflige. Caïus baisse le ton. Il semble qu'un orage s'apaise aux gazouillements d'un petit oiseau. Cette alliance étroite des fureurs oratoires et d'un murmure plaintif, de la colère et du pardon, de la paix et de la bataille, ne surprend personne en cette foule quelquefois bien mélangée, grossière même, que la seule présence de Caïus précipite dans le Forum.

Ainsi accompagnée, la parole de Caïus n'est que plus pénétrante. Un Grec a dû conseiller ce raffinement ingénieux.

Tibérius songeait surtout aux misères immédiates des citoyens de Rome. L'âme de Caïus étend plus loin son inquiète sollicitude. Il veut prolonger Rome jusqu'aux rivages extrêmes de l'Italie, et des alliés italiens faire des Romains, estimant qu'une ville, si grande soit-elle, ne saurait contenir et usurper les destinées d'un monde. Il

médite bien d'autres projets et qui soulèveront d'implacables résistances : l'admission des chevaliers aux fonctions
de juge, presque toujours réservées aux sénateurs; un
nouveau partage des terres; la création de colonies peu-
plées de ceux-là qui n'ont plus que leurs bras et l'inutile
souvenir des victoires gagnées, enfin la reconstruction
même de Carthage. Caïus ne veut pas de rancunes inou-
biables; il veut la clémence qui féconde, l'oubli des écra-
sements furieux. A cette condition, lui-même peut-être
consentirait à oublier.

Caïus plus d'une fois a répété les paroles de Tibérius,
mais en les accentuant d'une âpreté nouvelle. Tibérius pouvait garder quelque illusion, Caïus sait bien qu'une lutte
à mort est engagée :

« En Italie, dit-il, faisant écho à Tibérius, les bêtes
sauvages ont leur gîte, cavernes ou tanières où du moins
elles peuvent se terrer, tandis que les hommes qui combattent et périssent pour Rome n'ont pas d'asile où abri-
ter leurs femmes et leurs petits. Leur dire sur un champ
de bataille qu'ils combattent pour leurs foyers, c'est men-
tir effrontément, ils n'ont pas de foyer; pour les tombeaux
où reposent leurs pères, ils ne sauraient où les retrouver;
pour leurs dieux, ils n'ont pas sur la terre la mesure d'un
seul pas où ils pourraient élever un autel! ».

Les adversaires de Caïus ont imaginé un moyen ingénieux et d'autant plus perfide de le discréditer. Livius
Drusus, un beau parleur, a reçu le mot d'ordre. Il suit
Caïus comme son ombre. A peine Caïus a-t-il paru dans
le Forum, apparaît aussitôt Drusus. Caïus propose quelque
mesure favorable au peuple, aux alliés italiens : Drusus

renchérit. Celui-là promet quelque chose, beaucoup même ;
celui-ci plus encore. Caïus tiendrait parole ; Drusus n'aurait garde d'y songer demain. Celui-là montre une oasis
accessible aux traîne-misères, celui-ci évoque un mirage
merveilleux, et le mirage fait déserter le chemin de l'oasis.
A ce jeu Caïus a dû pressentir la ruine de son crédit.

Il a quitté Rome ; il est allé à Carthage ; il a voulu lui-
même présider à la fondation d'une ville nouvelle. Caton
en mourrait de fureur si la mort ne l'avait pas déjà fait
taire. L'entreprise est mal vue. C'est comme une revanche
d'Annibal, et cela fait scandale qu'un Romain en accepte
la complicité. On dit que des loups, dignes fils de la louve
romaine, sont allés là-bas arracher les pieux qui mar-
quaient l'emplacement de Carthage renaissante.

Caïus est revenu. Il ne néglige rien pour ressaisir sa
popularité, rien qui ne soit juste et avouable cependant. Il ne
descendra jamais à des bassesses quémandeuses. Voilà que
des jeux publics, des combats de gladiateurs, — le goût
s'en est répandu chaque jour davantage — sont annoncés.
Sans aucun droit, dans la seule espérance d'un commerce
profitable, des gens se sont trouvés qui ont élevé des échafauds et des gradins. C'est encore une insolente usurpation
consommée au profit de quelques-uns. Le Forum est le bien
de tous et tous en devraient librement user. Mais bientôt
les dalles qu'ils foulent de leurs pieds nus, l'air même
qu'ils respirent, seraient disputés aux pauvres. Caïus veille
et, dans l'espace d'une nuit, les échafauds son jetés bas
jusqu'à la dernière planche. Les plus humbles n'auront
pas à mendier une aumône incertaine pour mériter la
joie d'un beau massacre.

Ce n'est pas tout : Caïus a transporté ses pénates en un quartier tout populaire. Il demeurait au Palatin. Il en descend. Il est allé loger dans la Subura, au milieu de très petites gens, dans le voisinage, d'aucuns diront dans la promiscuité des misères populaires. La rue est sale, bruyante ; les chiens errants la remplissent de leurs aboiements. Des tondeurs, des cordonniers, des marchands de fouets, tels sont les nouveaux voisins de Caïus, compagnie peut-être plus sûre pour lui que celle d'orgueilleux consulaires et de riche sénateurs.

Caïus compte de nombreux partisans, aux jours mêmes où le tribunat lui est refusé. Il pourrait recruter une armée ; mais son audace coutumière s'arrête, hésitante, aux frontières de la loi. Les rares illégalités consenties le laissent affligé et repentant. Cependant, contre sa volonté, à son insu peut-être, il a sa garde personnelle. L'imminence des suprêmes dangers n'est plus un secret. Aussi, la nuit même, silencieusement, des hommes se glissent auprès du logis de Caïus. Ils veillent, l'oreille tendue à tout bruit qui serait une menace. Quelques-uns ont servi, et l'habitude des camps instruit leur jalouse vigilance. Ils font des rondes, échangent un mot d'ordre et, si le sommeil enfin les gagne, ils ne s'y abandonnent que chacun à son tour, et le dormeur va s'étendre au seuil même de la maison. Caïus a ses chiens fidèles, mais déjà les loups sont en campagne.

Les alliés italiens suivent d'une sympathie constante les campagnes réformatrices de Caïus ; Cornélie voudrait en introduire dans la ville le plus qu'il sera possible. Il faut user de ruse. Une consigne sévère, inspirée et donnée

de très haut, veut interdire aux campagnards les portes
de Rome. Cornélie conçoit un stratagème. Ils entreront
la gourde au côté, la faucille sur l'épaule, ainsi que de
très pacifiques moissonneurs. Mais la faucille peut défier
le poignard.

Ainsi, le choc suprême est annoncé, préparé. Caïus le
pressent. Déjà il sait que dans les masses populaires
réside, ou du moins flotte, un peu à l'aventure, la seule
force qui le puisse encore soutenir. Il en a fait l'aveu, lui-
même l'a proclamé, le jour où, du haut des rostres, il
s'est complaisamment tourné vers la gauche, jetant ainsi
directement et bien en face sa parole ardente à la foule
qui l'écoutait, et réveillant, d'un appel plus hardi, les
libres échos du Forum. C'était un usage bien lointain et
impérieusement obéi ; l'orateur, alors même qu'il voulait
parler aux plébéiens et des intérêts plébéiens, devait
affecter de s'adresser d'abord au Comitium, désert peut-
être, mais où les tribus patriciennes auraient pu s'assem-
bler. Caïus, le premier, a répudié cette déférence, et ce
mouvement de corps, cette inclinaison de tête, ce rien
est toute une révolution. La foule est invitée à prendre la
puissance dominatrice.

La question qui est en délibération est encore celle
de la colonie projetée, décidée même sur l'emplacement de Carthage. Scipion Émilien avait dit que
l'herbe seule y pousserait, et voilà qu'un démenti lui
sera jeté.

Cette fois encore, l'assemblée aura lieu au Capitole. Le
précédent est établi, et Caïus, connaissant trop bien les
périls des champs de bataille, refusera de l'affronter. Peut-

être n'a-t-il pas renoncé à toute pensée de victoire. Le Forum est un camp. Le consul Opimius l'a fait occuper. Le temple même de Castor et Pollux a reçu garnison.

Un orage a interrompu et dispersé la première assemblée. Ce n'est qu'un répit de quelques heures. L'orage le plus terrible n'est pas dans le ciel, mais aux rues de Rome ; et celui-là ne saurait plus se faire entendre dans le déchaînement de celui-ci. Le premier souffle fera la tempête, le premier incident une effroyable mêlée. Un certain Antyllus, attaché au service du consul Opimius, passe, portant les entrailles d'une victime immolée au prochain temple. A Rome, on pense toujours aux dieux, même à l'instant d'outrager leur justice. Antyllus fait du zèle, et, reconnaissant les partisans de Caïus : « Place aux honnêtes gens, leur a-t-il crié, mauvais citoyens ! » La réplique est prompte : il est tué. Grand tumulte. Le corps est porté à la Curie. Caïus est resté absolument étranger à ce meurtre, qu'il réprouve et regrette. Il n'importe. Un prétexte est trouvé. Opimius mène furieux tapage. Le Sénat décrète de mort Caïus, Fulvius Flaccus et tous leurs partisans. Opimius était déjà décidé à toutes les violences ; voici que le Sénat consent à les autoriser.

Caïus est rentré au logis. Longtemps il a contemplé l'image de son père, et sans doute les yeux de marbre ne lui ont rien dit qui fût un blâme ou un regret. Lui aussi est calme, impassible, comme ce marbre, confident de toutes ses pensées. Toute la nuit, ses fidèles ont veillé autour de sa maison.

Le jour est venu. Il va sortir. Licinia, sa femme, son dernier-né dans les bras, le veut arrêter sur le seuil. Doucement, mais d'une force irrésistible, il se dégage et va son chemin, sans plus détourner la tête. L'enfant crie, appel inutile. Licinia est tombée sur les dalles, évanouie. Quelques amis sont venus rejoindre Caïus, et, parmi eux, son joueur de flûte, Licinius. Mais il a laissé sa flûte au logis; il a pris un glaive. Ce n'est plus le temps des chansons. Et le pauvre flûteur, en sa fidélité touchante, se dit peut-être que tout n'est pas joie et sourire aux jours mêmes d'un musicien. Marsyas, lui aussi, jouait de la flûte, et Phœbus le fit écorcher tout vif.

Caïus est arrivé; il a pris un poignard, mais ce n'est pas contre Rome, contre les derniers même des sicaires qu'il compte en faire usage. Caïus ne saurait répandre qu'un sang très pur et qui soit bien à lui.

Cependant Flaccus, moins scrupuleux, plus téméraire, suivi d'une foule amie, mais non pas bien acharnée à la bataille, occupe l'Aventin. Une scission une fois encore fera-t-elle deux peuples du peuple romain? Et cette retraite sur la colline chère aux lointains souvenirs populaires, ne pourrait-elle conseiller une trêve, laisser le temps aux équitables transactions? L'heure n'est plus de ces repentirs et des ressouvenirs fraternels. Opimius fait avancer une armée, des auxiliaires étrangers, des archers crétois.

Flaccus, sur les conseils de Caïus, adresse un messager au Sénat. Il a choisi un enfant, son dernier fils, le plus bel enfant que l'on puisse voir. La verge du héraut à la main, il descend de l'Aventin, il gagne le Vélabre, il suit la rue Étrusque, il traverse le Forum. Bien des cœurs l'accompagnent ; bien des vœux s'en vont, attachés à ses pas. Il est la suprême espérance, et, grandi de l'importance de sa mission, paré de sa jeunesse en fleur, il semble un messager divin.

Le Sénat, cependant, refuse de l'écouter. Il est renvoyé à son père. Une nouvelle démarche est moins heureuse encore. Opimius fait retenir le messager ; et les archers crétois ont reçu l'ordre d'investir et d'occuper l'Aventin. C'est une belle occasion de satisfaire peut-être de secrètes rancunes nationales ; la bataille n'est pas douteuse un seul instant. Les flèches dispersent la foule. Un beau zèle de massacre et de mort précipite la poursuite. Opimius a mis à prix les têtes de Fulvius Flaccus et de Caïus Gracchus. Il les payera leur pesant d'or.

Déjà Flaccus est tué et l'aîné de ses fils est tombé près de lui. Caïus est entré dans un temple de Diane, et là, embrassant les genoux de la déesse, il la conjure de ne jamais permettre qu'un peuple ingrat et lâche soit un peuple libre.

Quelques amis l'entourent, l'entraînent. Ne pourrait-on sortir de Rome et gagner les provinces ? Caïus a des amis en toutes les cités de l'Italie, même les plus voisines. Mais les portes sont gardées. Il faut passer le Tibre et surtout se hâter. Les cris de mort se rapprochent. Un seul moyen reste de retarder la poursuite, peut-être d'assurer le salut de Caïus. Latorius se dévoue et Licinius lui aussi. Caïus a passé le pont. A la même place, Horatius Coclès s'immortalisa en faisant face, lui dernier, à l'ennemi. Voici revenus deux Horaces, non moins vaillants. Ils tombent massacrés; et le pauvre flûteur n'a plus d'haleine pour en faire une chanson. La route est libre; les planches du pont Sublicius retentissent, ébranlées sous le bondissement de la poursuite un instant arrêtée.

Caïus a pris refuge dans un bois consacré à la déesse Furina, déesse bien obscure. La voilà cependant qui reçoit une victime illustre entre toutes. Caïus a ordonné à son esclave de le tuer; son esclave obéit et lui-même se tue auprès de son maître.

Trois mille partisans ou supposés tels de Caïus sont égorgés. Les vengeances patriciennes s'étaient contentées de trois cents après la mort de Tibérius. On tue le fils de Flaccus, celui-là même que sa mission de paix aurait dû faire inviolable; on le tue, lui ayant laissé le choix du supplice, et comme le pauvre petit ne savait que répondre et s'attardait à pleurer, on l'a égorgé comme un agneau et cela par l'ordre d'Opimius. Cet Opimius est atroce. Du fruit des confiscations il élèvera un temple à la Concorde. Un jour viendra cependant où la présence de ce misérable pèsera trop lourd à la ville de Rome. Elle n'est pas encore de force ni longtemps d'humeur à subir et porter toutes les cruautés et toutes les infamies. — « Ville à vendre! » dira Jugurtha. Pas encore, ou du moins il n'est pas de mortel qui puisse encore y mettre le prix. Mais Opimius vaut moins cher; il se vendra au roi numide et, convaincu de ces hontes, il ira mourir dans le mépris de l'exil.

Défense est faite aux familles des victimes de porter leur deuil. Cornélie elle-même ne pourra librement pleurer ses enfants. A l'exemple de son père qui, lui aussi, mais pour des raisons moins grandes, voulut refuser sa cendre à son ingrate patrie, elle ira mourir loin de Rome. On la verra longtemps encore, au cap de Misène, sublime Niobé, elle aussi dépouillée, commandant le respect de tous, sans plainte, sans colère avouée, enveloppée, deuil immense et toujours inconsolé, de ses longs voiles de veuve et de mère sans enfant. Que l'on dise à cette matrone romaine s'il fut, s'il sera jamais une douleur qui puisse dépasser la sienne !

La nuit est venue. Un homme se hâte vers le Forum. Il tient quelque chose de lourd et qui lui fait fléchir le bras. Cet homme est Septimuléius. Il mérite que son nom ne soit pas oublié. Il n'a fait que voler, ce n'est pas le plus grand criminel de cette journée. Il a volé un assassin, vengeant de son vol la victime. Il a volé une tête humaine, magnifique aubaine. Elle vaut, nous l'avons dit, son poids d'or. Mais Septimuléius est homme de ressources et d'esprit. Il a volé la tête. Il est allé chez un fondeur; il a coulé du plomb dans le crâne, fraude ingénieuse et qui fera sourire Opimius, s'il vient à la découvrir. Opimius n'est pas d'humeur à marchander. Ainsi s'en va la tête. Elle pèse dix-sept livres et deux tiers; elle était moins lourde quand la pensée de Caïus l'habitait.

Un jour, cependant, les martyrs ont leur culte; et les Gracques en sont dignes comme pas un héros ne le fut jamais. Bientôt, des statues leur sont dressées, et par des mains qui ont voulu rester inconnues, piété discrète, peut-être remords dont certaines consciences ont connu les tourments; et, sur les pieds de marbre, souvent des fleurs, des fruits, prémices rustiques, sont apportés, offrandes bien modestes, pauvres même, plus désirables que toute autre cependant, car les cœurs ont suivi les offrandes, et plus tard les Césars, passés dieux, n'en connaîtront pas qui soient aussi précieuses et mieux méritées.

V

LES DICTATEURS.

Rome ne porte pas que le beau nom de Rome ; elle en a un autre, mais celui-là ne doit pas être prononcé, il y va de la vie : Valentia. Le seul crime d'avoir murmuré du bout des lèvres ce nom mystérieux a fait périr Valérius Soranus. Il l'avait surpris cependant, et ce nom redouté, talisman réservé aux secrètes supplications, a traversé les âges et scintille dans la nuit. L'idée de force est encore exprimée en ce nom de Valentia. La force, toujours la force, mais comprise en ses manifestations les plus hautes, réapparaît en tout ce qui est romain.

L'art en ses formes les plus diverses, le culte suprême de l'harmonie et de la beauté, les plus ingénieuses, aussi les plus hardies spéculations de la pensée humaine et son envolée aux plus sublimes horizons, la science épanouie au sein de la nature et triomphante en pleine lumière, ainsi que Pallas échappée au front de Zeus, tout cela est le domaine et l'œuvre de la Grèce. Les grands enseignements religieux, les lois morales formulées et codifiées, les vérités non plus flottantes mais dogmatiques, les hautes servitudes de l'âme sollicitées et consenties, un culte revendiquant d'un langage impérieux une jalouse suprématie, un Dieu isolé et devenu loi, l'élan des ambitions conquérantes mis au service d'un suprême au-delà, tout ceci est le privilège et le labeur d'un petit pays de Syrie. La Judée, l'Arabie n'auront pas de monuments qui les puissent immortaliser; cependant elles enseigneront un idéal qui rayonnera sur le monde. Rome, complétant cette souveraine trinité, est le gouvernement, l'*imperium*, le faisceau de toutes les puissances conquérantes, administratives et civilisatrices. La dévotion est grande, mais rampante, étroite, elle ramène tout à des intérêts très précis et très prochains. Rome légifère cependant et, dans le domaine des intérêts humains, elle a su légiférer pour le monde ; à travers les siècles, longtemps après l'écroulement, la dispersion même de cet empire colossal si patiemment élevé, elle a imposé ses lois à l'avenir. Rome est l'État, elle est le droit, et ce droit ressaisit toujours, serait-il quelquefois méconnu, sa tranquille autorité. Qui jamais dénombrera les jours où le préteur romain nous doit signifier ses résolutions docilement obéies?

Le Forum a vu naître ce droit et sa puissance tant de fois séculaire. Au Forum les premiers législateurs, venus de Grèce ou inspirés de la Grèce, avaient exposé et publié le code des préceptes qui devaient discipliner la vie romaine. Mais auprès de ce droit officiel, rigide et dont les formules venaient d'un rivage étranger, Rome, toujours lente mais assurée en ses labeurs, devait enfanter un droit plus humain, plus souple, beaucoup plus original, et celui-là bien romain; ce fut le préteur qui dans cette

tâche journalière, sut résumer et incarner le génie même
de Rome. A la veille d'entrer en fonction, le préteur déclare
et publiquement expose quelles règles, quels usages même
il compte suivre; le préteur est l'équité auprès, au-dessus
même de la justice, il est la jurisprudence auprès de la loi;
il peut innover, mais il procède prudemment. Son édit,
qui lui sera une loi à lui-même, s'étale au Comitium.
Mais le Comitium, déserté lorsque défaille le prestige des
centuries patriciennes, a décidé le préteur à transporter
plus loin son tribunal. Il a traversé le Forum, il siège
maintenant près du temple de Castor; c'est là que les
plaideurs peuvent lire son édit et devront poursuivre la
bataille de leurs procès.

Cette fuite loin du Comitium caractérise une évolution
décisive dans la vie romaine. Les grandeurs et les misères
du Comitium, la faveur chaque jour plus ouvertement
déclarée du Forum, c'est presque toute l'histoire de Rome
républicaine. Un jour viendra où trente licteurs suffiront
à représenter, dans les comices abandonnés et discrédités,
les trente curies patriciennes; et Rome formaliste, toujours éprise de ses vieilles traditions, se contentera de
cette lamentable parodie.

Le Forum assemble le peuple, le gouverne, souvent
aussi l'amuse; il est tout ou presque tout. Aux jours des
élections on le partage, avec des cordes tendues, en trente-
cinq compartiments réservés aux trente-cinq tribus; les
votants, ainsi parqués, défilent un à un et déposent leurs
votes dans des corbeilles. Ces étroits couloirs où la foule
s'engouffre et lentement s'écoule, sont dits des ponts.

C'est là une tâche sérieuse, presque sacrée; il en est

de plus joyeuses. Au retour de ses campagnes, Mancinus
a fait reproduire d'un pinceau complaisant sa glorieuse
épopée. Il l'expose au Forum et lui-même, à tout venant,
l'explique et la commente.

Mancinus n'avait pas encore obtenu de plus haute dignité
que celle de préteur. S'il faut l'en croire, il a cependant
pénétré le premier dans Carthage. Il le raconte, il le
montre, il se montre lui-même, fidèlement portraituré.
On assure que son général Scipion Émilien ressent quelque
humeur, quelque jalousie peut-être de cet étalage et de ce
verbiage fanfaron. Le populaire en est ravi, Mancinus
obtient le consulat : c'est le digne prix de tant de poli-
tesse.

Déjà Valerius Messala avait fait placer aux murs de la
Curie, et bien en vue du Forum, une représentation de
la bataille gagnée par lui sur le roi Hiéron ; mais il n'avait
pas imaginé d'arrêter les passants pour leur en faire les
honneurs.

Nous avons dit l'œuvre réformatrice des Gracques, son
avortement, la fin tragique de ses promoteurs. Le châtiment n'est pas loin. Les Gracques voulaient la reconsti-
tution d'un peuple de petits propriétaires libres. Rêvant
de fermer les brèches que tant de guerres avaient laissées
béantes aux flancs du colosse romain, ils méditaient
d'étendre à des peuples frères le droit de cité. De tout
cela ils n'ont rien obtenu qui soit efficace et durable. Les
lois votées ont disparu avec eux. La guerre sociale sera
la réponse des Italiens déçus ; les agitations du Forum
toujours renaissantes, toujours plus cruelles, éterniseront
une guerre que les travaux champêtres joyeusement

acceptés auraient peut-être terminée. Cette plèbe que Tibérius et Caïus voulaient laborieuse et docile, travaillera peu ou travaillera mal; elle bataillera pour ne plus accepter que l'ignominie des suprêmes abaissements. Marius fera regretter Caïus et Tibérius; mais l'histoire n'a pas de retours complaisants; elle nous apprend la vanité de tous les regrets.

Marius est à la tribune. Ce n'est pas un beau parleur; il n'a que faire de l'assistance d'un joueur de flûte. Si le caprice le prenait d'un accompagnement à sa rude voix de montagnard, il lui faudrait un sonneur de trompette, et les éclats du bronze sont la musique qu'il préfère. Marius est d'Arpinum; c'est un Volsque, un Sabin au moins d'origine. Romulus et sa bande avaient bien choisi leurs compagnes, et le sang qu'elles devaient associer au sang des louveteaux de Rome, n'était pas moins généreux. Que de Romains, et des plus fameux, avouent des ancêtres Sabins! Marius est plébéien; cependant un Métellus, grand nom, grande race, l'a couvert d'une flatteuse adoption. Marius n'en tire aucune vanité; à peine consent-il à ne pas l'oublier. Ce n'est pas l'homme des tempéraments discrets, des habiles concessions; il est tout d'une pièce comme un rocher de ses montagnes. Ce n'est pas un élève de la Grèce, il s'en vante. Il a fait ses premières armes en Espagne, où Scipion Émilien, interrogé sur les espérances des victoires futures, a dit, lui frappant familièrement sur l'épaule : « Celui-là pourra bien m'être un digne successeur. »

Cependant Marius, d'humeur aisément ombrageuse et jalouse, s'est brouillé avec les Scipions. Il nourrit et per-

sonnifié toutes les rancunes populaires, et les vieilles
haines se sont encore enfiellées à lui traverser le cœur.
Marius ne sert pas le parti plébéien, il le flatte, il le
venge. Des présages répétés ont annoncé ses grandeurs.
Tout enfant, ce futur moissonneur de lauriers, ce déni-
cheur de gloire, a trouvé sept aiglons dans leur aire. Plus
tard, confirmant cette promesse mystérieuse, une femme
de Syrie, prophétesse qu'il aime à traîner à sa suite, lui a
prédit qu'il serait sept fois consul. Jamais Rome n'a vu
sur le même front un tel renouveau d'honneurs et de
puissance. Marius obtiendra donc sept fois le consulat,
par toutes les voies, les meilleures et les pires.

Déjà tribun, puis édile, il ose menacer les consuls et le
Sénat. Sa rudesse, le soin qu'il affecte de partager les
labeurs les plus vulgaires comme les dangers les plus
pressants, lui ont valu la tendresse du soldat. Il a sa clientèle, non pas brillante et joyeuse, mais fidèle et redoutable.
Il la recrute au monde des artisans et des campagnards.
Les mains calleuses qui poussent la charrue poussent la
roue de sa fortune. On dit que Marius embarrasse quelquefois sa parole en d'inextricables hésitations; ainsi
Phœbus et les Muses, par lui insolemment méprisés, se
vengent et le châtient. Mais le plus souvent il parle haut
et ferme : « D'autres, dit-il, trouvent une protection dans
l'ancienneté de leur noblesse, dans les exploits de leurs
aïeux, dans le nombre de leurs clients. Pour moi, toutes
mes espérances sont en moi-même; il faut que je les sou-
tienne par mon courage et mon intégrité, car auprès de
ceux-là tous les autres appuis sont débiles.... Ce que les
nobles ont appris dans les livres, je l'ai appris dans les

camps.... Ils méprisent ma naissance, je méprise leur
lâcheté.... La nature fait tous les hommes égaux; le plus
courageux est le plus noble.... S'ils ont le droit de me
mépriser, qu'ils méprisent d'abord leurs aïeux dont la
noblesse a pour origine, comme la mienne, la vertu.... Ils sont jaloux de mes grandeurs, qu'ils le
soient donc aussi de mes fatigues, de mes dangers!... La gloire des aïeux est un flambeau
qui jette sa lumière sur les vertus et les vices des
enfants.... J'aime mieux avoir fondé ma noblesse
que d'avoir déshonoré celle qui m'a été trans-
mise.... Des piques, des récompenses militaires,
des cicatrices en pleine poitrine, voilà ma noblesse!... Je n'ai pas appris la littérature grec-

Marius.

que; j'ai appris à frapper l'ennemi.... On m'accuse
d'avarice et de grossièreté. En effet, je ne sais pas présider
aux apprêts d'un festin, je n'entretiens pas d'histrion et
je ne paye pas un cuisinier plus cher qu'un valet de
ferme.... »

A la bonne heure, voilà parler un langage aussitôt compris de tous. Marius semble brandir les foudres d'un Jupiter vengeur, et c'est le tonnerre qui lui répond. Ce sont des mains sales qui l'applaudissent, des bouchès empestées d'ail qui l'acclament, mais la tempête que soulève Marius, l'emporte aux sommets de toutes les grandeurs. Cette grandeur, il sait la mériter, cette gloire il sait la soutenir, cette apothéose, il l'accepte, il la veut. Rome est grande, Marius est de taille à la grandir encore; sa hautaine et farouche figure la prendra pour piédestal.

Rome a revu Jugurtha. Il avait déjà paru, audacieux et subtil, superbe ou très humble. Sans cortège, sans aucune suite qui rappelât sa dignité royale, il avait traversé le Forum. Des huées l'avaient accueilli comme un histrion qui a cessé de plaire. De grossières insultes l'avaient flagellé en plein visage. Déjà bien petit d'aspect et de langage, il avait su se rapetisser encore. Il n'avait rien fait que baisser plus bas la tête et seuls de longs sanglots avaient rompu son morne silence. Le populaire enfin l'avait pris en pitié, ou plutôt en un suprême dédain; et Jugurtha était reparti, estimant une victoire inespérée ce libre départ. Il avait recommencé ses fuites savantes et ses batailles toujours inachevées. La gazelle rapide pouvait défier la brise qui passe, non l'aigle de Marius qui a su la rejoindre et la saisir. Et Jugurtha est revenu; une fois encore, la dernière, il a traversé le Forum. La prison Mamertine lui devient un affreux tombeau. Jugurtha, au jour qu'il voulait solliciter les indulgences ou seulement les mépris de la foule, affectait de ne plus posséder que de misérables vêtements. Au jour qu'il a fallu mener la pompe triomphale de sa défaite et de sa ruine, il a figuré en roi. Aussi, avant de l'abandonner à la faim qui tourmente, qui torture et qui tue, les bourreaux, magnifique aubaine, l'ont dépouillé de ses atours et, pour aller plus vite, impatients peut-être de rejoindre le cortège finissant, ils ont arraché les oreilles avec les anneaux d'or qui s'y balançaient.

Marius a voulu que l'aigle devînt l'enseigne de la légion. Les oiseaux de proie ont toujours un rôle d'importance première dans le drame qu'il joue sur le théâtre de la patrie romaine. Deux vautours, reconnaissants des curées si largement servies, lui témoignent les égards d'une flatteuse familiarité. Quelque guerre est-elle déclarée, les vautours arrivent, battant de l'aile, le cou penché, le bec entr'ouvert, Marius est de leur famille; ils marchent, ils volent devant lui. Ils ont goûté du Numide, ils dévoreront le Cimbre et le Teuton, en attendant le Romain ; Marius n'est pas homme à leur rien refuser. Mais les Teutons, les Cimbres sont loin de Rome, bien que l'ébranlement de leur passage soit venu jusque-là. Nous n'avons pas à suivre cette marée grondante, dans son flux et son reflux. Le limon sanglant qu'elle abandonne féconde une vaste campagne, et des ossements que rejette le soc de la charrue, le laboureur marquera la frontière de son champ. Quel encadrement pour l'idylle joyeuse des vendanges ou de la moisson !

Marius épouse Julia, une haute patricienne. Il a voulu cependant habiter en un quartier tout populaire, au seuil même du Forum et dans la familiarité des assemblées plébéiennes. Il sait bien que sa popularité, si bruyante soit-elle, a besoin de cette étroite alliance. Des trophées

lui sont dressés qui resteront entre les plus fameux des
monuments de Rome; mais à Rome même il n'est pas un
dignitaire, s'appelât-il Marius, qui conserve et maintienne
une autorité docilement obéie. La majesté des lois a
trouvé des impies, même de sacrilèges profanateurs,
l'exemple est venu de haut. Le rayonnement de gloire au
front même d'un triomphateur trouve des regards qui
le soutiennent. Il n'est pas de victoire qui puisse intimider
ou désarmer la haine. Rome, armée contre tant d'ennemis,
est armée contre elle-même. L'agitation est constante,
l'émeute presque journalière. Les vieux scrupules ne sont
plus de ce temps. La guerre, portée si loin, a reflué dans
la ville. Les soldats de Marius sont de toutes les séditions.
Le maître ne prend aucun souci de les tenir en bride;
peut-être y serait-il impuissant.

Les Gracques ont laissé une lignée de clients affamés,
mais aussi de réformateurs maladroits ou violents. Détesté,
poursuivi des patriciens, Saturninus s'est enfermé dans
le Capitole; il s'y défend. Il est forcé dans ce repaire,
traîné dans la Curie, assommé sous les tuiles et les pierres.

L'usure ronge le populaire et la bataille toujours recom-
mence entre créanciers et débiteurs. Un préteur veut
s'interposer. On l'assaille au moment qu'il allait sacrifier
au temple de Castor. Il échappe, il veut fuir, gagne le
temple de Vesta, sanctuaire qui lui serait un asile sacré.
La rencontre d'une vestale, son regard toujours ont suffi
à sauver le condamné, serait-il le dernier des criminels.
Du temple de Castor au sanctuaire de Vesta la distance
est courte. C'est encore trop loin : le préteur est tué en
chemin.

Cependant un terrible rival surgit qui va balancer la gloire, la popularité même de Marius. C'est un patricien de très haute naissance, il appartient à la *gens* Cornelia. Ainsi deux hommes sont en présence, et cela seul suffirait à redoubler toutes les fureurs; mais aussi deux partis, deux classes, deux Romes, l'une dévorée d'avides appétits, de haines folles, autant que l'autre d'implacable avarice et de vengeances inassouvies. Albe et Rome, ménagères d'un sang cependant toujours prêt aux nobles immolations, convenaient de remettre leur suprême querelle à six de leurs enfants. Les temps ont marché; il faut des armées entières aux colères de Marius, aux fureurs de Sylla. Ils se jetteront à la tête comme des lambeaux de la patrie. Les louveteaux vont se battre à faire hurler la louve et la déchirer à lui faire crier grâce. Mais ils ne voudront plus l'entendre. Le règne est commencé des hommes de rapine et de proie.

Déjà Marius et Sylla se sont rencontrés, celui-là consul, celui-ci questeur et servant sous les ordres du premier. Marius a vaincu, pourchassé Jugurtha, mais Sylla a mis la griffe dessus.

Départ, retour, fuite, rentrée victorieuse, le terrible chassé-croisé de ces deux hommes est toute l'histoire du monde pendant plusieurs années, et tout s'efface, tout se tait devant ces lutteurs jamais lassés.

Les patriciens soutiennent Sylla. Il a dû cependant une première fois déserter le Forum, et la maison de Marius toute prochaine l'a sauvé d'une mort très peu glorieuse. Mais cette hospitalité de hasard ne restera pour l'un comme pour l'autre qu'un importun souvenir.

Sylla n'est pas beau. Il a le teint roux, le visage pâle,
mais taché de rouge, dès qu'une émotion violente le traverse et l'agite. Ses yeux très mobiles sont toujours prêts
à darder des éclairs mauvais. Sa naissance illustre l'a laissé
cependant besogneux et d'autant plus avide. Une certaine
Nicopolis, servante de Vénus plutôt que prêtresse de Vesta,
lui a laissé un héritage opulent et d'origine très mêlée.
Sylla, tiré de la misère, peut récompenser d'une main
plus généreuse ses histrions et ses bouffons, sa compagnie
familière et la plus agréable. Sylla aime à rire et ne
manque pas d'esprit. Il plaisante volontiers, toujours
prompt à la réplique comme à la vengeance, mais il
souffre impatiemment les retours de la moquerie. Il y a de
la panthère dans cet homme; la griffe est toujours prête
et ne fait pas longtemps patte de velours. Les Athéniens,
très spirituels comme on sait, l'apprendront à leur grand
dommage, et leurs plaisanteries sur la face couperosée de
Sylla, les brocards jetés à sa femme, la divine Métella,
leur mériteront de terribles réponses, aux jours où s'é-
crouleront leurs murailles. Sylla affecte quelque désinvolture impertinente et railleuse à l'adresse des dieux. Il
ordonnera le pillage de Delphes et comme Phœbus a rempli
son sanctuaire profané des gémissements de sa cithare :
« Le Dieu est satisfait, dira Sylla; il chante, donc il payera ».
Cependant l'impie sera superstitieux jusqu'au tremble-
ment de la peur; il portera toujours sur lui une petite
figure d'Apollon en or, et, sous la menace d'un prochain
danger, il ne manquera jamais de lui adresser les plus
dévotes oraisons ou de la couvrir de baisers.

Sylla aime beaucoup sa femme Métella, sans se piquer

de fidélité. Il voudra cependant s'épargner le spectacle des douleurs de cette chère compagne et fera mettre dehors son corps gémissant et moribond; la mort est en effet une visiteuse fâcheuse et qu'il vaut mieux renvoyer chez le voisin.

Sylla élève son âme aux plus hautes ambitions. La guerre contre Mithridate promet de rudes labeurs, mais aussi la plus magnifique moisson d'honneurs et de renommée. Marius est déjà pesant, fatigué moins par l'âge que par les travaux accomplis. Il ne veut pas admettre cette décadence, au reste plus apparente que réelle. Son endurance dépasse la mesure vulgaire. Abandonnant sa jambe au fer des médecins, sans vouloir être contenu et maîtrisé de personne, il a subi les tortures d'une très longue opération, et pas une plainte ne lui est échappée. Marius obtient le commandement des armées d'Orient; sa prétendue décrépitude est de force à jeter bas Mithridate et bien d'autres, non pas cependant Sylla.

Sylla n'accepte pas cette décision. Il rentre à Rome de vive force, comme un brigand, faut-il dire, ou comme un conquérant? on n'y saurait trouver que bien peu de différence. Rome n'accepte pas ce viol sans quelque résistance. Qu'on la brûle! Sylla brandit une torche et donne l'exemple. Sylla avance dans la flamme et l'incendie. Il n'en faut plus douter, c'est un conquérant.

Les dieux savent trop bien ce qu'ils doivent à la majesté de Rome, pour jamais se désintéresser de ses destinées. Leurs prodiges ont annoncé les épouvantes maintenant accomplies. Dans un temple, au seuil même d'une souricière, une souris a mis bas cinq souriceaux, mais pour en

dévorer trois aussitôt. Cela était déjà affreux, presque à
l'égal de cet incendie mystérieusement allumé et qui a
réduit en cendres les hampes des enseignes romaines
gardées au temple de Saturne. Aussi téméraire, mais
plus redoutable encore que les Gaulois, la flamme escalade le Capitole et dévaste le temple de Jupiter. La querelle de deux hommes laisse sans abri le plus grand des
dieux.

Marius s'est enfui de Rome. Nous n'avons pas à le suivre
aux marais de Minturnes. C'est affaire aux meurtriers
acharnés à sa poursuite de remuer les roseaux fangeux
qui le cachent, mais aussi de reculer devant lui. Le monde
n'a pas d'assassin qui ose tuer Caïus Marius. Sa Rome ingrate et terrifiée l'abandonne; Carthage lui donnera l'hospitalité, et ce passant doit suffire à repeupler, à remplir
de gloire cette immense solitude.

Il garde cependant à Rome même quelques partisans,
quelques fidèles. Sylla a bien pu jeter bas les trophées
d'Aix et de Verceil, mais non pas abolir la mémoire de
l'écrasement des Cimbres et des Teutons. Il a bien obtenu
que Marius fût mis hors la loi et déclaré ennemi public,
car le Sénat commence l'apprentissage de toutes les servitudes. Le Sénat connaît la peur, et du reste le Sénat,
recruté aux familles patriciennes, penche pour Sylla, bien
qu'un tel serviteur soit un maître impérieux. Mais le
Forum n'est pas unanime à maudire Marius. La tribune
romaine est devenue très éloquente. Des bouches y sont
béantes qui ne disent rien, mais qui parlent beaucoup.
La Rome des anciens jours voulait que sa tribune fût un
monument de sa gloire. La victoire est venue y sceller

des éperons de bronze. Sylla imagine une décoration plus expressive. Ce sont des têtes coupées et chaque jour remplacées qui sont là maintenant, clouées sur la pierre. Les flâneurs, les quêteurs de nouvelles, qui des rostres par eux toujours environnés, sont dits *subrostrani*, connaissent ainsi jour par jour, heure par heure, les choses de la politique et la pensée intime du grand Sylla.

Cependant l'éloignement de Sylla, ses campagnes. victorieuses ont permis le retour de Marius. L'augure Scævola, un vieillard, avait refusé de s'associer à la proscription de Marius, disant à la face même de Sylla, et l'audace était grande : « Pour un peu de vieux sang qui me reste, je ne déclarerai pas ennemi de Rome celui qui deux fois l'a sauvée. »

Marius ne veut se souvenir que des injures subies. Ses colères sont moins réfléchies que celles de Sylla, mais non moins meurtrières. Il fait tuer dans le temple même de Vesta le fils de ce fidèle Scævola. Plus rien n'arrête ces forcenés et Rome ne vit jamais revenant plus terrible que ce vieux Marius.

Ce n'est pas un délicat. Il a voulu renchérir cependant sur ses négligences accoutumées. Pas une fois, aux jours de son exil, il n'a pris quelque soin de sa personne. Les vêtements en lambeaux, souillés de poussières lointaines et de l'écume que lui ont crachée les tempêtes, les cheveux en désordre, il reparait, hideux, repoussant, épouvantable, et Rome a tremblé rien qu'à l'apercevoir. Ainsi il a traversé le Forum et regagné sa maison. Lui non plus n'oubliera pas les rostres et la parure infâme qu'ils ne doivent plus de longtemps dépouiller. Les têtes abattues par l'ordre de Sylla s'étaient enorgueillies de noms fameux ; celles qui leur succèdent ne comptent pas d'aussi lointains aïeux, voilà toute la différence.

Cependant Marius a dépassé soixante-dix ans. Pour la septième fois il est consul. La prédiction qui saluait son enfance est accomplie. Il peut mourir, et, s'il veut mourir tout-puissant et redouté, il doit se hâter ; car Sylla revient, Sylla accourt, Sylla, tout à la fois renard et lion. Le moribond trouve encore le loisir de tuer, comme si le sang répandu pouvait réchauffer celui-là qui déjà s'est glacé dans ses veines. Il agonise comme il a vécu, implacable et farouche.

Marius avait sa bande, entre toutes dévouée, trois mille hommes qu'il appelait son contre-sénat et que Sulpicius commandait. Sylla est l'homme des patriciens et du Sénat, avons-nous dit. La première fois qu'il le rassemble, c'est dans le temple de Bellone, au seuil même de Rome. Et comme d'affreuses clameurs troublaient la délibération : « Ne faites aucune attention à ces cris, disait Sylla. N'écoutez que moi, ce sont quelques mauvais garnements que j'ai donné ordre de châtier. » Ce n'était rien, en effet, que le massacre de six mille prisonniers.

Sylla procède avec méthode et de sang-froid. Il dresse des listes de proscription, les revoit avec soin, les fait recopier sous ses yeux, biffe quelques noms, en ajoute beaucoup d'autres. Les listes sont affichées au Forum. Au Forum Sylla règne, au Forum il siège, au Forum il fait vendre à l'encan les biens des proscrits. Et les enchères sont suivies, animées. Sylla les préside et les surveille. Il ne saurait tolérer la tiédeur et la nonchalance. Le spectacle n'est-il pas réjouissant et tel qu'il doive encourager la bataille des enchères? La ville est livrée aux sicaires qui font métier d'assassinat. Les rostres sont un comptoir où les têtes sont apportées et payées comptant. Un tarif est établi; le meurtre d'un maître par son esclave, d'un père par son fils, cela vaut deux talents. Sylla est homme de parole. Quelquefois il daigne dévisager ces pâles visages et se bien assurer lui-même que la proie annoncée est bien celle qui lui est remise.

Monnaie de Sylla.

Cependant Sylla est capable d'obligeance et de bonne camaraderie. Il se vante d'être l'homme du monde qui fait le plus de mal à ses ennemis, mais aussi le plus de bien à ses amis. Un jeune patricien, homme de plaisir, et cela n'est pas pour déplaire à Sylla, a tué son frère, car ce joyeux compagnon débute comme Romulus. Il sollicite de Sylla, il obtient que le nom du mort figure aux listes de proscription. Ainsi le fratricide est excusé, sanctifié même. C'était bien à Sylla d'accorder cette grâce, à Catilina de la demander.

Les rostres ont suffi à l'éloquence de Marius, ils ne sauraient suffire à l'éloquence de Sylla. Au débouché du *vicus Jugarius*, à l'entrée même du Forum, le bassin dit de Servilius prête complaisamment sa margelle aux coupeurs de têtes. C'est une exposition supplémentaire et qui aussitôt proclame la toute-puissance du maître; et le bassin devient, dans le jargon vulgaire, le *spoliarium* de Sylla.

Sylla avait promis la clémence et l'amnistie, mais seulement aux honnêtes gens. Combien ils sont devenus rares! Sylla est le seul juge de l'honnêteté.

Ce dictateur — il s'en est fait décerner le titre et la souveraine autorité — s'abaisse aux plus infâmes rancunes. Il

Statue équestre de Sylla.

Revers d'une monnaie d'or de la famille Cornelia.

envie la mort et semble lui reprocher les supplices inaccomplis. Il fait exhumer le vieux Marius et le fait jeter dans l'Anio. Le fils a péri dans un égout de Préneste. En ces jours affreux la tombe elle-même est infidèle et traîtresse. Elle ne sait rien défendre de ce qui lui est confié, et la cendre même ne saurait échapper à l'outrage.

Une statue est consacrée à Sylla. On la place au Forum et tout près du temple de Castor. En effet, c'est là que s'étalent à tout venant les listes de proscription. Près de cinq mille noms y sont inscrits. Aussi le concours est grand, toujours renouvelé, de la foule qui les attend et qui s'attarde à les lire. La presse est telle bien souvent que les derniers venus demandent aux premiers de crier les noms; et ce sont des clameurs soudaines qui répondent à cet appel de la mort, des fuites affolées, ou bien de longs silences traversés de sanglots. Cependant Sylla est toujours présent. Il revit dans le bronze. L'adulation romaine l'a voulu chevauchant, comme dans la bataille. Le Sénat lui a fait ériger devant les rostres une statue équestre dorée.

Il a toutes les audaces. Il triomphe de Mithridate et de l'Orient, dit-il; il devrait dire de Rome! Ceux-là dont il a tué le père, le frère, les amis les plus chers, ceux-ci dont il a livré le patrimoine à ses vétérans, car Sylla est prodigue du bien d'autrui, lui composent un magnifique cortège, et les mêmes lèvres qui peut-être hier encore criaient de douleur, le saluent, et bruyamment l'acclament. Sylla ordonne, il veut se faire une joie de tous ces deuils.

Il ose plus encore. Il abdique, il descend du faîte des grandeurs atteintes. Le Sénat, convoqué une dernière fois, l'a vu dépouiller sa puissance dictatoriale. Ses vingt-quatre licteurs l'attendaient au seuil de la Curie, guettant son retour. Il les congédie. Seul il regagne le Forum, seul il le traverse, et la dernière liste de proscription est encore là étalée au grand soleil. Il passe devant. Il va lentement, sans défense que son nom et sa gloire sanglante. Pas une main ne s'est levée pour l'arrêter au passage. Un enfant seul, un orphelin peut-être et qui doit son abandon à Sylla, a osé insulter ce passant formidable. Il s'est acharné sur ses pas, toujours l'insulte à la bouche. Sylla n'a pas daigné détourner la tête. Arrivé au seuil de sa maison, près du Palatin, sur la pente du Germate, il n'a dit que ceci, mais la parole est prophétique et devance le lendemain : « Voilà qui empêchera qu'un autre dépose la souveraine puissance ».

Cependant Sylla, non par crainte, mais par lassitude, va quitter Rome. Pouzzoles l'appelle. Sylla se plait à la sérénité des horizons ensoleillés. Il passera ses journées aux soins du jardinage, aux délassements de la pêche. Une fois seulement, redevenu justicier, il fera devant lui étrangler un magistrat prévaricateur. C'est que le coupable détournait les fonds destinés à la reconstruction du temple de Jupiter Capitolin, et cette juste réparation au dieu tient tout particulièrement au cœur de Sylla. Il se remarie, il mène une existence très joyeuse, presque innocente, toute nouvelle. Il revit son passé, il écrit ses mémoires en grec et quelquefois feuillette les œuvres d'Aristote. Le premier il a voulu les introduire dans Rome. Ne croirait-on pas assister aux jours finissants d'un sage? Un enfant cependant a insulté Sylla, quelque chose de plus petit, de presque invisible d'abord le menace et l'attend. Encore vivant, ce corps tombe en une hideuse décomposition. Il est une proie et Sylla voit lui-même sa répugnante curée. Ainsi meurt, dévoré de vermine et de poux, le grand Sylla, Sylla l'heureux, comme il voulut être nommé, Sylla le favori de Vénus, comme il s'était proclamé lui-même.

Il avait saigné Rome plus cruellement que pas un n'avait encore osé faire, et sa toute-puissance ne devait pas coûter beaucoup moins que les victoires d'Annibal. Aussi Rome est-elle reconnaissante. Elle fait à cette pourriture humaine qu'il a laissée après lui, une entrée triomphale. Les femmes, des veuves peut-être, mais elles ont dû se remarier, des orphelines, mais elles ont dû hériter, accourent sur son passage, prodiguant les parfums, semant les fleurs, et Scipion, vainqueur de Carthage, ne fut pas mieux accueilli. Le ciel même est complice. Au jour marqué pour la solennité des funérailles, des nuages lourds, chargés de pluie, assombrissaient l'horizon, attristaient cette apothéose. Il semble qu'un déluge menaçait Rome, assez terrible pour effacer tant de taches

de sang. Le corps a séjourné quelques heures au
Forum, cependant on redoutait toujours quelque averse
importune. Mais le bûcher aussitôt dressé au champ de
Mars, les nuages se sont dissipés, déroulant un azur
tranquille, et la flamme est montée, libre, fière, peut-être
reconnaissante, elle aussi, à ce Romain qui lui donnait
Rome à dévorer.

VI

Ces temps sont affreux, et ceux qui vont les suivre ne
promettent que des accalmies passagères. Les premiers
rôles seront tenus cependant par des hommes quelquefois
accessibles à de vagues retours de justice et de pitié.
L'atrocité ne sera plus que de la cruauté, au moins quelquefois. Pompée, César, Crassus, Cicéron, Clodius, Catilina,
Caton, tels sont les noms qui vont remplir la ville et le
monde. Nous n'avons pas à les suivre au loin. Le drame
se joue aux frontières chaque jour reculées, car Rome
ne fut jamais plus glorieusement conquérante qu'en ces
jours de séditions journalières et de tempêtes civiles,
mais le Forum reste la place toujours disputée, la conquête suprême, le champ d'une bataille toujours recom-
mencée.

Un premier mariage a fait de Pompée approximativement
le gendre de Sylla, sa fiancée étant la fille d'une des
femmes de Sylla, mais issue d'une précédente union ; et,
pour complaire à cette apparence de beau-père, le jeune
Pompée s'est si bien essayé aux rigueurs sanglantes, que
déjà le dictateur saluait l'adolescence pleine de promesse

d'un petit bourreau : *adolescentulus carnifex*. Mais Pompée, vaillant soldat et qui a reçu de ce même Sylla des
enseignements plus avouables, car il a servi dans ses
armées, n'a pas le tempérament d'un bourreau, ni même
d'un proscripteur implacable. Il a de l'orgueil, mais aussi
de la vanité, et la vanité est toujours mauvaise conseillère.
Il aime la gloire, et cela convient à ce digne fils de Rome.
« Nous sommes tous sensibles aux attraits de la gloire,
proclame Cicéron, les grands cœurs plus encore que tous
les autres. » Mais Pompée est non moins sensible à la glo-
riole. Il se payera de cette fausse monnaie. Tout ce qui
brille l'attire et l'affole. Il éblouira longtemps le peuple
romain, mais il s'éblouira lui-même et partout et toujours.
Il saura gagner des batailles et les vanter, les fêter ; il
apparaîtra comme un dieu au dénouement prochain d'une
tragédie ; il s'empressera même à moissonner les lauriers
des autres, estimant peut-être que toute victoire est chose due
au grand Pompée et que son génie l'a inspirée si son bras
ne l'a pas décidée. Il rêvera la toute-puissance, très médiocrement respectueux des lois et des traditions de Rome,
mais il n'osera directement la saisir. Il attendra des événements, de la fatigue des uns, de l'engouement des autres,
une dictature qu'il se garderait bien d'abdiquer à l'exemple
de son premier maître. Il briguera, il obtiendra, et même
il méritera une immense popularité, mais il ne saura pas
la maintenir, et ce grand vainqueur, frappant la terre du
pied, aux jours de crise suprême, bien loin d'en faire
surgir des légions, n'aura d'autre ressource que l'abandon
immédiat de toute l'Italie, la fuite au delà des mers. Il
n'aura rien su préparer et rien su prévenir. Il prêtera ses

légions à César pour conquérir les Gaules, imaginant peut-
être que ces soldats, longtemps les siens, le resteraient
toujours, qu'ils accourraient toujours dociles au mot
d'ordre qu'il lui plairait leur adresser, et que les légionnaires de César, vainqueurs des Gaulois, des Bretons, des
Germains, de cent peuples dont les noms mêmes jusqu'alors étaient inconnus, redeviendraient les légionnaires
de Pompée. On ne saurait dire ce qui l'emporte dans ce
calcul de l'outrecuidance ou de la naïveté.

Les campagnes de Pompée, non plus que celles de César,
ne sont de notre sujet. De l'un à l'autre de ces deux
hommes et plus tard de l'un à l'autre de tous les remueurs
de la plèbe qui vont se disputer la suprématie sur les
ruines des antiques institutions romaines, nous voyons un
homme aller, venir, reculer, avancer, gémir souvent, ton-
ner quelquefois, parler toujours, et cet homme, la gloire
de l'éloquence latine, est Cicéron. Sa vie presque tout
entière se déroulera à Rome, car il se lamente à peine en
est-il éloigné, et toute sa philosophie ne saurait tempérer
longtemps ses regrets. « J'ai perdu ma lumière », dit-il,
dès que le Capitole n'est plus visible au prochain horizon.

Il est né dans Arpinum comme Marius, mais rien n'aurait jamais rapproché ces deux hommes à peine échappés
de leur commun berceau. Cicéron a porté les armes, aucun Romain ne saurait méconnaître ce premier devoir; il
a suivi Sylla au pays des Marses, mais il estime que tout
est préférable à la vie des camps. Peut-être sa constitution
délicate aggrave-t-elle singulièrement pour lui le labeur
journalier du soldat. Cependant les présages n'ont pas
manqué à son enfance première, et sa nourrice a rêvé que

l'enfant, endormi dans ses bras, serait la gloire et le bienfaiteur de sa patrie.

Cicéron, cela est un nom, ou plutôt un sobriquet burlesque et qui prête à rire. Un pois chiche, cela n'est pas un objet bien rare et d'un usage relevé. Cicéron ennoblira ce nom de famille, il signera son nom de l'objet même, son homonyme, et l'inscrira sur un vase de bronze par lui consacré aux dieux immortels.

Cicéron n'est pas de bien haute naissance. Son mariage, ses talents, largement rétribués, jamais cependant abaissés à quelque indigne vénalité, lui ont assuré les moyens de mener une très large existence. Chevalier, et très attaché à la caste des chevaliers, il habite aux Carines. C'est un quartier élégant, et Pompée lui aussi abrite là ses pénates. Les Carines ne sont pas éloignées du Forum. Cicéron voudra cependant s'en rapprocher encore. Dans cette ville si aimée, le Forum l'attire, le retient, rappelle ses plus constantes pensées. Quelques patriciens d'humeur grondeuse s'indigneront qu'un homme nouveau, issu de petites gens, un provincial, ose venir au Palatin usurper la mitoyenneté des demeures pleines d'ancêtres glorieux; mais Cicéron ne craint pas les propos railleurs. Il manie le rire et la moquerie comme pas un orateur de Rome. N'a-t-il pas entretenu commerce si familier avec la Grèce, qu'au retour de son premier voyage on l'appelait lui-même le Grec? Ce n'est qu'un jeu pour lui de mettre les rieurs de son côté.

Tout enfant il a cadencé dactyles et spondées; et les vers lui resteront toujours un exercice facile. La Grèce l'a enseigné, disons-nous, et dans les écrits des sages dispa-

rus, et dans les harangues encore tout enflammées des
orateurs fameux, et dans les leçons avidement écoutées
de Philon le philosophe ou du Rhodien Apollonius, fils de
Molon. César à son tour sollicitera les conseils de celui-ci.

Apprendre à penser n'est pour l'orateur que la moitié
de la tâche. Il lui faut encore posséder la diction, la
mimique et le geste. On ne saurait trouver meilleurs ini-
tiateurs à cette science que des comédiens. Roscius, le
seul acteur qui ait semblé digne par son talent de monter
sur la scène et par sa vertu de n'y monter jamais, enseigne
Cicéron et reste son familier. Roscius excelle surtout
dans la comédie; aussi ses avis ne sauraient suffire, la
comédie journalière du prétoire et des rostres sombre trop
souvent aux épouvantes de la tragédie. Æsopus, acteur
tragique, complète cette précieuse éducation.

Sylla encore debout projetait son ombre redoutée sur
le Forum, lorsque, pour la première fois, le très jeune
Cicéron a pris la parole. Il ne s'agissait que des intérêts
d'un particulier et d'une affaire civile. Mais le plaignant,
un premier Roscius, non pas le comédien, avait encouru
les colères de Sylla, et si par hasard il avait gardé sa tête
sur ses épaules, ses biens étalaient des brèches béantes.
Défendre cette victime et ce proscrit, c'était directement
attaquer le proscripteur. Aussi voyons-nous Cicéron,
d'autant plus en danger que sa parole avait triomphé,
déserter aussitôt sa chère Rome et sa douce Italie pour la
Grèce lointaine.

Toutefois le Forum avait écouté, applaudi la grande
voix d'un maître de l'éloquence; il ne devait plus de longtemps l'oublier.

La première question, mais celle-ci publique et intéressant la destinée même de l'état, qui amène Cicéron
aux rostres, est la loi dite Manilia, du nom de Manilius, le
tribun qui l'avait proposée. Il s'agissait de confier pour
trois ans à Pompée le commandement des armées d'Orient,
le gouvernement de la Colchide, de la Cilicie, de l'Arménie, de la Cappadoce, bref d'un empire déjà immense et
que de prochaines victoires devaient grandir encore, enfin
la direction suprême de la guerre contre Mithridate, un
digne adversaire toujours reparaissant, jamais lassé.
Quelques-uns, et non des moins prévoyants, résistaient à
cette prodigalité d'honneurs et de puissance. Cicéron
cependant appuyait la loi et contribuait plus que personne
à la faire adopter. Il était dans sa destinée de toujours
chérir la liberté romaine, mais non pas toujours de la
servir utilement.

Pompée éloigné, emporté au tourbillon de ses conquêtes
et bousculant du pied les sceptres et les trônes, Cicéron,
tout à coup va grandir et pour quelques jours il occupera
la scène, très dignement et, ce qui devient plus rare,
très honnêtement.

Cicéron est consul, mais cette dignité, un patricien la
lui a disputée. Ce rival, nous l'avons déjà rencontré
jeune parmi les plus infâmes sicaires, pourvoyeurs des
charniers de Sylla. L'ambition de Catilina, ou plutôt, ce
mot est trop beau, son appétit de jouisseur s'est exaspéré
avec l'âge. On ne saurait trouver un scrupule qui le gêne.
Il a enlevé une vestale; il en a fait sa femme. Il a sa
bande, on pourrait dire son armée nombreuse et facilement recrutée parmi les vétérans de Sylla, les quéman-

deurs d'emplois vainement sollicités, les débiteurs perdus
de dettes, tous les déclassés, tous les mécontents, les
meurtriers publics maintenant sans emploi. Il leur a promis, il s'est promis à lui-même la curée triomphante de
Rome, et cette conquête plus profitable, plus prochaine que
pas une autre, peut sembler aussi plus facile, tant de lâches
défaillances ont épouvanté les esprits, tant de complicités
consenties hier, avouées demain, étendent et fortifient cette
immense conjuration.

« On ne saurait trouver dans une école de gladiateurs
un téméraire, capable de toutes les violences, qui ne se
dise l'ami intime de Catilina, ni au théâtre un bouffon
énervé et sans âme qui ne se glorifie d'avoir été le compagnon de ses débauches. » Cicéron dit cela et Rome le
sait à merveille, car si les menées restent secrètes, ou du
moins enveloppées de quelque mystère, le meneur apparaît devant tous et son effronterie même lui devient une
force redoutable. Ses vices, ses désordres, ses insolences,
ses cruautés, ses sacrilèges même lui sont des titres aux
épouvantes des uns, aux espérances des autres. Les vertus
et les services rendus à la chose publique ne sont plus
ce qui toujours recommande le mieux. Cicéron dira :
« Je prends sur moi la haine des pervers ». Parole fière,
mais d'une portée bien lointaine et qui ne sera pas oubliée ;
défi superbe mais qui sera relevé.

Cependant la terreur est partout, dans les rues de Rome,
jusque dans le ciel, comme si les violences pressenties, les
crises annoncées ne devaient pas épargner même la
majesté des dieux. La foudre a frappé le Capitole ; un
hibou piaulant s'en est envolé. La louve de bronze a tré-

buché sur son piédestal. Des enfants sont nés, tenant la main gauche sur la tête. Les tables où sont écrites les lois se sont fendues, comme balafrées d'un poignard invisible.

La nouvelle de ces prodiges a couru toute la ville, et Catilina, audacieux mais habile en ses complots parricides, n'aurait garde d'y contredire. Ces épouvantes déjà le grandissent à l'égal de quelque divinité dévastatrice et vengeresse. On assure que lui-même et ses complices les plus familiers ont échangé d'effroyables serments et que le sang humain, bu dans la même coupe, a sanctionné leur alliance.

Un homme veille cependant, un homme délicat de santé et d'un aspect assez débile. Un de ces gladiateurs, grands amis de Catilina et qui lui prêtent une escorte plus redoutable encore que celle, jusqu'à ce jour refusée, des douze licteurs consulaires, l'assommerait d'un coup de poing ou l'étranglerait, sans même avoir besoin d'y mettre les deux mains, tant le cou de cet homme est effilé et mince. Il est malhabile au maniement du glaive et ce consul peu militaire proclame que les armes doivent céder à la toge civile. Sa poitrine est faible, mais une âme vaillante l'habite, et la voix qui s'en échappe se haussera aux accents les plus superbes, elle sera, pour quelques jours du moins, la voix même de la patrie. Le Forum la reconnaîtra, le Forum qui déjà semblait n'en plus garder le souvenir.

La parole n'est plus un vain bruit qui retentit et qui passe, c'est une action. Faut-il dénoncer le complot, mais aussi l'arrêter? Cicéron a convoqué le Sénat au Palatin, dans le temple légendaire de Jupiter Stator, de Jupiter qui arrête; et c'est là devant Catilina venu prendre séance avec

sa confiante audace de joueur sûr d'une partie gagnée,
que la voix révélatrice a tonné et que le traître flagellé
en plein visage, dissimulant tout d'abord mais bientôt
confondu, s'est lui-même dénoncé. Sa pâle colère décolore,
jusqu'à la dernière lividité de la mort, sa pâleur accoutumée ; son geste, le plus souvent lent, a quelque chose des
paresses nonchalantes de la panthère, puis tout à coup il se
précipite véhément et désordonné. La parole a suffi, mais
quelle parole a jamais foudroyé de plus haut? et Catilina
s'est enfui de l'assemblée. Entre les complices inavoués
que peut-être il y comptait, aucun n'a osé prendre sa
défense.

Regagner sa maison, toute voisine cependant, car il
demeure au Palatin, il n'en saurait prendre le temps. La
voix de Cicéron tonne encore sur ses pas et le chasse de
Rome. Là-bas une armée l'attend aux montagnes d'Étrurie ; il trouvera la bataille, mais aussi la défaite et la
mort.

Faut-il maintenant, l'œuvre préservatrice n'étant pas
encore achevée, juger les complices de Catilina, ces misérables qui déjà avaient organisé la dévastation de Rome,
préparé l'incendie, posté les bandits armés qui devaient
activer les flammes envahissantes et massacrer quiconque
aurait essayé de les arrêter? Faut-il, suprême infamie,
révéler l'alliance monstrueuse de ces Romains et d'une
tribu gauloise toute prête à violer la frontière? Cicéron
encore une fois traîne à sa suite le Sénat, et cette fois,
évoquant une déesse, suprême conciliatrice, il a voulu
qu'il siégeât dans le temple de la Concorde.

Le danger n'est pas beaucoup moins grand qu'il ne

l'était la veille; car les dispositions du peuple restent
incertaines. Brûler la ville de Rome, cela n'inquiète et
n'indigne qu'à demi cette foule avide et qui n'a d'autre
toit que les portiques hospitaliers des temples et des basiliques. Crassus, enrichi dans l'achat de patrimoines ven-
dus aux enchères lors des proscriptions de Sylla et qui
possède des rues tout entières, comme quelques autres
fastueux propriétaires, prendrait de toute cette affaire un
plus juste souci. Cependant, quelques soupçons circulent,
mal démentis, qui font de Crassus un demi-complice de
Catilina. « O temps! ô mœurs! » comme s'exclamait hier
Cicéron. Combien de peine auront les juges des enfers à
sonder les derniers replis de ces âmes ténébreuses! Et
combien justement Cicéron dira à son confident Atticus :
« Nous avons perdu, non pas seulement la sève et le sang,
mais jusqu'à l'apparence et la couleur de notre ancienne
Rome! »

Cet Atticus reste l'un des hommes les plus honnêtes et
les plus estimables de Rome en un temps où le dénombrement en serait facile. Très habile toutefois, très prudent et même timoré, il est l'ami de tout le monde, et sa
diplomatie, toujours en éveil, sollicite et entretient adroitement ces utiles amitiés. Atticus est de bon conseil, mais
de conseil timide. Correspondant empressé de Cicéron,
dès que Cicéron a quitté Rome soit pour le délassement
des champs et l'apaisement discret de quelqu'une de ses
villas, soit dans les tristesses d'un bannissement ou d'une
fuite involontaire, il écrit longuement, mais toujours se
fait renvoyer ses lettres et soigneusement les détruit.
Pas d'amour-propre d'auteur ni de prétention littéraire.

Cicéron se ferait étrangler pour sa patrie, aussi pour une phrase éloquente et harmonieusement pondérée. Atticus tient beaucoup à vivre, estimant la vie chose bonne et réjouissante. Aussi, et c'est là un chef-d'œuvre de conduite qui témoigne de son adresse, il vivra longuement, brillamment, heureusement. Sa fille épousera Agrippa, sa petite-fille l'empereur Tibère. Ce cher et bon ami Cicéron aura été égorgé, la liberté romaine prise au lacet aura jeté son dernier râle, nul doute que cet excellent Atticus n'en ressente quelque regret, mais enfin il faut bien penser qu'un long voyage ne saurait s'achever sans que l'un ou l'autre des compagnons reste en chemin. Il relira les charmantes lettres de Cicéron, il les a pieusement gardées, et les dialogues, les petit traités, *de la Vieillesse*, *de l'Amitié* surtout, et nul doute que ces muettes causeries ne consolent ce cher Atticus.

Ce n'est pas lui assurément qui aurait vaillamment soutenu Cicéron dans sa lutte contre Catilina. Par bonheur Caton est là, et cette haute figure domine la tourbe grondante que devient le peuple romain, ainsi qu'un rocher sourcilleux, le flot que la tempête affole et que souille l'écume.

Le premier Caton, le censeur, est son bisaïeul. Il a hérité de lui l'indomptable fermeté d'âme, la rigide et farouche probité, mais non pas la dureté presque cruelle. Tout enfant, plutôt que de reconnaître pour légitimes les revendications des Italiens en quête du droit de cité, il s'est laissé empoigner par un contradicteur un peu brutal, suspendre dans le vide d'une fenêtre béante, et son entêtement se serait broyé la tête sur les dalles de la rue

plutôt que de fléchir. Il n'apprenait pas vite, mais n'oubliait jamais. Son enfance est triste, sevrée de la tendresse d'une mère, curieuse, acharnée à demander le
pourquoi de toutes choses, mais sans aimable abandon,
sans la détente du rire, sans le rêve qui dore les prochains horizons. A quatorze ans Caton a jugé, condamné
la tyrannie de Sylla, et cette innocence, indignée de l'universelle lâcheté, se ferait vengeresse et meurtrière, si les
précepteurs en émoi ne la tenaient sous clef. Il est peu
causeur : il aura bien le temps de parler, dit-il à ceux-là
que cette réserve étonne, le jour où il aura quelque
chose à dire qui en vaille la peine.

Ces manières ne sont pas pour lui concilier beaucoup
d'amis, encore moins de flatteurs. La fortune de Caton
ne saurait promettre que des orages aux rares fidèles qui
la suivront.

Nous avons signalé, parmi les monuments qui bordent
le Forum, la basilique Porcia, création du vieux Caton.
Il paraît que ses dispositions intérieures ne convenaient
plus aux habitudes nouvelles, peut-être à l'encombrement
d'une affluence toujours grandissante. Les tribuns pro-
jetaient de les modifier, désireux de faciliter le va-et-vient
de leur clientèle, car c'est là qu'ils ont pris l'habitude
journalière de donner audience. A ce beau projet, que sa
piété familiale réprouve, le jeune Caton s'est opposé, et
tel fut le sujet de sa première harangue.

Ainsi que son ancêtre, Caton dédaigne les manières
élégantes. Il est souvent mal mis. Souvent il oublie de se
chausser même de vulgaires sandales. On le voit, les pieds
poudreux, traverser le Forum et siéger dans la Curie.

Cependant ce va-nu-pieds sait imposer l'attention, le respect et même le silence. Les femmes ne l'aiment guère, la sienne d'abord, qu'il répudiera, sa sœur qui n'aura de tendresse que pour le jeune César, un libertin effronté, mais d'un commerce charmant.

César, fils de Vénus et très fier de cette origine que ses grâces natives à merveille confirment et justifient, est déjà un héros et la renommée lui sourit, pressentant une éblouissante aurore. Il fait des dettes royalement et royalement oublie de les payer. Ses créanciers déjà lui composent une magnifique clientèle et toujours assidue au seuil de sa maison. Il trouvera toujours prêteur, s'estimant lui-même très haut. Sylla méditait d'étouffer cet aiglon dans son aire, devinant déjà en lui plusieurs Marius. Au reste, Julia, la femme de Marius, était la sœur du père de César.

César a dû fuir devant l'hostilité déjà déclarée du dictateur. Un roi est devenu son hôte, Nicomède, roi de Bithynie. Cette hospitalité royale offerte à un citoyen romain, même proscrit et sans dignité officielle, n'est plus qu'un incident vulgaire. Les rois en disponibilité plus ou moins volontaire ne sont pas rares à Rome, et tel citoyen qui ne saurait compter entre les plus fameux, y mène plus grand train. Il n'est pas sûr que les savetiers du Vélabre se détournent toujours pour voir passer ces quémandeurs de couronnes. Pompée aux Carines héberge un Ptolémée; Ariobarzane, roi d'Arménie, tient à grand honneur que son fils habite auprès de Cicéron. Caton lui-même est l'ami du roi des Galates; il n'en tire aucune vanité; et les cadeaux offerts par l'un, obstinément refusés par l'autre, refroidiront cette amitié.

Le lointain exil de César ne l'a pas fait oublier. Comme personne il sait réveiller l'attention publique, et toujours, de loin ou de près, il est en scène. Très élégant, bien peigné, accoutré selon la mode du lendemain, affectant quelquefois l'insouciance et je ne sais quel détachement des soucis qui sont une fatigue, il déroute les soupçons des uns — tous n'ont pas la clairvoyance de Sylla — il flatte les ambitions des autres; il est multiple, il est changeant, il est redoutable; il est aimé, parle à merveille, la Grèce a perfectionné et raffiné les dons prodigués à ce demi-dieu grandissant, il plaît souvent à Cicéron, beaucoup moins à Caton, mais toujours au soldat, qui devine un puissant meneur d'hommes; au populaire, qu'il flatte avec la désinvolture superbe d'un digne patricien et la camaraderie familière d'un bon camarade.

Tombé aux mains des pirates qui hantent les rivages d'Ionie, taxé à vingt talents, il a voulu lui-même hausser la rançon à cinquante. Puis il a semblé prendre le commandement de ses maîtres d'un jour, les faisant taire lorsque leur bavardage troublait son sommeil et leur promettant de les faire pendre au premier jour. La rançon payée, il a tenu parole. Lui-même a équipé la flotte, conduit la chasse, mené la campagne, vengé sa première défaite. C'est déjà en victorieux qu'il est rentré dans Rome.

Il est questeur, il est édile, il est grand pontife. Cependant il se moque très plaisamment des dieux, pressentant déjà peut-être que les Césars suffiront à repeupler

l'Olympe; il croit peu à son âme, beaucoup à sa fortune.
Julia est morte, la femme de Marius, la tante de César.
Bruyamment, pompeusement, César mène ses funérailles,
et les images proscrites de Marius reparaissent saluées des
sympathies, même de l'attendrissement du Forum. César
prononce l'oraison funèbre de la défunte. C'est d'un bon
parent, aussi d'un politique habile, et le succès encoura-
geant de nouvelles audaces, un beau matin les trophées
de Marius, replacés sur leur piédestal, à la grande surprise du Sénat qui voudrait protester, mais n'ose pas,
promettent à la Rome des batailles, l'épopée de magnifiques conquêtes.

C'est la coutume des magistrats, des édiles tout particulièrement, de payer leur bienvenue au peuple en fêtes,
en distributions, en jeux publics. César inventerait ce bel
usage s'il ne le trouvait déjà établi. Il fait les choses
grandement. Trois cent vingt couples de gladiateurs, par
lui recrutés, toute une petite armée, ont paru dans le
Forum. Déjà César est endetté de treize cents talents. Les
créanciers pensent avoir placé leurs fonds à très gros
intérêts. Le débiteur est encore un usurier plus habile,
et ce Pactole répandu emportera bien loin César et sa
fortune.

Lui aussi, et bien jeune encore, il donnera l'hospitalité
aux rois, ou plutôt (César est coutumier d'aimables galan-
teries) à une reine, une Ptolémée. Cléopâtre sera la divinité mystérieuse des jardins de César et de sa maison des
champs. Il habite la Regia depuis que le suffrage populaire l'a revêtu de la dignité de grand pontife, et cette
nomination l'a fait le voisin des Vestales. Mais quelques

heures de son existence, et non les moins charmantes,
s'écouleront là-bas, au delà du Tibre. Il n'accueillera que
de rares initiés à ces réunions intimes. Cicéron cependant
y sera convié, et l'Égyptienne, subtile et ondoyante en ses
pensées, comme les vipères de son pays en leur fuite
capricieuse, lui promettra l'envoi de quelques curiosités,
reliques des anciens Pharaons; l'oubli de cette promesse
désobligea beaucoup Cicéron.

César déjà essaye de tout, même de la clémence, et dans
le Sénat il a opiné à demi en·faveur des complices de
Catilina. Il voudrait qu'on épargnât ces précieuses exis-
tences, et cette modération, au lendemain des proscriptions de Sylla, sous la menace de complots à grand'-
peine déjoués, ne laisse pas que de paraître singulière.
Mais Caton parle haut et ferme, justicier plus rigoureux
que Cicéron lui-même. Il faudra cependant que Cicéron
aille un à un prendre les cinq condamnés, tant cette
répression suprême apparaît encore mal assurée, que lui-
même les escorte à travers le Forum. Il ne les abandon-
nera qu'au seuil de la prison Mamertine. Cinq misérables
exécutés et sacrifiés à la sécurité de Rome, dans l'évidence
absolue des crimes déjà consommés, c'est là cependant à
peine de la rigueur, et Cicéron répugne à toute cruauté.

Il lui faut pourtant justifier sa conduite, d'abord dans
le Sénat, où la tâche est facile, puis dans l'assemblée du
peuple, et l'entreprise est plus incertaine. Il l'emporte
cependant. César reconnu, a vu sa promenade accueillie
de quelques siffets. Cicéron, bien au contraire, a fait taire
la haine et des acclamations l'ont salué aux derniers mots
de sa harangue.

Si des jeux inaugurent l'entrée en fonction des magistrats d'importance, il est encore d'usage qu'à l'expiration
de son année consulaire, le consul rende au peuple un
compte solennel et public de sa gestion. Très dignement,
très simplement, Cicéron a voulu le faire. Métellus, un
tribun, a prétendu lui
défendre l'accès des
rostres , osant pré-
texter que l'exécution
de citoyens romains,
condamnés sans l'ac-
complissement com-
plet de toutes les for-
malités légales, était
une de ces indignités
qui interdisent au
coupable la parole pu-
blique. Cicéron, cette
fois encore, n'a be-
soin, pour se frayer
passage , que d'un
geste et d'un regard.

Cicéron.

Il gravit les rostres, et, devant ce peuple mouvant comme
une mer aux surprises redoutables, il arrête l'orage à
ses premiers murmures, et, grandi d'un magnifique
orgueil, il ose dire sans que rien lui réponde que des
acclamations : « Je jure qu'à moi seul j'ai sauvé la république et cette ville ».

Voilà donc Cicéron parvenu au terme suprême de son
crédit et de sa gloire. Ce consulat, il ne l'oubliera jamais et

trop complaisamment il voudra toujours et partout le rappeler.

Un poète grec, Archias, revendiquant la qualité de citoyen romain, et voulant confier sa cause à l'éloquence d'un avocat écouté, affirmera sa résolution de consacrer un poème tout entier au consulat de Cicéron. Cicéron cependant, estimant sans doute que deux poèmes valent mieux qu'un, se chantera lui-même en latin et se racontera en grec. Il n'est pas d'écho dans l'univers qu'il ne veuille assourdir de sa gloire. A Cumes, à Tusculum, l'historien Lucceius est le voisin de Cicéron; et Cicéron le visite, le courtise, le priant de ne pas l'oublier, même à l'occasion de dénaturer un peu la vérité à son plus grand profit. Il n'est si bonne cause qui ne soit meilleure encore aux lèvres et dans les mains d'un bon avocat. N'est-ce pas d'une naïveté charmante, qui désarme et fait sourire?

Un décret du peuple a proclamé Cicéron second fondateur de Rome, père de la patrie et, ce qui est un hommage de plus haut prix, la parole de Caton l'a confirmé. Deux comédiens ont enseigné l'éloquence à Cicéron dans sa jeunesse, il semble que leur vanité inquiète lui soit devenue contagieuse. Il ne paraît guère au théâtre, où du reste il a fait ménager et réserver aux chevaliers, ses collègues, quatorze gradins particuliers, que pour guetter de flatteuses reconnaissances, des acclamations toujours espérées.

Cependant Pompée est revenu, triomphant; le triomphe lui devient une habitude constante. Déjà, Sylla régnant, et même un peu malgré Sylla, il a voulu triompher, et ce

lui fut un véritable chagrin de laisser quelques-uns de ses
plus gros éléphants à la porte. Il les aurait voulu mener
jusque dans sa maison. Pompée a le goût de l'énorme;
c'est un personnage très encombrant.

Au retour de son second triomphe, Pompée a daigné
redevenir un simple chevalier, et, sous cet équipage relativement modeste, il a figuré dans la revue que passent
les censeurs. Mais seul son nom apparaîtra dans la dédicace du nouveau temple de Jupiter Capitolin enfin reconstruit, et voici dans quels termes il voudra immortaliser
son moi fastueux, en un sanctuaire de Minerve, la déesse
très sage et bonne conseillère que du reste il écoute très
peu : « Pompée le grand, imperator, ayant achevé une
guerre de trente ans, ayant vaincu, dispersé, réduit en
esclavage cent vingt et un mille quatre cent vingt-trois
hommes, ayant coulé ou pris huit cent quarante-six vaisseaux, ayant reçu la soumission de dix-huit cent huit
places ou citadelles, ayant subjugué toutes les régions qui
sont entre le lac Maréotis et la mer Rouge, a rempli le
vœu fait à Minerve. »

La chlamyde d'Alexandre, après trois siècles et plus, est
bien fripée et décolorée, Pompée cependant a voulu la
revêtir. On ne le voit aux jeux du cirque que la couronne
de laurier en tête et la robe triomphale sur les épaules.
N'est-il sorti de sa maison des Carines que revêtu de la
robe prétexte, c'est qu'il daignera glorifier de sa présence
quelque représentation théâtrale.

César lui-même, plus empressé en ces bons offices que
pas un ami de Pompée, a réclamé dans le Sénat et fait
décréter la permanence de ces honneurs décoratifs. Ne

serait-ce pas que déjà le sacrificateur se complaît à parer sa victime?

Mais l'étoile de César, déjà levée sur l'horizon, va jeter un tel éclat que tout sera de l'ombre auprès d'elle. Pompée seul, infatué et satisfait, ne saura pas le reconnaître.

Cependant Rome vit de sa vie journalière. Cicéron parle et plaide, assistant de sa parole une clientèle un peu mélangée. Autrefois il poursuivait dans Verrès un préteur avide et pillard. Il l'a montré assisté d'experts émérites, visitant les temples de Sicile et les dépouillant, enrichi d'un immense butin et l'exposant effrontément dans le Forum, ainsi que des trophées de victoire. Le grossier populaire a pu contempler, les fins connaisseurs, chaque jour plus nombreux, ont pu détailler, les uns sottement béats, les autres empressés et bavards, le Cupidon de Praxitèle, celui-là même que Phryné paya de son plus joli sourire, l'Hercule de Myron et son Apollon, les Canéphores de Polyclète, une Diane en robe longue, cheminant le flambeau à la main, trois Cérès, déesses tout particulièrement chères à la Sicile, la Sapho de Silanion, la tête grimaçante, magnifique cependant, d'une Méduse coiffée de serpents. C'était une attention bien délicate à Verrès de peupler ainsi le Forum et de permettre aux plus humbles la vision de cet Olympe merveilleux avant de refermer sur lui les grilles de ses jardins, les portes de ses villas. Cette obligeance devait lui être fatale. La rapine, ainsi solennellement avouée, ne confirmait que trop bien les plaintes désolées de la Sicile et les véhémentes dénonciations de Cicéron. Verrès, condamné, obligé de fuir, hélas!

d'abandonner ses chères statues, a disparu de la scène.
Ce pillard, à son tour pillé, a sauvé quelques vases corin-
thiens, quelques marbres, et ces épaves convoitées d'un
autre voleur aussi effronté et plus puissant, Marc-Antoine,
lui vaudront les tristesses d'un nouvel exil. Telle sera sa
dernière détresse que Cicéron en prendra pitié et la voudra soutenir de ses aumônes.

En attendant, ce même Cicéron, si vaillamment secou-
rable à la Sicile, défend Fontéius, qui a traité les Gaulois
comme Verrès les Siciliens.

Scaurus, en quête des honneurs consulaires, use de
brigue et de captation; il marchande, achète les votes.
On l'accuse. Cicéron le défend : « Tu me demandes ce
que je pourrai dire en sa faveur, écrit-il à son ami
Atticus : que je meure si je le sais moi-même! » Mais
Cicéron est trop modeste; jamais il n'est en peine de belles
phrases et d'excellentes raisons; c'est son métier d'en tenir
provision. Scaurus est absous. « Après cela, s'écrie son
défenseur, qui pourra-t-on condamner? » Scaurus est du
reste au Palatin le voisin de Cicéron. C'est un homme
tout à fait charmant. Sa maison est ornée de colonnes
grecques hautes de trente-huit pieds. Cela devait bien lui
valoir une harangue *ornatissima*.

Rome, en des jours de repentirs ou de dégoûts, confie
aux lois la tâche vaine de suppléer les mœurs disparues.
La loi *De ambitu* poursuit et châtie la captation des
votes. Ce nom seul rappelle les promenades affairées des
intrigants allant dans le Forum, quêtant les voix prêtes
à tous les marchandages. Ainsi l'ambition, les ambitieux
viennent du Forum, du moins sous leurs noms désormais

vulgaires. Que de choses, et qui tiennent large place dans
la vie humaine, sont venues de là !

Vatinius est l'ami de César, son âme damnée. Il ose
disputer la préture à Caton. Impopulaire et méprisé, en
dépit de son très haut patronage, sa présence est saluée au
Forum d'une bordée de sifflets, quelquefois d'une volée
de pierres. Des pierres, c'est trop. Vatinius, par l'intermédiaire des édiles, demande très humblement que le
peuple se borne aux fruits, les plus mûrs qu'il sera
possible.

Cicéron le déclare indigne de toute défense, cependant il
le défend ; c'est que César est là derrière. et souvent pour lui
César se met en frais de complaisance et de coquetterie.

Ces débats retentissants et toujours suivis d'une assistance nombreuse, car Rome aime écouter quand elle veut
bien en accepter le loisir, ont pour théâtre les basiliques
avoisinant le Forum ou, plus souvent encore, le tribunal
du préteur, maintenant, comme nous l'avons dit, auprès
du temple de Castor, depuis que Scribonius Libo l'a fait
transporter des abords du Comitium vers l'extrémité orien-
tale du Forum.

L'escrime savante de la chicane et de l'éloquence trouve
aux bords du Tibre la faveur que l'Athènes des anciens
jours lui prodiguait. Quelquefois Hortensius dispute les
victoires de Cicéron. C'est un orateur disert, abondant et
très ornementé. Il transporte dans ses discours ses goûts
de faste et comme sa gourmandise affamée du rare et du
délicat. Hortensius a des viviers bien fournis. On l'a vu
pleurer la mort d'une murène, et cette fois ce n'étaient pas
des larmes d'avocat.

Cependant César a pris son essor. Élu préteur, à l'instant de partir pour l'Espagne, ses créanciers inquiets le
voulaient retenir et déjà faisaient main basse sur son équi-

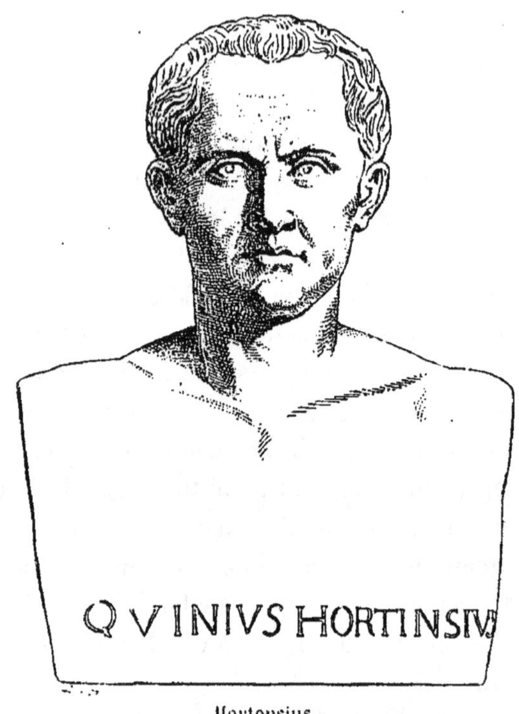

Hortensius.

page de guerre. Crassus a dû répondre pour lui et cau-
tionner une dette de huit cent trente talents.

Pompée conçoit quelque ombrage de l'opulent Crassus.
Rome cependant leur a imposé une réconciliation publique
et les a nommés tous deux consuls. Il faut bien qu'elle
puisse, sans tumulte et fâcheuse bagarre, emmagasiner le
blé promis et qui suffira durant trois mois à la nourri-

ture de tout un peuple; il faut bien encore qu'elle puisse
dîner tranquillement et prendre place aux mille tables
que le généreux Crassus a fait dresser dans le Forum.

Un personnage, plus turbulent que pas un, usurpe dans
la vie de Rome une importance que rien ne justifie,
sinon son effronterie tapageuse. Patricien de naissance,
il passera aux plébéiens avec armes et bagages. Ce
n'est pas là une expression figurée. Clodius, à l'exemple
de tous les agitateurs populaires, ses alliés ou ses adversaires, ne paraît dans les rues et surtout dans le Forum
qu'escorté d'esclaves armés ou de gladiateurs. Ces assom-
meurs, ces égorgeurs de profession, font prime; on les
loue, on les achète. Ce commerce prospère comme pas un
en ces jours bénis de tous ceux qui préparent et détien-
nent pareille marchandise.

Fort jeune encore, Clodius, homme de plaisir, a été
surpris la nuit, dans la maison de César, en l'absence du
maître, car on célébrait les mystères de la Bonne déesse,
et seules les femmes ont le privilège d'y assister. Aussi
Clodius avait-il revêtu la robe longue et traînante d'une
esclave musicienne et tenait sous le bras sa double flûte,
à moins que ce ne fût une cithare. Cette belle équipée,
ébruitée par la ville et niée vainement, décide le divorce.
La femme de César, César l'a proclamé, ne saurait être
effleurée d'un soupçon.

Cependant César n'a pas voué à Clodius une haine inex-
piable. Déjà sa grandeur répudie toute mesquine rancune.
Clodius, non moins prodigue de ses bons offices, appuie
la loi qui maintiendra, l'espace de cinq ans, César dans le
gouvernement des Gaules.

Il attaque Pompée, et sa brillante faconde éveille des échos très fidèles. « Quel est le Romain, dit-il, le plus perdu de vices? le Romain qui se gratte la tête avec un doigt? » Et chacun de répondre « Pompée ! » et de rire.

S'il se gratte la tête, César aussi affectait cette habitude nonchalante. Pompée n'est pas perdu de vices. Il aime sa femme, ou, pour mieux dire, ses femmes, car il a multiplié ses noces. Julia, que César son frère lui a donnée en mariage, est aimée. Elle aime aussi. C'est un lien entre ces deux hommes qu'une fortune longtemps égale et comme incertaine en ses préférences dernières, isole et laisse dans un redoutable tête-à-tête.

Les quolibets n'ont pas épargné le grand Pompée, non plus que les calomnies, non plus que les coups chaque jour plus libéralement échangés. Couvert de sang dans le tumulte d'une élection chaudement disputée, il dépouille sa toge et la remet à l'un de ses esclaves, lui ordonnant de retourner au logis et d'en rapporter une autre qui n'ait pas encore sollicité les suffrages populaires. Julia, déjà inquiète d'un retour retardé, reconnaît la toge de Pompée, défaille, tombe sur la place, et, devenue mère plus tôt que Lucine ne l'aurait voulu, elle meurt, emportant avec elle toute espérance d'un accord qui ne soit pas une trêve mal consentie,

Cicéron a compté Clodius au nombre de ses amis. Son amitié est indulgente et facile. Mais voilà Clodius acharné contre lui ; Clodius le fait chasser de Rome, de cette ville que Cicéron glorifie et qu'il a sauvée. Ce n'est pas tout, la maison du banni sera jetée bas, rasée ; elle profane la sainteté de Rome.

Les pénates abolis, la place est consacrée aux dieux.
On se hâte, Clodius n'étant pas assuré du lendemain. Lui
aussi a pillé la Grèce d'une main empressée. Une statue,
celle d'une courtisane, est hissée sur un haut piédestal ;
voilà cette Laïs, ou cette Phryné des anciens jours, passée
déesse, et déesse de la liberté. Clodius a dû rire de cette
métamorphose.

Il l'emporte, mais non sans résistance ; et plusieurs fois
on le voit cantonner sa royauté orageuse au temple de
Castor. Sa bande l'occupe des journées entières ; il en fait
une citadelle et, de là, surveille le Forum, ainsi qu'un
pilote inquiet, les incertitudes et les mystères de
l'horizon.

Après un exil de seize mois, exil désolé, laborieux
cependant, car Cicéron, réfugié dans le travail littéraire et
les méditations philosophiques, en a su féconder tous les
instants, l'exilé revient, il traverse l'Italie, porté, semble-
t-il, sur les bras d'un peuple tout entier. Cette rentrée
dans Rome réunit le joyeux attendrissement des réconci-
liations désirées et le tapage d'une marche triomphale. Au
retour de Cilicie, une lointaine province qu'il avait honnêtement et très humainement gouvernée, Cicéron, s'enor-
gueillissant de quelques montagnards traqués, à peu près
soumis, jouant à l'*imperator*, a rêvé de triompher comme
César même ou le grand Pompée. Ce ridicule lui a été
épargné ; il a dû se contenter de l'*ovation* ; et le voilà qui
mène le vrai triomphe mérité et désirable, triomphe peu
militaire, tout pacifique, innocent et d'autant plus précieux.

La réparation est complète. La maison de l'exilé sera
reconstruite sur son emplacement aux frais du Trésor

public, et la liberté de Clodius cédera la place à la tyrannie de Cicéron. Il n'aura plus sa fille, sa chère Tullie, pour réjouir ses pénates retrouvés. Elle est morte, et le père ne cesse de gémir. Ce deuil inconsolable étonne, scandalise quelque peu. Les Romains, les meilleurs même, ne conçoivent de douleur ineffaçable que celle qui intéresse les choses de l'État, et cette bruyante désolation, en des épreuves de la vie intime, est taxée de faiblesse et de puérilité. Clodius la calomnie et la raille.

Le rappel de Cicéron témoigne du repentir de Rome, d'une révolte des consciences, mais non pas d'un apaisement des esprits. Cicéron a toujours eu, il garde encore des protégés peu recommandables. Son ami Cœlius fait jeter bas de son tribunal Trébonius, le préteur urbain, et, maitre du Forum par le droit de ses violences, affiche une loi proclamant la gratuité des logements, la suppression des loyers, l'abolition des dettes.

Les Gracques sont dépassés. Ainsi reparaissent les éternelles questions sociales et les projets de lois agraires, mais non plus étudiées par des hommes épris du seul intérêt public. Lois et réformes ne sont que des armes perfides et redoutées. On se les jette à la tête comme les pierres ; elles frappent et souvent par derrière comme les poignards. Elles tombent dans la boue, elles roulent dans le sang, et jamais les mains ne manquent pour les ramasser et les brandir.

Clodius, né patricien, sert le parti plébéien, ou plutôt il cherche à s'en servir. Milon, né plébéien, est inféodé aux patriciens. L'un brigue le consulat, l'autre marchande la préture. Entre Rome et l'ancienne Albe, sur l'illustre

voie Appienne, que César de ses deniers a fait réparer, les
deux bandes se sont rencontrées, et sur le très noble
champ de bataille où les Curiaces et les Horaces croisaient
le glaive et grandissaient leur petite mêlée aux proportions
d'une héroïque épopée, esclaves, sicaires en sont venus
aux mains ; Clodius est resté sur la place.

Son corps, tout sali des poussières de la route, déchiré,
sanglant, rentre dans Rome, et les fidèles le portent,
criant vengeance, attestant les dieux comme si le ciel
même devait prendre parti en ces misérables querelles.
Le cadavre est hissé sur les rostres, les bras ballants, la
tête basse, on l'y voit pendre ainsi qu'une guenille mécon-
naissable. Le populaire, en ses tendresses, est un peu brutal
et très capricieux. Le cadavre est repris, porté dans la
Curie, visite importune et qui ne saurait conseiller la
prompte réunion des sénateurs. Les bancs sont brisés,
entassés, un bûcher s'improvise. On y met le feu. Le bois
brûle, le cadavre brûle, la Curie brûle, la Curie, enceinte
illustre et que tant de souvenirs glorieux auraient dû
sauver de l'outrage et de la ruine, si la Rome des anciens
jours restait une religion. La Curie, pompeusement dénommée par Cicéron temple de la sainteté, de la dignité,
de l'intelligence, la Curie, tête de Rome, qui elle-même
est la tête du monde, n'est plus que le bûcher funéraire
de Clodius. Ce misérable mêle sa poignée de cendre aux
cendres les plus illustres que Rome puisse jeter au vent.
Ce n'est pas tout. La basilique Porcia, celle-là même que
la piété familiale de Caton si âprement défendait, s'em-
brase, croule, et longtemps la fumée noire enveloppe le
front de la cité. N'est-ce pas qu'elle porte le deuil de

ses grandeurs profanées et de la vieille liberté disparue?

Certes Clodius mérite une large place dans l'histoire du Forum. Mort, il y règne toujours, car il le saccage et le brûle. Les Barbares ne feront pas mieux.

Qui donc maintenant gouverne? Les lois? on ne saurait le dire. Cette Rome, maîtresse du monde, a-t-elle du moins un maître qui soit l'incarnation de son génie et de sa pensée? Elle en a trois. Une trinité dominatrice, sorte de Cerbère aux têtes inégales, Crassus, Pompée, César, ont imaginé une magistrature monstrueuse et que Rome ne connut jamais. Lucques a vu naître le triumvirat, non sans protestation des dieux; ils ont multiplié les présages funestes. Le Tibre débordé a détruit le pont Sublicius; les gradins écroulés d'un théâtre ont enseveli de nombreuses victimes. Les protestations de Caton ont retenti plus haut : elles n'ont pas été moins inutiles. Le triumvirat désole Cicéron, mais Caton bataille avec une autre vaillance. Le monde romain, partagé en autant de lots qu'il y a de partageants, ainsi qu'aux jours néfastes où Sylla morcelait et jetait aux enchères les patrimoines des proscrits, est devenu le butin de trois hommes. Ils ont bien voulu tirer au sort et même solliciter la confirmation complaisante des lois. Les Gaules sont la part de César, l'Espagne, l'Italie, l'Afrique la part de Pompée, l'Orient et ses mirages décevants, qui le doivent dévorer, la part de Crassus. Ils ont décidé cela entre eux, d'une bonne amitié, ou plutôt d'une égale avidité; et tout cela passerait peut-être dans le silence d'un peuple oublieux de lui-même et satisfait, si Caton n'était là debout, plus solide sur sa vieille foi nationale, plus fier en son intransigeance impénitente

qu'une statue de bronze. Celle que Pompée s'est fait ériger
devant les rostres, s'abattra de son piédestal plus vite que

Pompée.

cet homme de chair et de sang, chaque
jour exposé aux tempêtes du Forum, toujours ballotté, jamais englouti.

Déjà le tribun Métellus avait proposé
une loi permettant à Pompée de faire
entrer à Rome une véritable armée. La
résistance de Caton et du tribun Minutius
Thermus a fait échouer cette tentative,
mais non sans peine et sans tumulte, et
Caton a payé sa victoire de quelques
blessures. On ne saurait l'intimider. Il a poursuivi en
justice quelques-uns des plus compromis entre les sicaires
de Sylla, et, ne pouvant leur redemander le sang répandu, il les a du moins contraints à restituer l'argent
reçu. On ne saurait le corrompre. Au retour de son
expédition de Chypre, il a lui-même escorté les trésors
conquis, et, sans détourner un sesterce, il les a fait
déposer devant lui, ne se fiant à personne de ce soin,
dans le trésor public. Il n'a voulu se réserver qu'une
statue du philosophe Zénon. Il a donc ameuté contre
lui les tueurs mal satisfaits d'avoir tué gratis, et tous
les frelons pillards de la ruche.

Caton est à la tribune, combattant les lois dictatoriales
qui doivent armer et sanctionner le triumvirat. Il parle,
on l'interrompt. Il continue. Un licteur intervient et l'ar-
rache des rostres, non sans que les ongles aient marqué
sur la pierre. On le croit disparu, il reparaît. Il a repris
a tribune d'assaut; il parle encore. Ce n'est plus un lic-

teur, c'est toute la bande, grossie de complaisants satellites, qui l'environne, le saisit et l'entraîne. La prison va se refermer sur lui, mais il faut cheminer quelque temps, et la foule curieuse, émue peut-être de cet entêtement sublime, ne met aucune hâte à livrer passage. Caton lui parle, harangue, tonne

Regardons bien cet homme qui s'en va tout seul, sous les bourrades, peut-être sous l'écrasement de ces mains mercenaires; c'est quelque chose de plus grand maintenant que tous les triomphes si souvent étalés, que toutes les magnificences dont le monde a payé sa servitude, c'est la vieille Rome qui passe pour ne plus revenir.

César gagne des batailles; il impose aux Gaulois dont le nom seul fut longtemps une épouvante, mieux que la domination de Rome, sa suprématie bientôt docilement consentie et comme son étroite parenté. C'est moins de l'asservissement qu'une cordiale et féconde adoption. Que fait cependant Pompée pour contre-balancer la fortune grandissante de César? Il soutient la lutte et cette redoutable concurrence; mais César, en ces enchères de popularité, maintient plus haut et son nom et sa gloire. Caton lui-même est trop bon Romain pour ne pas le reconnaître. C'est du fer que César jette dans la balance, à l'exemple des anciens Gaulois, et les jours ne sont pas encore venus où le fer pèsera moins que l'or.

Pompée donne des fêtes; Pompée construit un théâtre, le premier théâtre permanent que Rome ait connu. Déjà Scaurus, le beau-fils de Sylla, le client de Cicéron, en avait improvisé un où quatre-vingt mille spectateurs pouvaient prendre place. Trois mille statues leur tenaient compagnie; trois cent soixante colonnes s'alignaient, et de précieuses mosaïques fleurissaient le dallage de l'orchestre. Ce ne fut cependant qu'une vision à peine entrevue, un rêve dissipé en l'espace de quelques jours. Pompée, plus soucieux de l'avenir, a voulu faire œuvre qui dure. Il a conservé de Mitylène un souvenir toujours complaisamment évoqué. Tous les poètes du pays n'ont-ils pas célébré ses victoires dans un concours par lui-même institué et présidé? Le théâtre de Mitylène a vu cette apothéose, c'est donc le plus beau, le plus glorieux théâtre qui soit au monde; et le théâtre de Rome en présente une répétition agrandie.

Les temps ne sont pas encore oubliés de tous où le Sénat, gardien jaloux des mœurs viriles qui font les bons soldats, interdisait les sièges dans les théâtres. Ces rigueurs ne sont plus de saison. On pourrait, Cicéron l'avoue, dire le théâtre, les comices du peuple. Il faut donc à ce maître toutes les prévenances. Pompée lui a fait ménager des gradins de marbre assez vastes pour contenir quarante mille souverains. Cette fois il a pensé à tout, à Vénus qui asseoit son temple au sommet du théâtre et préside les jeux, au peuple, aux flâneurs curieux seulement de libres causeries et d'aimables rencontres, car un vaste portique les attend et les sollicite, enfin au Sénat qui pourra trouver au sortir du théâtre une curie toute neuve et sans la tristesse des souvenirs importuns. La superbe du grand Pompée offre l'hospitalité aux collègues de Caton.

Les fêtes d'inauguration assurent au fondateur un renouveau de gloire et de crédit. On a joué une tragédie,

le Cheval de Troie, régal très littéraire à l'adresse des .
délicats, une tragédie comme les aime Pompée, avec
beaucoup de cortèges, de la cavalerie, de l'infanterie,
toute une armée, trois mille cratères portés en grande
pompe, six cents mulets défilant. Cela n'est-il pas plus
éloquent qu'une tirade d'Euripide ? Puis, cette magnifique
concession faite aux lettrés, élèves de la Grèce, on a tué
cinq cents lions et vingt éléphants. Les pauvres bêtes,
menacées de mort, ont supplié le peuple d'une pantomime
si gauche, si lamentable, si désolée que ce fut grande
pitié. Comment dire après cela que le peuple romain n'a
pas d'entrailles ?

Cicéron réprouve ces grossières hécatombes ; mais
Cicéron n'est écouté qu'en ses harangues solennelles, et
pas toujours. L'affaire du meurtre de Clodius agite le
Forum et Cicéron accepte d'assister le meurtrier. Milon
n'est-il pas de ses amis ? Encore une amitié bien com-
promettante. La mise en scène est magnifique et telle
que le Forum ne devait pas souvent en présenter une
pareille. Le temple de Castor prête ses degrés à Domitius,
qui préside les débats. Des troupes nombreuses en occupent les abords et le débouché de toutes les rues avoisinantes. Pompée, quelquefois perfidement complaisant
aux agitations de la rue, car il a plus d'une fois espéré
qu'une bonne dictature établie à son profit en serait la
conséquence dernière, cette fois a voulu et ordonné l'ordre, la tranquille dignité du silence et le respect des lois.
Entouré de soldats, il se tient, bien en vue, devant le
temple de Saturne. Le tabularium, dépositaire des archives
et des lois, est derrière lui, tel que le consul Catulus l'a

fait remanier et exhausser. Ainsi Pompée étend et de loin et de haut sa présidence souveraine, dominatrice de toutes les autres. Les portiques béants, ouverts sur de confus amoncellements de décombres, les ruines lamentables et que le souvenir de la veille montre encore toutes fumantes, le vide et le silence de la Curie disparue, toute cette immense désolation accuse les enfants parricides acharnés à la profanation de leur vieille mère. Certes Cicéron pourrait tirer de ce spectacle même de sévères enseignements. Il se trouble cependant, il balbutie, il défaille, il se trahit lui-même. Serait-ce que l'innocence de Milon ne. lui apparaît plus en toute évidence et que ses complaisances d'avocat redoutent le démenti? Voilà Milon bien mal défendu. L'avenir l'acquittera peut-être, l'avenir est un tribunal toujours attentif à la voix de Cicéron. On peut douter cependant que cette consolation lointaine ait compensé une aussi flagrante déconvenue.

César revient ; et lui-même et ses légions victorieuses, ils roulent du sommet des Alpes ainsi qu'une avalanche que rien ne saurait arrêter. « Je suis venu, j'ai vu, j'ai vaincu. » Et partout et toujours il peut dire cela. Le Rubicon n'est qu'un ruisseau franchi d'une seule enjambée. La loi n'est plus qu'un revenant à peu près inaperçu, et César ne croit pas aux revenants. Il paraît, tout se dissipe, tout fuit. Sénat, peuple, magistrats, armée consulaire tout à coup évanouie, tout cela n'est plus qu'une poussière soulevée dans son chemin et qui se dissipe devant lui.

César n'est jamais pris en défaut. Il a depuis longtemps organisé sa police secrète et discrète. Ses *inspecteurs,* ses *écouteurs* multiplient ses yeux et ses oreilles et lui assurent une stupéfiante ubiquité. Il est partout. N'est-ce pas déjà un attribut divin?

Faut-il user de corruption? La main de César mieux que pas une est adroite et libérale. Un tribun en crédit, cela vaut deux millions de sesterces; Curion le prouve en les empochant. Un consul est de plus haut prix, quinze cents talents, soit sept millions et demi de sesterces; Æmilius Paulus s'est lui-même ainsi taxé. Il est vrai qu'il porte un très grand nom et que la honte n'en est pas vulgaire. Æmilius Paulus veut du reste faire la part du peuple en cette fastueuse aubaine. Il lui construit une basilique nouvelle, à proximité de ce qui fut l'ancienne Curie et dans la mitoyenneté de la basilique Fulvia, œuvre du censeur Fulvius Nobilior. Les marbres précieux commencent à prendre le chemin de Rome. Æmilius Paulus met à contribution la Phrygie et dresse en colonnades des blocs venus de ces lointains rivages. Cicéron lui-même proclame l'édifice nouveau une œuvre très glorieuse.

César lui-même ne saurait dénombrer les sommes englouties aux appétits de Marc-Antoine. Après cela comment s'étonner que les tributs payés, les immenses pillages ne puissent suffire toujours? Le temple de Saturne, l'*ærarium*, le saint des saints, est ouvert et vidé. Il s'est trouvé cependant, pour le défendre de sa présence et de ses protestations, un tribun; c'est déjà beaucoup. César a borné sa victoire à le faire jeter dehors; César n'est pas méchant; il ne veut que les cruautés nécessaires, ou du moins utiles.

Pompée a voulu poursuivre la guerre. Il a trouvé des

peuples et des rois qui ont rallié sa Rome fuyante. La
terre est déjà si bien accoutumée à son asservissement
qu'elle prodigue ses soldats à ses maîtres, serait-ce pour
s'entre-déchirer et bientôt appesantir plus durement le
joug de la majesté romaine. Mais les vainqueurs des
Gaules ont fait un pacte avec la victoire. « Frappez au
visage! », leur a dit César. Et cette fleur de la Rome élégante et joyeuse qui s'en allait traînant dans les camps
ses plaisirs et ses dissipations, toute cette jeunesse dorée,
prompte à gourmander les lenteurs prudentes du vieux
Pompée, a fui plutôt que de se laisser défigurer. Qu'ils
sont loin les jours où l'on s'enorgueillissait au Forum
d'un corps tout couturé de blessures!

Pompée est mort. Caton est mort, et celui-ci debout,
fièrement, librement comme il convient à la cause servie.
Il s'est déchiré les entrailles, ne fuyant rien ni personne
que la clémence et le pardon de César. Avec lui meurt la
vieille liberté romaine. De tous les autres qui en assu-
ment la défense, combien l'auraient mieux respectée que
César?

A la première nouvelle de la bataille de Pharsale, les
statues de Pompée ont disparu. Mais on ne les a pas
détruites, seulement emmagasinées. La fortune a des surprises et des retours si singuliers! Pompée laisse une
lignée redoutable. Mais César, sceptique et sans rancune,
grandi jusqu'aux dédains de bien des choses et de bien
des gens, les fait revenir, ces pauvres statues, les remet
en pleine lumière, et l'ombre consolée du grand Pompée
lui en a dû pardonner sa mort. Il rend aussi à leur piédestal les statues de Sylla. Il n'est plus de gloires ni de

Jules César.

grandeurs dans Rome qui ne disparaissent dans la gloire et la grandeur de César.

Il triomphe; et cependant, au Vélabre, devant le temple de la Félicité, une roue de son char s'est rompue; le triomphateur a failli rouler dans la poussière, funeste présage et qui, l'espace de quelques instants, a fait taire les acclamations. Pour abattre cette idole vivante il suffit donc d'un caillou; l'avertissement ne sera pas perdu.

Grande fête cependant et qui dépasse en magnificence celles mêmes de Crassus et de Pompée. Crassus avait dressé dix mille tables dans le Forum, César en fait dresser vingt-deux mille. On distribue à tout venant, car une armée d'esclaves est mise au service du peuple romain, le blé et l'huile : c'est pour les provisions du lendemain. L'heure présente, plus joyeuse encore, voit circuler à pleins cratères le falerne et le vin de Chio. Les celliers de Lucullus n'étaient pas mieux fournis que la place publique. Ne serait-ce pas que l'on a pillé les villas d'Hortensius? Voilà que les murènes apparaissent servies par milliers. César s'est ingénié à des attentions délicates; il a fait tendre un velum assez vaste pour couvrir le Forum tout entier. On boit frais et beaucoup, et l'on boit à l'ombre. Comment imaginer après cela que le peuple ait perdu un seul de ses droits? La preuve qu'il les conserve tous, c'est qu'il en fait commerce. César se prodigue lui-même. Il visite ses convives, il va de table en table, il parle à chacun et à tous. Puis, les tables rapidement enlevées, des gladiateurs sont venus. Il n'est pas de belle fête romaine que n'arrose le sang. C'est complaire à César

que d'accepter un rôle en ce spectacle. Labérius, un chevalier romain, figure dans une pantomime, et des princes
d'Asie ont dansé dans un carrefour.

Le quatrième jour a prolongé les fêtes jusque dans la
nuit. Des éléphants sont venus ; ils tiennent dans leur
trompe des torches embrasées : ainsi s'éclaire la promenade du grand César. Voilà ce que le grand Pompée n'a
pas imaginé.

Rome se rue dans la servitude, et les honneurs tombent
sur César à l'écraser. Ne serait-ce pas, en effet, dans la
pensée de quelques-uns, car il a ses ennemis, pour l'écraser plus sûrement ? « Entre ces prérogatives prodiguées,
il en est, dira l'historien futur, de trop ridicules pour
être mentionnées. » Il est consul pour cinq ans, tribun
à vie, il commande aux choses mêmes du ciel et de
l'éternité. Ne vient-il pas de réformer le calendrier ? Le
droit lui est reconnu de disposer du sort de tout citoyen
qui a suivi la faction de Pompée ; il n'en abusera pas,
mais c'est tout un peuple qui lui est abandonné. Lui
plaira-t-il déclarer quelque guerre, plus ne sera besoin
d'en référer au Sénat, et quant au triomphe, il lui est
décerné par avance, pour les victoires qu'il remportera.
Enfin il est préfet des mœurs et cela doit lui sembler
plaisant. Quel aveu ! Rome, paraît-il, n'a plus de citoyen
qui l'emporte en vertu sur Jules César !

Cicéron ne pourrait résister à cet universel entraînement. Son frère Quintus a servi dans les armées de César.
Cicéron cependant se fait désirer. Il voyage, mais à petites
journées. Le rejoindre est facile. Il visite ses villas, c'est
sa grande ressource aux jours d'angoisse et d'incertitude.

La conquête du premier orateur de Rome vaut bien quelques pas ; César met toute la bonne grâce du monde à les faire, et Cicéron rentre à Rome, un peu humilié, apprivoisé cependant.

A quelque temps de là, une cause criminelle occupe le Forum. Le coupable est de ceux qui ne sauraient espérer de clémence ou d'excuse. César, qui préside les débats, le déclare. Il veut bien écouter l'avocat défenseur, car cet avocat est Cicéron, mais César condamnera, César châtiera. Cicéron parle cependant. L'implacable justicier s'attendrit. César acquitte, il ne sourit pas. César sourit volontiers, mais jamais hors de propos.

Depuis longtemps César a rêvé d'affirmer sa toute-puissance en des monuments d'utilité ou de splendeur publique. Rome a son Forum, César aura le sien. Il a fait acheter, au nord de la prison Mamertine et dans le voisinage de l'ancien Forum, un vaste emplacement. La dépense, réglée par l'intermédiaire obligeant et honnête de Cicéron, a monté à soixante millions de sesterces.

Le retour de César, sa présence ont activé, précipité les travaux. C'est une œuvre d'architecture remarquable, un présent digne de César qui le donne et de Rome qui le reçoit. Tout est là conçu, consacré à la gloire du maître. Il a son temple, ou plutôt celui de Vénus mère. Vénus est l'aïeule de César ; personne n'en doute que lui-même, mais il n'aurait garde d'en convenir. Un sculpteur grec de talent et de renom, Arcésilas, a sculpté l'image de la déesse. Arcésilas connaît son mérite ; il lui faut la pro-messe d'opulentes libéralités pour lui mettre l'ébauchoir à la main. La seule reproduction en plâtre d'une coupe par lui ciselée lui a été payée un talent. Les sujets légers lui plaisent et le sollicitent. Ses nymphes joyeuses laissent la vision d'un âge d'or très accueillant. C'est dire que la Vénus enfantée par lui tempère sa majesté divine d'un sourire aimable et d'une grâce très humaine.

Tout est grec dans le Forum nouveau, et le plan d'ensemble, et les détails décoratifs. La Grèce a été mise à contribution cette fois encore, non sans recherche et sans examen ; César est un délicat et un connaisseur. Il juge des œuvres de peinture et de sculpture aussi bien que des hommes. Une Médée, un Ajax du peintre Timomaque ont été payés quatre-vingts talents. Le péristyle du temple leur prête son abri. Mais plus tard Auguste voudra que l'image de Cléopâtre habite le temple même et tienne compagnie à la déesse, jugeant peut-être que l'Égyptienne était une divinité non moins séduisante et non moins redoutable.

César lui-même habite son Forum et l'annonce. Lysippe avait modelé un Alexandre et fièrement l'avait campé sur le fameux Bucéphale. Quelques retouches ont d'Alexandre le Grand fait le grand César. On a corrigé aussi les pieds de Bucéphale, les pieds du cheval favori de César présentant en effet des particularités très remarquables, une forme qui les rapproche d'un pied humain, et, moyennant cette assimilation un peu brutale, Jules César apparaît reconnaissable à ses soldats, reconnaissable à ses sujets.

Quelques-uns de ses trophées de victoire sont conservés dans le temple : six coffrets remplis de pierres gravées, une cuirasse toute garnie de perles ramassées aux

rives les plus lointaines où se soit jamais abattue l'aigle
des légions. Elles viennent de Bretagne, de cette île hier
encore ignorée de tous. En vérité cette conquête vaut la
peine que l'on y songe ; cette cueillette de perles suffit à
la recommander, et ce n'est pas sans raison que le Sénat

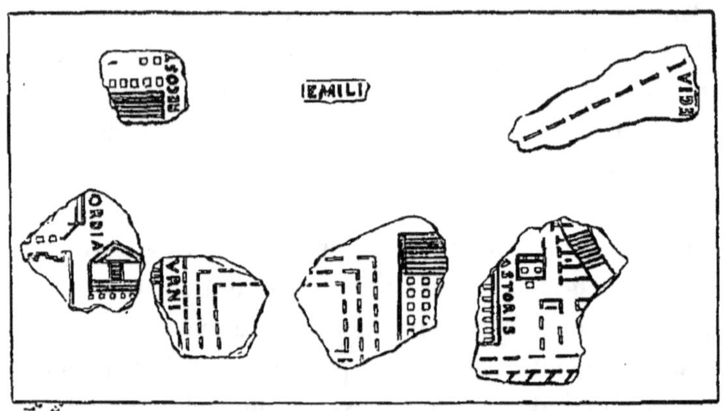

Le Forum.
Fragments du **Plan** antique de **Rome.**

ordonna vingt jours d'actions de grâces sur la seule nouvelle de cette expédition aux limites du monde.

Tout cela est beau sans doute et curieux, mais silencieux. César n'a pas voulu de tribune dans son Forum :
c'est un meuble inutile, quelquefois gênant. Seuls quelques débats judiciaires viendront là promener leur ca-
quet sans pensée et sans écho. Un bien court espace sépare le Forum nouveau du Forum ancien, un passage dallé
qu'interrompt un petit Janus. Mais de l'un à l'autre le
contraste est immense. Ces différences apparaissent non
pas seulement dans la symétrie magnifique, harmonieuse,
mais un peu froide du Forum de César et dans l'irrégu-

13

larité pittoresque, instructive surtout, du vieux Forum : l'air n'est pas le même que l'on respire là-bas, que l'on respire ici. Les poussières que le vent soulève et rassemble, ne sauraient se confondre, et le soleil, semble-t-il, qui dore les marbres de César, ne vient pas chauffer les vieilles dalles de pierre, ensanglantées de tant de fureurs, mais aussi sanctifiées de tant de gloires. Un Forum qui soit mieux et plus qu'une bâtisse magnifique, cela ne saurait s'improviser. César a son Forum, mais ce n'est rien que le Forum de César.

Gésar lui-même a semblé le comprendre. Le vieux Forum l'occupe, ne vaudrait-il pas mieux dire, l'inquiète et l'obsède ? Sur l'emplacement de la basilique *Sempronia*, en bordure de la voie dite « sous les vieilles boutiques », *sub veteribus*, il entreprend la construction d'une basilique qui l'emportera en étendue sur toutes celles qui ont déjà ouvert leurs portiques aux flâneries des promeneurs. La basilique Julia tiendra large place dans la décoration dernière du Forum romain.

Ceci n'est cependant qu'un travail d'édilité, un nouvel acte de munificence. Cela faisant, César fait mieux, mais non pas autrement que tant d'autres puissants du jour. Le Forum lui devra une transformation, ou plutôt une révolution autrement considérable. César déplace la tribune, il la fait reporter vers le sud. Ce n'est rien qu'un voyage assez court, mais César l'ordonne et c'est déjà un signe des temps qu'il soit obéi sans murmure. Le déménagement s'opère en bon ordre, en toute régularité, presque religieusement. Les pierres sont remises en place selon leurs dispositions premières. Quelques-uns des mo-

numents commémoratifs, le complément de la tribune et
en quelque sorte le magnifique commentaire de son histoire, l'ont suivie, les éperons d'Antium, les statues des
ambassadeurs traîtreusement mis à mort, les figures des
trois Parques dites communément les Sibylles, enfin l'in-
dispensable Marsyas que les orateurs sont depuis déjà si
longtemps habitués à voir à leurs côtés.

Ainsi la tribune est déménagée. Dans un déménagement bien des choses se. perdent, souvent l'âme même de
ces choses. Cette déchéance n'est pas pour déplaire à César.

Il a bien fait cependant de remuer. ces vieilles pierres
et de les asservir à sa personnalité encombrante, au
moins autant qu'il est possible. Il rêve, il prépare aux
rostres, par lui rajeunis, une consécration singulière et
que ces mêmes rostres, encore inviolés, auraient acceptée
de bien mauvaise grâce.

Une statue de Jules César a été dressée dans le Forum,
et bien que le bronze doré resplendisse à faire baisser les
yeux des passants, c'est un hommage assez vulgaire et
que Rome prostitue à le décerner trop souvent. Mais un
beau matin la statue est apparue ceinte d'un diadème.
Quelque gaminerie, sans doute, peut-être un méchant
tour de quelque ennemi acharné à compromettre le grand
César. Le diadème a été retiré et le premier émoi s'est.
bientôt apaisé. Mais César vient de monter à la tribune.
Un nombreux cortège l'accompagne, presque une cour,
on pourrait s'y tromper : l'empressement des fidèles est si
humble, si obséquieux. Le regard du maître devient une
faveur divine. Il a revêtu la pourpre triomphale ; il est
assis sur un siège d'or, un semblant de trône, on pour-

rait encore s'y tromper. Il ne dit rien, tout fait silence.
Qu'est-ce donc qu'il attend? Voici qu'un magistrat
accourt, écarte la foule, se hisse auprès de lui et dépose
à ses pieds un bandeau royal. C'est un tribun, et la com-
mission est singulière pour un tribun. On applaudit,
mais sans élan. Le tribun ressaisit le bandeau et le veut
placer au front de César. César résiste, César se défend.
On lui fait violence évidemment. Le maître de la cavalerie,
Lépide, est là dans l'assistance; il l'appelle à son aide.
Lépide ne bouge non plus qu'un terme. Un citoyen de
quelque renom, Cassius Longinus, prend le bandeau des
mains du tribun et le replace sur les genoux de César. Il
est bien empressé, bien compromettant, ce Longinus, et
César devrait se méfier. On crie, mais les cris sont traversés de longs silences. Décidément la pièce marche mal
et se refroidit.

Un acteur nouveau entre en scène, bon comédien et
plein de verve. Si la pièce doit être sauvée, lui seul peut
accomplir ce sauvetage. C'est le temps des Lupercales,
fêtes joyeuses et populaires. Antoine a grossi son escorte
ordinaire de bons camarades, de mimes, d'histrions. Son
entrée fait grand tapage et réjouit toute l'assistance.
Antoine à son tour prend le bandeau royal; il en coiffe
César. Enfin le voilà donc couronné! On applaudit. Cela
est-il sérieux cependant, ou bien serait-ce une incartade
de l'ami Antoine, très égayé des libations dernières?
Quelques-uns s'étonnent; les applaudissements se sont
ralentis, voilà que des sifflets ont répondu, traversant la
sérénité de ce ciel d'apothéose, comme des éclairs, précurseurs d'un terrible orage.

« Salut, roi ! » a-t-on dit. « Je ne m'appelle pas roi, dit le couronné, je m'appelle César. » Et c'est plus rare et plus grand en effet, bien qu'il semble l'oublier. L'audace d'Antoine ne fait pas merveille. César se découronne et loin de lui jette le bandeau qui tombe et roule dans la foule. On le ramasse cependant, on le regarde, on le soupèse, on se le passe, et César, précipitant le dénouement de cette comédie mal engagée, mal sue, surtout mal accueillie, décide enfin que ces insignes royaux seront portés au Capitole, offerts à Jupiter, seul roi des Romains.

Pesante coiffure qu'un diadème, toujours il laisse quelque trace au front qui l'a porté. Ainsi cette royauté, si malheureusement essayée, abdiquée mais non sans regret, a laissé quelque vertige en la pensée de César. Il ose des impertinences que sa prudence lui aurait déconseillées hier encore. La tête lui tourne. Il savait merveilleusement se garder chez les Germains et chez les Gaulois ; il ne sait plus se garder dans Rome, et cependant jamais le péril ne fut aussi pressant.

Un jour qu'il est assis dans son Forum, ou plutôt dans la magnificence de sa nouvelle divinité, il oublie de se lever à l'approche du Sénat ; et quelques-uns l'ont fait observer non sans colère. Une autre fois, traversant le Forum, il aperçoit le tribun Pontius Aquila, et le tribun à son tour affecte de ne pas se lever. « Tribun, redemande-moi la république, lui a crié César tout en riant ! » Et l'on a ri, mais du bout des lèvres. Jupiter affole ceux qu'il a résolu de perdre, et le diadème offert, rebut obligé de César, n'était pas pour le dieu, il le faut reconnaître, une offrande bien flatteuse.

César cependant agite les plus vastes desseins. Sa pensée embrasse les frontières lointaines, la vengeance de Crassus, en même temps qu'un ensemble de travaux publics qui doit transformer la Rome des anciens jours. Rome ne possède qu'un seul théâtre, et ce théâtre consacre la gloire de Pompée, c'est humiliant pour son vainqueur. Aussi César décide la construction d'un second théâtre ; déjà il en a marqué l'emplacement. Le Sénat, si dédaigné qu'il soit, reste une institution, ou du moins une décoration traditionnelle ; cependant le Sénat, que l'incendie a dépossédé de sa curie, vagabonde à travers la ville ; mais déjà l'hospitalité de César lui est promise. César construira une curie nouvelle, sous la seule condition de lui donner son nom.

En attendant, le grand Pompée est l'hôte que le Sénat a choisi. C'est dans la curie mitoyenne du théâtre pompéien qu'il tiendra sa prochaine séance.

Décimus Brutus est allé au-devant de César qui hésite à venir. Deux Brutus sont de la solennité ; la rencontre est menaçante, ce Décimus Brutus, subtil en ses ruses et ses effronteries de comédien, et Marcus Brutus, le neveu, le gendre de Caton.

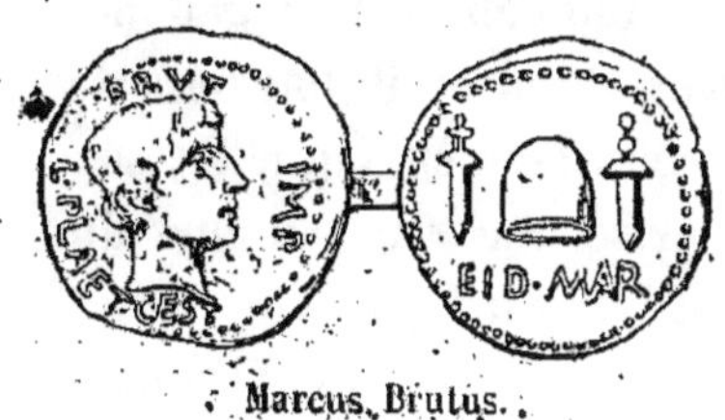

Marcus Brutus.

Nous l'avons dit, César demeure à la Regia, au seuil même du vieux Forum. Les Vestales sont ses voisines. Parmi les reliques sacrées que leur vigilance a reçues et doit garder, sont des boucliers tombés du ciel au jour où le ciel même prenait soin d'armer les fils de Romulus. L'orage lointain qu'amenaient les Cimbres et les Teutons, déjà les a fait résonner dans le silence de la nuit. Les voilà qui viennent de résonner encore; l'épouvante en a traversé tout le sanctuaire jusqu'à la maison de César. Sa femme, Calpurnie, s'est éveillée gémissante; un rêve lui a montré César percé de coups. Enfin les chevaux de César, ceux-là même qui traînèrent son char de triomphe, ont refusé de manger, et silencieux, immobiles, ils pleurent. Que de prodiges! Que d'avertissements! César en est ému. Décimus Brutus le vient trouver, le presse, le cajole, amicalement le gourmande. Il paraît que l'on attend César à la curie de Pompée; on l'attend impatiemment. Décimus Brutus néglige seulement de dire le nom de ceux qui attendent.

Décimus Brutus a tout prévu. Il a fait apporter une litière. Il y fait monter César, il prend place à ses côtés; il stimule la nonchalance des porteurs.

Ainsi Jules César quitte la Regia, gagne le Forum, dépasse l'arc de Fabius, suit la voie Sacrée, laisse derrière lui le temple de Castor, puis, obliquant sur la gauche, pénètre dans le *vicus Etruscus*. Bientôt il tournera le temple de la bonne Fortune, celui-là même qui, de son perron heurté au passage, a brisé une roue au char du triomphateur. Maintenant il est loin du Forum.

Il revient bientôt. Trois esclaves, en ces premiers instants de surprise et d'émoi, ont pris soin de ce qu'il en reste. Ils l'ont replacé dans la litière, sans même en refermer les voiles. Cette fois ils précipitent le pas, cette charge leur pèse au cœur plus encore peut-être qu'aux épaules, et librement le sang de César a dégoutté tout le long du chemin. Trente-cinq blessures, profondes, furieuses, acharnées, ont livré passage au sang divin des Jules.

Les clameurs de Calpurnie ont accueilli le mort, et César, rentré dans le Forum, semble à lui seul l'occuper tout entier. Ce mort est de ceux qui encombrent; l'écroulement de César couvre Rome et la terre de ruines. Les meurtriers sont vainqueurs, et les voilà qui fuient. Le Capitole les accueille. Serait-ce donc que déjà ils ont besoin d'un refuge? Cassius, Marcus Brutus en descendent cependant, mais dans un très modeste appareil. Ils gagnent les rostres, ils parlent. On les a laissés faire, on les écoute, mais c'est tout; le succès est médiocre et le cadavre est là tout près; lui aussi peut-être il écoute, et peut-être il va parler.

Il parle en effet. César a laissé un testament; César a tout prévu et rien n'était mieux à prévoir qu'une disparition soudaine. Il lègue à chaque citoyen individuellement trois cents sesterces, au peuple tout entier ses jardins. Antoine sera le dépositaire de ce testament; il en saura faire un usage merveilleux. C'est une arme offensive et défensive. Antoine toutefois, en ces heures premières, use de réserve et de diplomatie. Cinna, que la veille de sa mort César élevait à la préture, publiquement en a dépouillé les insignes, comme si la faveur de César lui était tout à coup devenue une souillure. Cicéron applaudit au meurtre, mais recommande l'oubli et la paix. Antoine ne veut rien compromettre. Il n'a pas suivi Lépide envahissant le Forum, ameutant les vétérans de César.

On va célébrer les funérailles. C'est une bataille su-

prême et César est accoutumé de gagner les batailles.
Un citoyen de haut renom vient-il à disparaître, c'est un
usage consacré de promener dans le Forum la pompe de
ses funérailles ; ainsi la vieille Rome est associée au deuil
des familles qui lui sont une gloire. Ce n'est là toutefois
qu'une étape en ce voyage dernier. Les funérailles de
César n'auront d'autre théâtre que le Forum. C'est là
qu'elles doivent commencer et qu'elles doivent finir.

Le corps est déposé devant les rostres. Debout dans ces
mêmes rostres, Antoine le regarde, Antoine le domine,
Antoine semble le consacrer. Il a revendiqué l'honneur
de prononcer le panégyrique traditionnel. Antoine n'est
pas un orateur délicat et d'une éloquence châtiée jusque
dans ses véhémences dernières comme Cicéron ; mais il a
le geste expressif et puissant, la voix bruyante, la mimique
passionnée, et ces dons grossiers suffisent à la domination
d'une foule elle-même très grossière et très passionnée.
Il n'a pas voulu, selon la coutume, de pleureuses à gage,
de joueurs de flûte. Antoine doit suffire à pleurer, à gémir ;
il a su prévoir qu'un terrible concert de sanglots et de
lamentations éclatera, s'il le sait déchaîner. Il le sait à
merveille. Il commence à voix basse et dans l'apaisement
d'une sorte de résignation douloureuse. Puis les paroles
se sont pressées plus rapides sur la bouche. Les phrases
sont plus courtes, bientôt haletantes, inachevées. Ce sont
des exclamations, des cris, un tonnerre de désolation et
de désespoir. Antoine ne parle plus à l'assistance. Il ne
veut plus voir que César ; il l'interpelle, il le gourmande,
il le découvre, il a saisi la toge qui l'enveloppait et qu'une
pudeur timorée avait ramenée sur le corps tout entier.

Antoine le veut nu, ce corps sanglant, à peine reconnaissable, tel que l'ont fait les meurtriers, ne faudrait-il pas déjà dire les parricides? Puis, cette toge, cette enseigne nouvelle brandie sur le Forum, Antoine s'exalte; il chante les campagnes lointaines, le monde asservi, cet éblouissement de victoires sans fin que fut la vie de César, il le chante homme et soldat, il le chante fils de déesse, dieu lui-même, et cet hymne improvisé, qui monte et roule dans l'espace, soulève le Forum à le faire trembler.

Ce n'est pas tout. Un dernier usage veut la présence des ancêtres aux funérailles d'un Romain illustre; et leurs figures modelées dans la cire, drapées ainsi que des fantômes, portées sur des litières, suivent docilement jusqu'au bûcher le fils qui les a continués, peut-être grandis encore. César n'a pas besoin d'aïeux, le cortège des siens remplirait le Forum. Il n'en a pas voulu. Cependant ce cadavre gisant devant les rostres, si fameux qu'il soit, ne saurait librement apparaître à Rome tout entière. Antoine le savait bien, et voilà que sur un signe, auprès de lui, dans son tête-à-tête, un César s'est dressé, statue, ou plutôt effroyable simulacre, poupée énorme, d'autant plus hideuse, qui peut-être calomnie la mort; mais le populaire ne connaît pas les répugnances des raffinés. Ce spectre est drapé comme César, il a ses traits, brutalement son apparence. Antoine le secoue, le tourne, le retourne, compte les blessures et les fait compter. C'est bien le grand César revenu des enfers. Qu'il avait donc de sang dans les veines! Le voilà qui saigne encore.

Cette fois c'est une formidable explosion de colère, et des cris de vengeance retentissent grandissants, partout

Marc Antoine.

répétés. Un meurtre politique, cela n'est pas pour scandaliser ni même étonner des Romains ; la chose est coutumière, acceptée, honorée même. L'intime conviction d'un saint devoir courageusement accompli pénètre l'âme des conjurés, et l'absolu désintéressement de Marcus Brutus n'est contesté de personne. Rien ne peut tenir sous ce front étroit et sévère qu'une seule pensée : la pensée du salut public seule a tout conseillé, tout préparé, tout consommé. Mais le salut public, les lois, les vieilles institions de Rome, c'est bien de cela qu'il s'agit maintenant ! Ce langage depuis longtemps mal compris devient inintelligible. Caton le parlait et le comprenait, mais Caton est mort, désespérant de l'enseigner au lendemain. Rome a perdu son idole, le peuple a perdu son père. Cela seul est évident, Antoine l'a dit, les plaies béantes l'ont crié mieux encore.

On a saisi le cadavre, on le porte, on le hisse. Il monte au Capitole, salué d'un triomphe posthume. Le Capitole cependant refuse cet hommage, les temples sont fermés, verrouillés. Les Césariens hésitent devant la nécessité d'une violence sacrilège. Voilà le cadavre qui redescend ; on le ramène au Forum et devant la Regia, sa demeure, on pourrait dire son temple, un bûcher est improvisé. Il s'allume, il flamboie. C'est une fureur, c'est un délire. Cette flamme qui monte et crépite fera du grand César un peu de cendre et de poussière. On l'attise cependant. Quelques femmes ne se possèdent plus de douleur et de désolation. Elles jettent dans le brasier leurs voiles aussitôt dissipés en une légère fumée, leurs bijoux qui rougissent et se tordent ainsi que des salamandres acharnées à vivre

dans le feu. Les soldats dépouillent leurs insignes, leurs
décorations gagnées aux lointains champs de bataille, et
l'offrande est plus précieuse encore. Les histrions se dé-
vêtent et sacrifient leurs robes traînantes. Qu'est-ce donc
que le grand César n'a pas dévoré?

Des cris de mort ont retenti. On cherche, on appelle
Cassius, Brutus, les autres. Ce serait un massacre s'ils
paraissaient. On les immolerait sur le bûcher du héros,
comme on faisait autrefois des captifs au bûcher du vainqueur. Cela est-il bien certain que César soit mort? Il ne
gouverne plus, il règne.

Le premier article de son testament institue héritier
son neveu Octave. Antoine a lu cela publiquement; il ne
saurait plus ressaisir ses paroles. Antoine, en pleine faveur
populaire, dédaigne tout d'abord cet héritier et ne prend
de cette désignation suprême aucun ombrage. César charge
formellement son héritier du soin d'acquitter ses larges-
ses. La charge est lourde. Antoine, qui se trouve à l'étroit
dans la maison de Pompée, n'a-t-il pas dit, en la venant
habiter : « Où donc soupait le grand Pompée? » Antoine,
toujours besogneux, prodigue de l'argent comme il le
sera des royaumes conquis, voit sans regret cette charge
tomber aux épaules d'un autre. Octave en sera bien vite
écrasé. Il a dix-neuf ans ; c'est un adolescent, presque un
enfant, timide, délicat, maladif et qui ne saurait soutenir,
tout le fait pressentir, les terribles labeurs des camps ou
du Forum. Octave cependant accepte le testament. Il
fait honneur jusqu'au dernier sesterce à la parole de
César. Ses biens personnels, il les abandonne et les jette
à cette magnifique curée. Que va-t-il donc lui rester?

Quelle sera sa part dans l'héritage de César? Cela seul que César a sous-entendu, cela seul qui vaut la peine de se baisser : le monde.

Encore un favori de Cicéron, ce jeune Octave, et qui lui sera fatal comme la plupart de ses favoris. Il l'appelle son fils, un petit jeune homme très saint; et le petit jeune homme lui répond : « Mon père! » Octave ne manque jamais une occasion de rappeler que la même année a vu sa naissance et le glorieux consulat de Cicéron, deux événements d'inégale importance. Le petit Octave voit dans ce rapprochement le plus heureux présage, et ce bon Cicéron s'attendrit à le confirmer. Pourvu du moins qu'il vive, ce frêle roseau, cet adolescent si poli, si ingénieusement attentionné et si bien instruit des grands faits de l'histoire! Ce n'est qu'un souffle. Que Cicéron se rassure! Il n'est pas de tempête qui n'ait commencé par un souffle. Octave vivra. Il a ses ennemis cependant, et bien que les vétérans de César lui fassent volontiers escorte, ainsi que des chiens perdus en quête d'une main qui les nourrisse et qui les flatte, Cicéron veut assurer à celui-là, que des railleurs appellent le beau fils de Vénus, une protection officielle et publique. Octave n'est que préteur; le Sénat cependant l'autorise à relever sa dignité d'une escorte de licteurs. C'est déjà faire l'apprentissage du prochain consulat.

La vie est dure cependant qu'il faut mener et combien mal assurée du lendemain! Cassius, Brutus ont dû s'éloigner, mais ils ont trouvé des armées pour suivre leur fortune. Ils sont morts, mais la vieille Rome, inconsciente de sa ruine, agonise en des convulsions furieuses et dont le monde est ébranlé. Le grand Pompée, vainqueur des pirates, a laissé à son fils Sextus, les audaces, l'activité redoutable de ces mêmes pirates. Sextus affame Rome. Les arrivages de blé manquent. On s'en prend à Antoine que l'on insulte, à ce pauvre Octave qui reçoit des pierres par la figure. Tout n'est pas sourire et joie dans le métier de meneur d'hommes. Puis les batailles du Forum ont recommencé. Plusieurs fois Antoine a dû balayer la place d'une main un peu brutale. On l'a vu camper au Capitole et de là lancer ses soldats sur le peuple, souverain de tous les peuples. Dolabella, qui fut le troisième mari de la fille de Cicéron, avait fait enlever du Forum l'autel que la piété populaire avait consacré à César sur l'emplacement même de son bûcher funéraire ; puis il a soutenu le parti de la plèbe contre Trébellius dévoué au Sénat. On a pillé, dans ces désordres, jusqu'au temple de Vesta. Maintenant Dolabella est l'homme d'Antoine. Il lui a vendu sa conscience, ce qui ne vaut pas cher, et son bras, qui vaut un peu plus ; puis, empressé à donner des gages de sa foi nouvelle, il a fait périr en Asie Trébonius, l'un des meurtriers de César.

La réaction contre Brutus et les siens n'a pas tardé beaucoup. Ce sont là des retardataires et qui ne sont plus en communauté de pensée avec la Rome nouvelle. Avant qu'ils aient péri en Orient, Rome les avait déclarés ennemis publics et, du haut des rostres, au milieu d'un terrible silence, un héraut les avait sommés de comparaître. Eux-mêmes sur eux-mêmes, vengeurs et meurtriers, ils ont exécuté la sentence prononcée, désespérant de la vertu, qui n'est plus qu'un nom.

Antoine grandit, et Cicéron, pressentant un Catilina plus redoutable que l'autre, se prononce contre lui. Entre tous ces hommes que la fortune élève ou rabaisse, Antoine est celui que Cicéron a le moins ménagé. S'il a consenti à le voir, s'il a même réjoui de ses causeries charmantes quelques soupers où rayonnait l'astre de la belle Cythéris, ce ne fut qu'une passagère condescendance. Antoine, le soldat brutal, le cynique familier des histrions et des pitres, répugne à toutes les délicatesses, à toutes les élégances, à toutes les honnêtetés un peu timides qui sont l'âme de Cicéron. Infidèle en ses préférences, en ses sympathies trop souvent égarées, Cicéron garde sa fidélité au culte de la patrie; ses espérances versatiles témoignent contre lui peut-être, mais bien plus encore contre les choses et les hommes de son temps.

Le plus fameux des orateurs grecs qui soient descendus dans l'arène des discordes civiles et jusque sur les champs de bataille, le patriote dont Cicéron ambitionne de suivre les traces, Démosthène avait lancé ses harangues enflammées contre le roi Philippe; Cicéron à son tour jette aux échos des âges futurs, ses Philippiques, et dans leur premier vol, elles ont fouetté en plein visage Antoine et les siens.

Cicéron est vieux, moins encore des années révolues que des labeurs subis, de tant d'épreuves traversées. Jamais sa vaillance ne s'est plus fortement ressaisie et proclamée. Plus d'hésitation, plus de défaillance. La guerre est engagée; l'athlète de l'éloquence et de la liberté la soutient, la poursuit sans fléchir. Il parle devant le Sénat, devant le peuple, au temple de la Concorde; encouragé, lui-même enivré des échos bien connus que sa parole y réveille ; il semble que le Cicéron des anciens jours, des jours de victoire, y vienne écouter le Cicéron des jours nouveaux, non moins magnifique, non moins superbe, et plus audacieux que jamais. Il parle aux rostres, et le Forum s'étonne, déjà bien déshabitué de ces indignations hautaines, de ces soulèvements de conscience et de ces terribles mépris. « Que les autres peuples acceptent la servitude, dit-il, la liberté est le propre du peuple romain. »

Et l'on applaudit, n'est-ce pas la parole et le seul bruit qu'elle mène, plutôt que la pensée ? Cicéron n'y regarde pas de si près ; il a toujours mis quelque complaisance à se tromper lui-même.

« La paix avec Antoine, déclare-t-il fièrement, est honteuse, dangereuse, impossible ! »

Ainsi quatorze fois, exaspérant sa véhémence et ses libres fureurs, Cicéron est apparu comme un dieu de salut et de vengeance. Ce n'est plus cependant Rome qui parle sur la lèvre de Cicéron ; ce n'est plus que Cicéron à peu près tout seul. Il garde le tonnerre, il n'a plus la foudre ; il étonne, il ne saurait plus terrasser.

Antoine a dû quitter Rome ; il a précipité une fuite non moins rapide que ne fut celle de Catilina. Cicéron triomphe, mais trop vite. Les images d'Antoine sont menacées, celles aussi de son frère, Lucius Antonius, un sacripant qui n'est pas même un bon soldat et qui cependant tout doré, immortalisé dans le bronze, chevauche au Forum, tout près du putéal de Libon, rendez-vous des usuriers. Le rapprochement est significatif. Lucius Antonius, remueur de vilaines affaires, associé à tous les commerces,

compte ses meilleurs amis dans cette engeance aux doigts
crochus.

Fulvie, la femme d'Antoine, elle aussi est menacée.
Mais Atticus intervient, l'officieux Atticus, toujours ingénieux à ménager le lendemain comme à prévoir tous les
retours. Il épargne à Fulvie les dernières avanies. Combien
cette prudence de son meilleur ami fait contraste avec les
témérités satisfaites de Cicéron! Il a toujours eu le succès
tapageur et bien présomptueux.

Une armée a suivi Antoine dans sa retraite. Les six mille
vétérans qu'il avait depuis longtemps étroitement associés
à sa fortune, sont aisément grossis de recrues nouvelles.
La guerre, les discordes civiles, recrutent aussi facilement
que jamais l'a pu faire le salut public. Les soldats ne
manquent pas aux batailles, non plus que les bourreaux
aux proscriptions.

Antoine cependant a été vaincu à Modène, mais vaincu par
qui? — Par Rome et la République? —Cicéron le dit, peut-
il bien le penser? — Par Octave et pour Octave? — Telle
est la vérité vainement dissimulée. Et le Sénat, qui hésite
à décerner au vainqueur les faisceaux consulaires, allé-
guant l'âge d'Octave et sa trop grande jeunesse, s'est attiré,
d'un simple centurion, cette seule réponse : « Voilà qui le
fera consul! » et disant cela, le centurion a tiré son épée.

Antoine vaincu reste une puissance. Lépide, un très
méchant homme, mais qui a sa clientèle et son parti, mérite aussi qu'on le ménage. Octave est de sa nature même
l'homme des ménagements, des compromis; il sait vaincre et dissimuler, mieux encore, attendre. Ces trois
hommes se sont rencontrés; ils se sont compris. Aux

portes de Bologne, une petite île émerge à peine au lit
fangeux du Reno ; elle a réuni Octave, Antoine, Lépide.
C'est le marché où l'empire du monde est brocanté et
partagé. Les épanchements des nouveaux triumvirs, leurs
confidences, leurs querelles redoutables, leurs accords
plus redoutables peut-être, n'ont voulu d'autre témoin que
les eaux salies de vase, rouges comme si le sang les avait
souillées, qui coulent tout alentour de leur repaire.

Le second triumvirat est conclu et les dieux connaissent
à quelles conditions. Aussi les prodiges, plus que jamais
effrayants, en apportent la nouvelle. Des loups sont en-
trés dans la ville, précédant de bien peu les triumvirs et
les annonçant. Des bruits d'armes ont traversé les silences
de la nuit. Quelques statues ont sué du sang. Les chiens
ont hurlé au seuil de la maison du maître, pressentant
les meurtres prochains ; et sur le temple consacré au génie
du peuple romain, des vautours ont perché.

Les triumvirs approchent de Rome, mais ils ont voulu
n'y pénétrer que l'un après l'autre. Trois armées les
accompagnent, les suivent. C'est une triple invasion qui
maîtrise et foule la cité. Cependant un tribun monte aux
rostres, proposant et faisant voter une loi qui établit pour
cinq ans le triumvirat. C'est à cela que servent maintenant les tribuns.

Résister, protester, on ne l'ose plus, et bien peu en conçoivent la pensée. Au reste une première liste de proscription, et qui sera suivie de bien d'autres, appelle et
retient la foule. C'est aussi intéressant, d'une éloquence
plus directe et plus poignante qu'une harangue de
Cicéron. Les choses s'accompliront régulièrement, admi-

nistrativement. Octave a le goût de l'ordre, et c'est un
excellent administrateur. Chacun du reste a voulu y mettre
du sien en des concessions d'importance. Antoine n'a-
bandonne que son oncle; Lépide livre son frère, c'est
mieux. Octave a vendu Cicéron ; ce n'est point un parent,
mais Octave n'a pas oublié qu'il l'appelait son père.
Deux triumvirs sur trois vont tricher cependant; le frère
de Lépide échappera, l'oncle d'Antoine aura le temps
de prendre la fuite ; Octave, plus honnête, tiendra mieux
sa parole, et Cicéron avait bien raison de compter sur cet
excellent jeune homme.

On a fait ainsi le partage des ennemis, même des amis
et des familiers. Les délateurs sont en campagne. Les
portes sont surveillées, les routes incessamment parcou-
rues de meurtriers en quête des fuyards. Les biens des
proscrits étant mis aux enchères ou livrés aux favoris du
jour, jamais une activité si grande n'a présidé aux transactions; et c'est un crime capital quelquefois de posséder
une belle villa, un jardin bien fleuri, une maison commodément exposée. Combien de ces délicats des nouveaux
jours ont dû maudire leurs recherches raffinées de luxe et
de vie plaisante!

Les chiens ont hurlé, saisis d'une lamentable désolation,
disions-nous, les chiens fidèles sans doute; mais il en est
que les lâchetés humaines atteignent et déshonorent. Il en
est qui chassent les proscrits et qui d'un flair très sûr,
d'un jappement joyeux, les poursuivent dans les roseaux
des marais, les dénoncent dans les fourrés des bois qui
leur servaient d'asile. Comme au temps de Sylla, les têtes
sont payées au Forum, et la tribune est un comptoir où les

sommes promises sont fidèlement comptées. Mais au temps
de Sylla, les haines, les rancunes d'un seul homme exi-
geaient satisfaction; il en faut maintenant satisfaire trois
fois plus.

La dépense est lourde : payer les soldats, payer les
meurtriers, le trésor public n'y saurait suffire. Treize cents
femmes, désignées dans les premières familles de Rome,
seront taxées selon la volonté des triumvirs. Ne leur doivent-
elles pas leur veuvage ou leur abandon? Cela mérite récompense. Elles résistent cependant, et leur lamentable
cortège traverse le Forum. Elles vont trouver Fulvie, sollicitant son intervention auprès d'Antoine, Fulvie les repousse. Elles affrontent les triumvirs eux-mêmes, et les
triumvirs, plus accueillants, promettent quelque adoucis-
sement à leurs rigueurs pillardes.

Les meurtres continuent. Les deux Egnatius, le père et le
fils, sont proscrits. Ils s'embrassent, ils s'étouffent d'une
étreinte si violente qu'un seul coup les jette morts sur la
place.

C'est le tour de Salvius, tribun du peuple, mais un tribun mal noté. Il connaît son sort et réunit sa famille, lui
voulant adresser un suprême adieu. Le centurion entre et
s'avance. Il commande que personne ne bouge; on obéit.
Il saisit le père aux cheveux, le décapite et s'en va. Pas un
cri n'est sorti de toutes ces bouches béantes, de tous ces
cœurs hébétés de terreur; et toute la nuit se passe sans
qu'un seul ose quitter sa place ou rompre le silence. Le
centurion pourrait revenir.

Le frère de Cicéron et son neveu, Quintus et son fils,
reçoivent semblable visite. Un seul est condamné cepen-

dant, le centurion ne sait plus exactement lequel. Le père veut mourir pour le fils, le fils mourir pour le père. Quel pénible débat! Que de temps perdu! Et le centurion n'a pas achevé sa tournée. Il les tue tous les deux.

Quintus, c'est bien, mais il n'a été que le lieutenant de César : Cicéron, c'est mieux, il a été le protecteur et le bienfaiteur d'Octave. Il a pris la fuite, il erre près de Formies, ne pouvant se résigner à quitter cette terre d'Italie qui lui est si chère. Le courage seul de l'exil lui aura manqué. Ses esclaves lui sont restés fidèles; il est aimé, il est bon maître. Les triumvirs lui ont fait les honneurs de toute une expédition. Herennius, un centurion, Popilius Lænas, un tribun militaire, ont retrouvé ses traces; bientôt le rejoignent. Aucune résistance n'est possible, et d'ailleurs Cicéron est Romain, il sait mourir, et jamais cette science ne fut plus utile qu'en ces temps maudits. Lænas tue, et non sans quelque maladresse; il lui a fallu s'y reprendre à trois fois pour abattre cette tête déjà vieille et chancelante et qui ne cherche plus à se dérober. Ce Lænas cependant n'en est plus à son apprentissage d'égorgeur. Il a commencé voilà déjà longtemps, et sur son père, dit-on; cela aurait dû l'aguerrir. Ce fut Cicéron qui le sauva, non sans peine, de cette accusation.

Lænas emporte la tête, puis revient encore couper la main droite, celle-là qui écrivait les Philippiques, estimant que cette main historique lui vaudra une gratification nouvelle.

Il court, il vole, il est à Rome, il est chez Fulvie, Fulvie la femelle du fauve, plus cruelle et plus lâche que lui. C'est une virago plutôt qu'une femme; elle joue au consul,

ceint le glaive, harangué les soldats et passe des revues.
Il n'est pas de quolibet ordurier qui la fasse rougir. Le
présent de Lænas la réjouit; elle en pousse des clameurs
qui ameutent toute la maisonnée. Elle prend la tête à deux
mains, l'installe sur ses genoux, la regarde, la dévisage,
lui rit au nez, puis lui met la main dans la bouche, tire la
langue et d'une épingle d'or elle la perce tout au travers.
Cependant elle songe que son mari n'est pas là pour partager sa joie. Lænas reprend sa conquête. Il court au Forum. Que de mouvement il se donne, que de peine, et
comme il gagne bien son argent!

Antoine est au Forum. Une nombreuse assistance l'entoure. Lænas crie et de loin, levant le bras autant qu'il est
possible, il montre ses trophées. Antoine les a vus, il les
reconnaît. A son tour il crie, il appelle. On a fait place
et Lænas est devant lui. Lui aussi il prend la tête, il prend
la main, il semble qu'il les voudrait dévorer.

Des rires, des soufflets, la mort insultée, profanée et
tuée en quelque sorte une seconde fois, c'est la réplique,
c'est là tout ce qu'ils ont pu faire, ces misérables! Et ils
ne voient pas que cette bouche muette, que cette main
inerte les accusent, les condamnent, plus éloquentes, plus
terribles que jamais.

Un tabouret est placé auprès de la tribune. C'est là que
vient siéger le tribun, c'est là que l'on pose enfin la tête,
la main de Cicéron, offrandes faites aux rostres, à cette
tribune qui sera bientôt silencieuse. C'est un outrage? —
Non pas, une gloire, et Cicéron n'aurait pas souhaité de
plus magnifique sépulture. Le dialogue est achevé; Antoine et Fulvie ont répondu à Cicéron.

VII

Les funérailles de la liberté romaine ont dépassé en violences, en épouvantes, en massacres expiatoires, celles
mêmes que s'était promises en mourant l'héroïque vainqueur de Darius. C'est qu'une chose, qui dépassait la
grandeur même de l'empire macédonien, soutenue de fondations mieux assises, que l'éblouissante improvisation
d'Alexandre, allait périr et disparaître. Il faut de bien
rudes coups de pioche pour jeter bas ce que Rome a ci-
menté.

Le mot sonore et joyeux de liberté ne doit pas nous
abuser cependant. La liberté de l'individu, l'indépendance
en son activité journalière, se heurtaient, au bord du Tibre,
à des frontières très étroites et très durement défendues.
Le citoyen appartenait à la cité comme le fils appartenait
à ce maître redoutable, quelquefois implacable, qui était
le père de famille. Des lois rigides, des coutumes consacrées, souvent cruelles, saisissaient l'homme à son berceau, instruisaient son adolescence, enserraient sa vie
presque tout entière, le conduisaient aux comices, l'en-
fermaient dans les camps, le suivaient jusque dans l'asile

peu discret de son logis, car les censeurs pouvaient surveiller et censurer jusqu'aux défaillances, aux faiblesses
secrètes, réglaient ses droits, ses funérailles, enfin ne
l'abandonnaient qu'au jour où l'homme n'était plus qu'une
poussière humaine. Esclave des lois, jouet du vent, de
l'un à l'autre, ni répit, ni transition. Il n'était pas loisible
au Romain digne d'un si grand nom, de ne pas être tout
Romain. Nul doute qu'un Romain des âges suivants, héritier satisfait de biens immenses, bercé en sa molle oisiveté, aurait maudit une semblable existence et qualifié
cette liberté d'insupportable tyrannie. Dans les choses
vulgaires et qui sont d'habitude journalière, un César est
moins gênant qu'une loi. Jusqu'au jour où il prendra fantaisie à César d'abattre une tête qui lui déplaît, hasard
extrême et que l'on peut garder longtemps l'espérance
d'éviter, le passant lointain, l'oublié, aura toute liberté de
rire et de vagabonder. Le maître ne commande pas la
fatigue des graves pensées; bien au contraire, il la décon-
seille et la réprouve. Les fronts couronnés de fleurs lui
agréent le mieux. Vivons donc très contents! C'est la
pensée, c'est le cri des âges nouveaux. Il se trouvera bien
un César qui dira fièrement : « Travaillons! » mais pas
un seul n'aura la cruauté d'imposer ce mot d'ordre au
peuple romain.

Que l'on ne parle plus de maîtres insouciants ou pares-
seux! Les césars seront de tous les humains les plus af-
fairés et les plus dévorés de soins impérieux. Quelques-
uns seront occupés à défendre Rome et son empire, les
autres à les nourrir et à les amuser, tâche écrasante de
tous les jours et de tous les instants.

Auguste.

Octave est ce maître; mais ce n'est plus Octave, c'est Auguste qu'il faut dire. La nuit même qui suivit le jour où cette appellation nouvelle, glorieuse entre toutes, est venue le grandir encore, le Tibre a débordé, et ses fanges ont souillé le Forum. Rome se complaît à relever et à commenter les prodiges; celui-ci est instructif et de haute portée. La vieille Rome est submergée et ne doit plus reparaître.

Au reste, les prodiges n'ont cessé d'accompagner cette existence humaine qui devient celle même d'un peuple et du monde; personne encore n'y pensait il y a quelques années à peine, et la divinité de cette destinée restait voilée à tous les yeux. Elle s'est révélée; l'incrédulité, l'ignorance même, seraient désormais sacrilèges. Auguste, dans ses langes, regardait le soleil en face; plus tard quelques grenouilles irrespectueuses l'importunant de leurs coassements, il leur a commandé de se taire, elles ont obéi; celles-là du moins sont restées muettes. C'était déjà faire l'apprentissage du souverain pouvoir et le peuple romain n'est pas moins docile que les grenouilles. Lui aussi apprend à se taire.

Auguste aime à parler et parle bien, d'une voix très douce, sans jamais improviser toutefois ; il consent à écouter, et cependant, c'est un instinct d'enfance, il aime surtout le silence. Aux jours mêmes où des histrions, des acteurs, venus des contrées les plus diverses, dressent dans les carrefours leurs tréteaux et débitent leurs répertoires dramatiques, en grec, en latin, en patois multicolores, attention ingénieuse à l'adresse d'une foule qui est un monde, nous voyons Auguste honorer d'une faveur

toute spéciale, les mimes et la pantomime. Le silence est
d'or. Auguste bannira le mime Pylade, mais il le rappel-
lera : « Laisse-nous quereller entre nous ! lui dira Pylade,
nos querelles occupent le peuple, et c'est ce qu'il te faut. »
Cet histrion est digne de conseiller César.

Les fêtes du retour, on pourrait dire de l'avènement,
durent deux mois; Agrippa les organise, il s'y entend à
merveille, aussi bien qu'à remporter une victoire. Cependant le récit risquerait de choir en de monotones redites.
Toujours des égorgements de bêtes fauves, alternant avec
des massacres de gladiateurs, il faut être bien Romain
pour ne pas en ressentir quelque dégoût. César avait montré une girafe ; Auguste exhibe un hippopotame, souvenir
un peu massif et peu gracieux de l'Égypte et de Cléopâtre. Mais les pauvres bêtes, ainsi qu'il est d'usage, n'ont
trouvé, au terme de leur interminable voyage, que l'agonie
et la mort. *Saltavit et placuit,* danser, plaire, puis mourir, comme le petit danseur d'Antipolis, c'est aussi le sort
d'un hippopotame. Rome n'y a trouvé de différence que
dans la manière de danser.

Agrippa cependant, homme de ressource et d'heureuse
initiative, a imaginé de mettre, durant ces deux mois de
félicité publique, tous les barbiers au service du peuple
romain. Soixante jours de suite, les mentons des plus
hirsutes ont trouvé la caresse d'une main diligente, très
adroite, et tout cela gratis. Les glaives sont rentrés au
fourreau ; les rasoirs seuls travaillent. Comment après cela
douter de la clémence d'Auguste ? D'aucuns prétendent
que cette clémence n'est que de la cruauté lassée : ce sont
des médisants.

Auguste veut son peuple propre comme il veut sa ville
magnifique. Il l'a trouvée de brique, il la laissera de marbre, du moins il le dira. Il en faudrait rabattre. Déjà,
pour ne citer qu'un exemple, près d'un siècle et demi
avant Auguste, Métellus le Macédonique, vainqueur d'un
Philippe prétendu descendant de Persée, consacrait à
Junon un temple de marbre, le premier toutefois que
Rome ait vu construire.

L'œuvre d'Auguste est une œuvre d'asservissement
tempérée d'une prudente et très adroite hypocrisie. Il ac-
cumule toutes les dignités, tous les pouvoirs établis et
consacrés; il n'a garde d'en imaginer de nouveaux. La
vieille Rome en lègue à la Rome nouvelle un arsenal
assez bien fourni. Les comices populaires ne sont plus
qu'une comédie, une parade pitoyable; cependant Auguste
reconstruit dans le champ de Mars les *sæpta* qui doivent
parquer les électeurs; il les entoure de portiques et les
habille de marbre. Ils seront désormais dits *sæpta Julia*.
Il élève un *diribitorium*, édifice où les suffrages seront
vérifiés, et ces suffrages ne signifient plus rien. *Inania
verba*, paroles vaines, vaines apparences! Ainsi en doit
juger Tibère, un politique plus réaliste et moins respectueux des vieilleries traditionnelles, Tibère qui suppri-
mera les comices.

Auguste affecte le respect de tout le vieux décor romain. Peut-être, dans une mesure que les dieux seuls
peuvent connaître, est-il sincère. Il n'a pas les incré-
dulités impertinentes de César; il est pieux, il est
dévot. Il faut dire que l'on parle de le proclamer dieu,
et, bien qu'il résiste à cette apothéose, le moment se-

rait mal choisi pour jeter quelque discrédit sur les immortels.

.Sa piété filiale, bruyamment affirmée, a consacré à son père selon la nature un très modeste sanctuaire, c'est plus encore qu'il ne pouvait espérer, et un vrai temple à son père adoptif, le seul qu'il importe de hautement déclarer. Le peuple même, au jour des funérailles, avait marqué, déjà sanctifié l'emplacement de ce temple. Le Forum reçoit cette parure nouvelle; le Forum obtiendra toute la sollicitude impériale. Le triumwir lui prodiguait les têtes des proscrits, l'empereur lui prodigue les marbres et les bronzes; c'est une faveur constante.

Le temple de César occupe l'extrémité inférieure du Forum, celle-là qui fait face au Capitole. Il n'est pas de très grandes proportions, mais d'une architecture délicate, et soignée, que la Grèce des meilleurs jours n'aurait pas désavouée. Une statue de l'immortel nouvellement promu, en occupe le faîte; et dans l'intérieur du temple, une Vénus Anadyomène, peinture d'Apelle, est précieusement conservée. Un autel surmonte le perron et prête aussi complaisamment ses degrés aux rostres Juliens. C'est le pendant, ne faudrait-il pas dire la contrefaçon? des rostres anciens déjà déplacés par l'ordre de César et que la politique d'Auguste entreprend de diminuer encore en leur donnant une sorte de vis-à-vis. Rien ne manque à cette tribune, pas même les éperons de bronze arrachés aux vaisseaux ennemis. Ceux-ci viennent d'Actium, et d'Actium à Antium une lettre seule est changée. Souvenir de guerre nationale là-bas, trophée de guerre civile ici, cela diffère un peu cependant. Rien ne manque, disions-

nous, à cette tribune toute neuve, rien en effet que l'âme.
Les rostres Juliens ne sont et ne resteront qu'un décor,
le marchepied de César.

Auguste a retrouvé Rome dans un grand désarroi ma-
tériel et moral. Tant de jours néfastes, de proscriptions
et de guerres civiles avaient laissé bien des maisons dé-
sertes ou désolées, mais aussi des ruines. Certains quar-
tiers présentaient l'aspect lamentable d'une ville prise
d'assaut. Rome ne trouvait plus le temps de panser ses
blessures ni de réparer ses brèches. Ce temps, Auguste
va le lui donner, et l'œuvre de réparation, de réfection
voulue, inspirée d'un maître très ferme et très fidèle en
ses desseins, ne connaîtra ni lassitude, ni défaillance.
Rome a pu croire qu'elle allait périr, elle reprend confiance en elle-même et en sa superbe immortalité ; c'est
une autre Rome cependant, et les splendeurs qu'elle va
revêtir ne dissimuleront pas bien longtemps les misères
cachées, l'épuisement de sa force conquérante et créatrice.

Properce avait dit : « L'araignée tisse sa toile et les mau-
vaises herbes croissent dans la demeure solitaire des
dieux ». Quatre-vingt-deux temples restaurés dans l'espace
d'une seule année, Auguste étant consul pour la sixième
fois, justifient l'enthousiasme adulateur d'un autre poète,
l'aimable Ovide : « Les édifices sacrés ne connaissent
plus la vieillesse. Ce n'est pas assez d'être utile aux hommes, Auguste oblige même les dieux. O saint fondateur de
temples ! O toi qui répares les monuments ruinés, puissent les dieux te rendre tout ce que tu fais pour eux ! »

Parmi ces temples relevés de leurs ruines, le temple
d'Hercule Musagète mérite une mention particulière.

Hercule, conducteur des muses et sans doute un conducteur à la poigne un peu brutale, cela est bien expressif et
résume éloquemment la conquête de la Grèce et de l'Orient.
Fulvius Nobilior, vainqueur de l'Épire et des Étoliens,
avait consacré ce temple dans le champ de Mars, près de
la porte Carmentale. Auguste le restaure, l'embellit et lui
confie des peintures de Zeuxis.

Il se garde bien d'oublier les pénates, les lares, les
dieux les plus aimés du populaire et qui vivent en son
étroite familiarité. Leurs petits sanctuaires, quelquefois
de très simples autels, dressés à la rencontre des rues,
sont rajeunis et multipliés. Aussi les gâteaux de miel, chers
à ces très humbles immortels, ne leur ont jamais été plus
généreusement offerts. Un renouveau de tendresse et de
piété environne et salue les dieux ; cette ferveur est conseillée du maître, on pourrait dire imposée à tout ce qui
l'approche et reçoit directement l'impulsion de sa pensée ;
elle est aussi librement consentie des âmes naïves, en
quête d'un refuge et d'une espérance.

Les dispositions générales du Forum ne sont pas modi-
fiées, mais quelle magnificence nouvelle, et jusqu'à ce jour
jamais réalisée, il vient de revêtir ! Un seul édifice nouveau
de quelque importance a pris place dans cette assemblée
monumentale, nous l'avons signalé, le temple de César.
L'arc de triomphe, qui bientôt empruntera la protection
de son ombre et de son immédiat voisinage, n'aura de
grand que le nom d'Auguste écrit dans le marbre. Mais
patiemment, un à un, presque tous les édifices, encadrement traditionnel et consacré du vieux Forum, sont refaits. Quelques-uns ne conserveront des siècles passés que

leurs assises premières, et les marbres, charriés de
Grèce, d'Afrique, de pays longtemps inconnus, viendront
usurper le soleil, condamnant à la nuit les fondations
oubliées, les blocs de grossier pépérin que la vieille Rome
allait prendre aux carrières prochaines.

Ainsi le temple de Castor reparaît, précédé des plus
magnifiques colonnes corinthiennes qui jamais aient
jailli de terre. Auguste en abandonne cependant la
dédicace à Tibère et à Drusus, les deux frères, préoc-
cupé d'assurer la continuité de son principat et d'associer
les siens à l'œuvre entreprise. Auguste repousse la
royauté, mieux inspiré que César, mais il rêve d'une dynastie le prolongeant en quelque sorte lui-même à travers
les générations.

La basilique Julia est l'œuvre de Jules César. Auguste
préside à son dernier achèvement. Bientôt même il lui
faut la reconstruire, car un incendie l'a dévastée. Elle
renaît de ses cendres, comme le phénix légendaire et
comme lui enorgueillie d'une parure plus belle. Les grands
débats oratoires que la bataille des procès commande,
seule éloquence ou à peu près que l'empire ait tolérée,
ont rempli la basilique Julia.

Pline le Jeune, Quintilien, combien d'autres moins fameux, ont trouvé là l'empressement d'un auditoire curieux
et l'ivresse des applaudissements. Cette basilique, une
des plus vastes, longue à peu près de trois cents pieds,
appelle sous ses portiques une foule sans cesse renouvelée; et, tandis que Thémis ou la chicane tempête, résonne
dans l'immensité sonore des colonnades intérieures, on
voit des gens du populaire qui empruntent la couche un

peu rude des dalles ensoleillées ou bien improvisent des
jeux, et, groupés entre camarades, à demi étendus, écri-
vent dans le marbre leurs noms, des injures, des lignes
capricieuses, enfin une pensée vivante, et qu'un avenir
lointain voudra comprendre et retrouver.

Les avocats, attendus aux prochaines audiences, prennent rendez-vous, non loin de là, près des rostres anciens, et le vieux Marsyas les écoute préluder à leur
bavardage. Athènes, longtemps préoccupée de la mesure
et des justes proportions, avait limité étroitement la durée des harangues publiques, et la clepsydre vigilante
précipitait les conclusions. Rome, conseillée de Pompée,
elle aussi longtemps jalouse de son temps, avait prétendu
limiter la plaidoirie d'accusation à deux heures, la plaidoirie de la défense à trois. Maintenant que le temps ne
lui est plus un besoin précieux, les plaidoiries dépassent
toute mesure; on en verra durer, sans reprise et sans
perdre haleine, six heures, même neuf et plus. On parlera
jusqu'à épuisement, lutte singulière et dont les Césars ne
prennent aucun ombrage. On ne parle jamais si longuement que pour ne rien dire, ou bien peu de chose.

Le temple de la Concorde est reconstruit. Là encore,
l'honneur de la dédicace revient à Tibère et à son frère
Drusus.

Rome est le centre de la terre; Rome le croit, et l'adulation complaisante de la terre la confirme en cette
croyance. Un monument que, dans cette promenade autour du Forum renouvelé, nous venons de rencontrer,
précise cette formidable suprématie et la rappelle à tout
venant. C'est une haute borne, ou plutôt une colonne

Les trois colonnes du Temple de Castor.

sans chapiteau, mais qu'une boule de bronze doré termine et surmonte. Le milliaire d'or, œuvre d'Auguste,
marque le point de départ des voies qui sillonnent tout
l'empire, réseau de pierre, solidement établi, qui étreint
et enserre le monde. C'est là qu'il commence, c'est là qu'il
s'achève, et rien ne témoigne plus glorieusement d'une
conquête longtemps si bien consentie qu'elle imposait
aux hommes l'illusion de son éternité.

Ce n'est pas cependant de cette borne première que les
distances sont comptées, mais seulement des portes de la
ville.

César avait promis la reconstruction de la Curie ; Au
guste, très scrupuleux continuateur de l'œuvre entreprise,
ou seulement annoncée, a tenu la promesse paternelle. Le
Sénat a retrouvé, sur l'emplacement même que sa longue
résidence avait consacré, un toit qui l'abrite. Mais le nom
de Jules abrite et protège la Curie, protection un peu hautaine et qui donne à penser. La Curie
Julia est-elle bien la Curie ?

La basilique *Æmilia*, de plus modestes
proportions, répète, sur la face septen-
trionale du Forum, les dispositions d'ensemble déjà connues : les portiques directement ouverts à la foule et les ar-

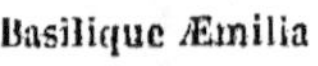
Basilique Æmilia

cades symétriquement superposées en une ordonnance
que la basilique de César nous a déjà présentée.

A peine terminée, la basilique Æmilia a croulé dans
les flammes. Les incendies sont fréquents et les vigiles
que le divin Auguste a réorganisés, distribués en des postes nombreux dans toute la ville, ne peuvent trop souvent

que restreindre les ravages. Mais Auguste laisse à peine aux cendres le temps de refroidir. La basilique reparaît. Le fils d'Æmilius Paulus la relève et l'inaugure.

Auguste n'est pas seulement présent au Forum dans les monuments qu'il a fait réédifier ou qu'un désir venu de lui suffit à ressusciter ; une colonne est érigée, qu'une figure triomphale termine et que des proues décorent, car c'est pour Auguste que son fidèle Agrippa a gagné la bataille d'Actium. Auguste lui-même, dans le marbre, se vante d'avoir, au sortir des discordes civiles, donné au monde la paix et sur terre et sur mer. Il oublie seulement de dire à quel prix.

Les marbres ont mis une sourdine à tous les échos que pouvait éveiller le Forum, et le Forum désormais est empressé en ses flatteries. Sans que rien ait frémi, sans un murmure, il a vu passer et mener un deuil lamentable. Curtius se dévouait au salut de Rome à cette place même ; Pacuvius a voulu se dévouer pour Auguste, et Auguste a refusé. De là cette bruyante désolation. Le dévouement de Curtius, c'était la mort ; le dévouement de Pacuvius, c'est quelque bon proconsulat.

Le concours d'une population, bruyamment affairée ou joyeusement flâneuse, n'a jamais été plus considérable. A l'ombre des janus, très petites portes qui jalonnent le Forum, l'usure la plus vulgaire, les préteurs qui font commerce de quelques oboles, viennent chaque matin dresser leur bancs et leurs comptoirs. « Combien de fortunes, s'écrie Horace, ont fait naufrage entre les deux anus ! »

Le sacrifice du cheval est une antique fête religieuse très

grossière, et que cette grossièreté même recommande à la fidèle observance de la foule. Elle commence au champ de Mars; c'est là que le cheval est immolé, mais elle s'achève à la Regia, au pied même du Palatin, c'est-à-dire que le Forum la reçoit et se réjouit à la voir passer.

Elle se passe aux ides d'octobre. La tête du cheval est tranchée. On la ramasse, on se la dispute. C'est une guerre de quartier, très brutale, parfois sanglante. Les habitants de la Suburra, ceux de la Voie sacrée, ambitionnent le hideux trophée. Ceux-ci, le plus souvent victorieux, apportent leur conquête au temple de Vesta. Les vierges recueillent le sang; il doit servir aux lustrations et purifiera le temple, quand viendront les prochaines Palilies. Ces fêtes rappellent la fondation de Rome et l'innocence de sa vie champêtre; aussi ne sont-elles marquées d'aucune immolation. Palès, divinité rustique et qui veut le joyeux renouveau du printemps, répugne à la pensée même de la mort. Telle est cependant la fatalité de tout ce qui est romain : toujours du sang, serait-il à moitié desséché. L'odeur seule en est bonne à respirer.

Vieux et vieilli, accablé d'années et de gloire, Auguste a pu voir cette fête au seuil même de son logis et la coudoyer; car la Regia enfin lui ouvre ses portes. Revenu de ses expéditions lointaines, vainqueur d'Antoine et du monde, c'est à la Regia qu'il trouvait Lépide, son collègue au triumvirat, Lépide très discrédité, mais paré, protégé peut-être du suprême pontificat. Lépide a vécu, retardant l'ouverture de son héritage vingt-trois ans; mais Octave savait très bien attendre, Auguste le sait mieux encore.

Ce titre de grand pontife, que la mort lui abandonne
enfin, le seul qui lui manquait, convenait mieux qu'à personne à ce bâtisseur de temples, serviteur fidèle ou plutôt allié de tous les dieux. Déjà sa piété l'avait associé à
toutes les confréries religieuses, aux Féciaux, aux frères
Arvales, au collège des Augures, au collège des *Septem-
viri epulones*.

L'humilité, docilement acceptée, désarme les suprêmes jalousies, celles mêmes, les plus redoutables, qui
se pourraient, comme un orage, amasser dans le ciel; aussi,
une fois l'an, Auguste, le grand empereur, s'improvise
mendiant et tend la main à l'aumône des passants.

La maison, d'assez médiocre étendue, que, l'espace de
quarante ans, il habita au Palatin, réunissait les maisons
mitoyennes de Catilina et de l'orateur Hortensius. Jamais
il n'avait voulu changer même de chambre, témoignant
ainsi d'une modestie discrète, et lui-même enseignant à
Rome le bon ordre, la constance dans les habitudes et la
stabilité. Le nouvel éducateur ne trouve personne qui le
contredise. Maintenant que Rome et son maître se pénè-
trent si profondément que de l'une à l'autre la distinction
est bien subtile, Auguste veut l'équilibre et la durée. Seuls
deux lauriers, fraternellement dressés, annonçaient la demeure souveraine, et la couronne de chêne, constamment
renouvelée au-dessus de là porte, ombrageait cette seule
inscription : « Pour les citoyens conservés ». Le marbre
a raison : Auguste en a daigné conserver quelques-uns.

Cette maison qui a vu Auguste descendre hâtivement à
la cave, dès que lui parvenait le bruit du tonnerre le plus
lointain, car ce bruit l'épouvante plus qu'une sédition po-

pulaire, il la partage également, à l'instant de la quitter,
entre Apollon qui recevra un temple, Vesta qui grandira
quelque peu son domaine tout voisin, et lui-même. C'est
encore un triumvirat : mais cette fois les dieux seuls sont
admis à partager et seul Auguste règle le partage.

César avait voulu un Forum qui fût sien ; Auguste reprend et réalise la même pensée. Un arc de triomphe, plusieurs même, un Forum, puis après la mort, un temple,
telles sont les consécrations solennelles qu'exigera l'orgueil des empereurs, de ceux-là du moins, très peu nombreux, qui auront le loisir d'exiger quelque chose.

Le Forum d'Auguste est attenant au Forum de César et
répète des dispositions à peu près semblables. Il couvre
cependant un plus grand espace, ainsi qu'il est de toute con-
venance, le fils ayant plus loin que le père projeté son ombre souveraine. C'est encore un ensemble décoratif d'une
symétrie un peu froide, harmonieuse cependant. Les portiques et leurs colonnades, régulièrement alignés aux quatre faces de la nouvelle enceinte, encadrent un temple de
Mars vengeur. C'est une divinité plus farouche que Vénus
mère, l'aimable protectrice du Forum césarien. Mais il ne
saurait déplaire à Auguste d'inspirer quelque crainte. Il
limite ses vengeances, il ne les oublie pas. Ce temple de
Mars est le premier que la ville même de Rome ait vu s'é-
lever. Mars apparaîtra au berceau même de Romulus et de
Rémus, les jumeaux à demi-louveteaux. Si honoré qu'il fût
cependant, il obéissait à la loi qui interdisait le seuil de la
ville à quiconque n'avait pas déposé son attirail de guerre.
Les dieux mêmes sont disciplinés dans la vieille Rome,
ainsi qu'un bon légionnaire. Mars avait son champ qu'il

dénommait, il le possède encore, mais une constante usurpation le restreint et le transforme. César y marque sa sépulture. C'est donc une sorte de compensation ; et toutefois il a fallu une volonté supérieure aux lois désapprises pour que Mars forçât l'hospitalité romaine. Le Forum d'Auguste est symétrique, disions-nous, il semble symétrique ; il ne l'est pas tout à fait. Son mur d'enceinte dévie un peu sur l'une de ses faces. Ainsi l'a voulu Auguste, plutôt que de violenter les résistances d'un propriétaire acharné à défendre ses pénates ; et cette modération, ce recul docilement accepté chez un maître si bien instruit dans l'art de tout soumettre, de tout aligner, de tout niveler, nous dit le gouvernement d'Auguste, la politique de cet habile endormeur.

Les œuvres d'art, choisies entre les plus rares et les plus fameuses, les marbres adulateurs ne devaient manquer au Forum d'Auguste, non plus qu'à celui de César. Un éclectisme hospitalier, une très orgueilleuse cordialité accueillent les statues des batailleurs qui ont fait Rome. Mars appelait ce cortège plutôt que l'empereur Auguste, toujours mieux inspiré dans le conseil que sur le champ de bataille. Il a voulu cependant les images des provinces soumises, celle même de l'Espagne, et chacun sait qu'en Espagne ce prétendu conquérant n'a fait que promener piteusement, à la suite de ses soldats vainqueurs, ses infirmités et ses maladies. Aussi, dans ce Forum guerrier, auprès d'un char de bronze où triomphe Alexandre, Auguste, avouant ses préférences secrètes, a fait placer une peinture d'Apelle, où la guerre apparaît enchaînée, foulant du pied des armes inutiles.

Les Gaulois, satisfaits d'avoir glorifié leur défaite suprême d'une héroïque résistance, acceptent très docilement la domination romaine. L'un d'eux, Licinius, envoyé procurateur dans son pays même, y réalise de si beaux profits que des plaintes s'élèvent. Auguste les entend, il en conçoit quelque humeur. Licinius prévient l'orage et sollicite l'honneur de partager. Auguste daigne consentir; c'est un petit duumvirat et qui paye la dépense du nouveau Forum.

A Rome la statuaire reste essentiellement grecque. Nous avons déjà dit les premiers enlèvements de statues, d'abord relativement discrets et consommés sous le prétexte spécieux d'assurer aux conquérants la présence protectrice d'images tout spécialement vénérées : ainsi la Junon de Véies installée par Camille sur l'Aventin, ainsi le Jupiter Imperator rapporté de Préneste au Capitole. Puis nous avons dit les grands pillages, cyniquement avoués et encouragés. Les artistes, du moins quelques élèves des grands créateurs disparus, suivirent les œuvres conquises, comme si leurs tendresses fidèles ne pouvaient en accepter l'absence. Ils travaillèrent à Rome pour les Romains, au reste sans y trouver, sauf de rares exceptions, de dignes continuateurs, et moins bien inspirés eux-mêmes qu'ils n'étaient dans leur Hellade regrettée. Les dieux grecs se vulgarisent et s'abaissent à Rome, ainsi des âmes et des ciseaux qui les chérissent et les racontent.

Rome devait mieux comprendre et mieux retenir ce fécond enseignement dans les choses plus précises et plus nettement déterminées de l'architecture. Déjà elle avait su continuer les Étrusques ; elle saura continuer la

Grèce, non certes de telle sorte qu'elle la fasse oublier, mais sans trop de maladresse, et même en introduisant, dans cet art chiffré et plus rapproché des réalités utiles, certaines conceptions originales, un esprit nouveau. L'architecture devient un art romain, un art qui peut s'enorgueillir d'une tradition déjà établie. C'est Mutius, un vrai Romain, qui déjà, au temps de Marius, a construit le temple de l'Honneur et de la Vertu. On a vu, et la gloire est telle que nulle autre ne la dépasse, Athènes appeler Cossutius. Le temple de Jupiter Olympien reste inachevé, et c'est un Romain que les Athéniens jugent digne de le terminer. Sylla a détruit l'Odéon de Périclès; c'est un Romain qui le relève. Il faut dire que l'art grec au temps de Sylla ne continuait pas sans défaillance l'art qui avait fleuri aux beaux jours de Périclès. Vitruve est un Romain comme Valérius d'Ostie.

Au Forum d'Auguste, au Forum de César, dans toutes ces constructions nouvelles que multipliera sans fin, jusqu'à sa dernière agonie, la Rome impériale, l'ordre corinthien apparaîtra, complaisamment répété. La Grèce l'avait imaginé, très peu pratiqué; la virilité tranquille, la majesté forte du dorique, l'élégance féminine, la grâce souple de l'ionique semblaient suffire à toutes les conceptions, à tous les rêves d'un merveilleux génie, ainsi que l'homme et la femme, le masculin et le féminin, suffisent à l'harmonie suprême des choses. Rome, éprise du faste plus encore que de l'harmonie, adopte le corinthien et s'en fait le seule parure qui lui semble digne d'elle. Il faut l'acanthe à ses chapiteaux et le laurier à ses triomphateurs.

Auguste n'a jamais été très sévère, ni même très réservé

dans ses mœurs. Cependant le Sénat lui délègue un mandat spécial, une sorte de magistrature supérieure à la censure même, *morum et legum regimen*, le gouvernement des mœurs et des lois. Auguste accepte le mandat, peut-être l'a-t-il souhaité, et, comme toujours, il prend très au sérieux la tâche devenue sienne. Il prépare tout un ensemble de lois qui rendront au monde l'innocence de l'âge d'or; il veut qu'elles portent son nom, c'est un patronage qui leur assure une autorité presque divine; les lois *De adulteriis*, *De pudicitia*, seront *leges Juliæ*.

S'agit-il seulement de revendiquer, pour le domaine de tous et la libre jouissance des plus humbles, les statues, les tableaux que l'égoïsme ombrageux des collectionneurs emprisonne dans leurs villas, Auguste s'en est remis à l'officieux Agrippa et le vieux Forum a écouté cette harangue. Mais cette fois il s'agit des bonnes mœurs, de la pudicité, de tout ce qui assure la sainteté des pénates domestiques, la dignité même d'une ville devenue l'exemple et l'inspiratrice du monde; Auguste lui-même interviendra, Auguste parlera.

On sait que chaque matin il médite, il écrit par avance, sur ses tablettes, le sommaire des conversations attendues et pressenties. Il ne laisse au hasard que le moins qui puisse lui être laissé. Tout est prévu et décidé, même le plus souvent les colères impériales.

Les anciens rostres n'écoutent plus guère de harangue qui soit d'un intérêt général; et les édifices qui les environnent, ne faudrait-il pas dire qui les étouffent, ont si bien grandi que l'horizon tout alentour en est bien rétréci. Voici cependant venir un jour qui continue les traditions désapprises et Rome peut se croire appelée à délibérer sur ses plus lointaines destinées. Auguste parle élégamment, longuement. Il s'anime, il s'échauffe, il s'indigne même, et l'indignation a l'apparence d'une parfaite sincérité. La foule est édifiée ; les cœurs sont bourrelés de remords, les yeux pleins de repentirs ce matin encore inattendus. On applaudit le maître, on atteste les dieux. Nul doute que l'aurore prochaine ne dissipe, jusqu'en leurs brumes dernières, les ténèbres qui voilent la vieille vertu romaine. En attendant, la nuit est venue, le Forum devient désert. Un grand calme s'est fait, un silence que des rumeurs confuses, toujours plus lointaines, seules traversent quelquefois. Le Forum est la demeure commune du peuple romain ; les pénates particuliers en sont bannis et dans tout son circuit pas un logis, qui soit un héritage privé, n'interrompt le magnifique défilé des monuments publics. Aussi n'est-il pas une terrasse que la fraîcheur du soir, l'éveil des étoiles espérées peuplent de rêveurs, animent de tardives causeries ; pas une seule porte qui s'entr'ouvre à l'appel discret d'un ami, ni de seuil où jappe la vigilance d'un chien fidèle. La vie se retire et se concentre aux rues, aux carrefours ; la vie jamais ne sommeille qu'à demi dans une ville que tant de soucis poursuivent, que tant de passions dévorent. Mais le Forum, dès l'instant où les ombres grandissantes se sont rejointes et l'enveloppent tout entier, sommeille pesamment. Cette tranquillité semble d'autant plus profonde qu'une plus furieuse animation l'a précédée hier et lui succédera demain. Les passants bien rares se hâtent, comme si les talonnait l'épouvante de leur solitude. Ils ont le pas furtif, peut-être la conscience mauvaise. Voilés, hésitants, on dirait qu'ils sont de l'ombre égarée dans cette ombre immense.

Cependant quelque bruit se fait entendre, un bruit tumultueux, continu, toujours plus rapproché et que des rires traversent, explosions soudaines, ou des clameurs brutalement rythmées. C'est un cortège, une bande déchaînée. Le jour est loin cependant qui ramène les saturnales et leurs mascarades effrontées. Voilà déjà longtemps que les mystérieuses bacchanales emportaient, dans les ténèbres des cavernes béantes, au flanc de l'Aventin, une jeunesse grisée d'une fureur démoniaque et d'une orgie sanguinaire. Le Forum les a dénoncées, le Sénat les a proscrites. Les bacchanales reviennent, plus audacieuses cette fois, et le Forum leur abandonne un théâtre plus illustre que les solitudes mal famées de l'Aventin.

Les rostres sont pris d'assaut. On rit! Il semble qu'un orateur apparaisse, essayant une harangue aussitôt interrompue. Et de grands mots, des mots sonores qui furent, il y a bien longtemps, de grandes pensées, tombent des lèvres moqueuses. Ceux-là qui sont venus ont connaissance du passé; ils refont les harangues de Cicéron, celle aussi d'Auguste lui-même. Une comédie est jouée, par des acteurs experts à cet art devenu l'art même du gouvernement. Rome impériale se parodie, se bafoue et gaiement insulte à sa majesté. On rit !
Les groupes montent et descendent,

Statue de Marsyas
au Forum.

et, en passant devant la statue de Marsyas, une couronne est jetée. Ce Marsyas qui porte sur l'épaule son outre pleine et lève la main droite avec un geste d'orateur, n'est plus ici l'image symbolique du libre Forum, il s'affirme le licencieux compagnon de Bacchus. Quand l'aube renaîtra, les fleurs répandues, les débris souillés porteront témoignage contre les désordres de la nuit. Dans la foule circuleront des noms qui furent jadis fameux, et avec eux celui de la femme du regretté Marcellus, de la femme du vaillant Agrippa, de la femme de Tibère, l'empereur d'un prochain lendemain, de Julia, fille de Scribonia et de l'empereur Auguste.

. Auguste remplira le sénat de ses plaintes, et, rappelant la cruelle malédiction que lançait le vieil Homère, à son tour il dira : « Heureux qui vit et meurt sans femme et sans enfants! » Rostres sacrés de la vieille Rome et de la vieille république, cette fois tout est fini! Mieux valaient la tête et le sang de Cicéron.

« Maintenant, Romains, la comédie a été jouée. Applaudissez! » C'est l'ordre de l'empereur sur son lit de mort; et les applaudissements ne sauraient faiblir. La pièce a du succès; elle tiendra la scène l'espace de cinq siècles. L'appareil en est coûteux. Rome cependant ne se lassera jamais de le payer. C'est trop juste, elle est tout à la fois l'acteur et le spectateur, l'esclave et le maître, la victime et le bourreau; les uns complètent et consolent les autres.

Tibère n'aime pas le séjour de Rome, et bien qu'il ait, dans la pompe des funérailles impériales, prononcé l'éloge d'Auguste aux rostres anciens, tandis que son frère Drusus lui faisait écho dans les rostres Juliens, il n'est le plus souvent présent au siège de son empire que de son autorité jamais méconnue et de son ombrageuse vigilance.

Ses lettres verbeuses parlent pour lui, écoutées de tous,
du Sénat, du bourreau surtout.

Tibère n'accepte de titre qui ne soit pas changeant et
renouvelable que celui de prince du Sénat ; mais il fait
réparer la prison Mamertine, rattachant ainsi à l'empire
les lointaines traditions des rois. Il usurpe, auprès du
temple de Saturne, l'arc triomphal de Germanicus, jaloux
d'abolir une mémoire importune. Ainsi le Forum n'est pas
tout à fait oublié. Une prison toute neuve, un trophée
menteur, rappellent que Tibère a passé par là.

Caius Caligula fait plus et mieux. Sa maison d'abord
l'occupe ; les pénates impériaux démesurément grandissent et bientôt le Palatin tout entier ne sera plus que
le palais de César. Une colline, c'est trop peu au maître du
monde. Une autre colline plus étroite est là qu'il voudrait
toucher de la main : c'est le Capitole. Jupiter l'habite
et Caligula rêve de le déposséder. Il daigne cependant
n'en rien faire, il se contente de voisiner, du moins con-
vient-il à sa burlesque divinité, de voisiner de plain-pied
et sans que César ait la honte de descendre la hauteur d'un seul degré. Un pont est jeté qui enjambe la
basilique Julia et rejoint le Palatin au Capitole. C'est une
construction de bois appuyée de massifs maçonnés. La
fantaisie, ou, pour mieux dire, la tradition longtemps
féconde a fait germer, dans l'étroite enceinte du Forum,
des monuments que jamais un plan d'ensemble n'a disciplinés, et cette confusion même est un attrait, un enseignement d'une singulière éloquence, cet entassement dit
bien le prodigieux débordement des gloires romaines ; mais
ce pont impérial ne témoigne que d'un caprice extrava-

gant, ou d'un orgueil haussé jusqu'à la folie. Cette bâtisse est laide et déshonore tout ce qu'elle traverse, tout ce qu'elle touche, le temple de Castor qu'elle surplombe, la basilique qu'elle écrase. Ces considérations esthétiques ne sont pas pour toucher le populaire. Caligula est son « poulet », son « petit poupon ». Caligula quelquefois encourage ces caressantes familiarités, et, dans les jours de bonne humeur, on le voit, du haut de sa passerelle ou de la basilique Julia, jeter dans le Forum de l'argent, des tessères qui donnent gratuitement accès en tous lieux où se vendent le rire, la joie et l'oubli. Caligula, il est vrai, souhaitera que le peuple romain n'ait qu'une tête pour l'abattre d'un seul coup, il prendra place dans le temple de Castor, et là debout, entre les statues mêmes de Castor et de Pollux, il attendra, jamais vainement, les offrandes et les prières. Mais Rome apprend à ne plus s'étonner de rien.

Caligula disparaît et son pont est jeté bas. Le caprice des soldats qui l'ont surpris derrière la tenture où l'épouvante le tenait coi, a fait de Claude un empereur. Tibère en avait déjà fait un pitre, un souffre-douleur très complaisant : il lui jetait à la figure des noyaux d'olive, ce qui ne semblait pas le désigner à l'empire du monde ; mais la dignité du maître choisi importe peu à la parfaite indignité du peuple. Claude n'est pas méchant ; il n'est sot qu'au sortir de table : il est vrai qu'il s'y met très souvent et pour longtemps. Il est aimé. La nouvelle de sa maladie, la crainte de sa mort cette fois retardée, ont précipité dans le Forum un concours immense de citoyens. Il faut que du perron des temples, du haut des rostres,

les magistrats, bruyamment interpellés, rassurent la foule
et lui promettent la présence très prochaine de l'empereur.

Le règne de Néron marque un nouveau fléchissement
dans la honte et la démence. Quelle consommation
d'hommes et de quels hommes au dernier siècle d'une
libre existence, et maintenant quelle floraison malfaisante
de maîtres à peine restés des humains! Rome vit cependant, elle dure, à peine semble-t-elle menacée de quelques séditions lointaines; elle triomphe, il semble qu'elle
prospère. C'est plus que la surprise, c'est la stupéfaction
de l'histoire humaine. Caligula avait désigné son cheval
pour le prochain consulat, Néron ne devait pas moins
avilir les anciennes magistratures, la force et l'orgueil de
Rome.

Les édiles nous apparaissent, en leur lointaine origine,
revêtus d'un mandat populaire, tout spécialement attachés
aux intérêts plébéiens. Leur personne est sainte, inviolable.
Un temple de Cérès reçoit le dépôt de leurs archives. Le
soin d'approvisionner la ville et d'assurer sa subsistance
leur incombe en effet, et la déesse, mère des moissons
abondantes, leur devait un fidèle patronage. Il y a bien
longtemps de cela, on a vu des plébéiens porter sur leurs
épaules, jusqu'au bûcher funéraire, le corps d'un édile
qui avait réduit le prix du pain. Cicéron, entrevoyant déjà
au-dessus des dieux le Dieu suprême, l'appelle l'édile de
l'univers. Un titre plus magnifique ne saurait lui venir
à la pensée. Néron, très lettré, mais qui n'aime pas toujours les livres des autres, fait brûler par les édiles les
écrits de Crémutius Cordus. Déjà César, Auguste après

lui, avaïent réduit l'édilité aux soins de la police la plus vulgaire. Les ordures et les immondices, les livres mal notés d'une tyrannie aisément ombrageuse, tel est le seul domaine laissé aux édiles impériaux. Ainsi se déforment et s'avilissent toutes les vieilles institutions.

Le colosse haut de cent vingt pieds, qui est Néron déifié, mais qui bientôt ceindra une couronne rayonnante et ne sera plus qu'un Apollon, annonce la Maison d'or. Il est aperçu du Forum, il l'avoisine même, dressé tout près de la Vélia, mais il sera déplacé et n'appartiendra que d'un peu loin à cet ensemble monumental.

Quelques éloges après décès, aussi véridiques, aussi sincères que les adulations de la veille, les éclats d'une éloquence décorative, puis quelques scènes tumultueuses d'émotion populaire sans lendemain et sans pensée, cela résume l'existence du Forum, telle que l'empire l'accepte et la tolère, et cela ne va pas sans une singulière monotonie.

Rome s'ennuie jusque dans sa vie joyeuse; elle va s'amuser. Le vieux Galba ramasse la toute-puissance impériale. Il veut étayer sa débilité grondeuse d'une activité mieux éveillée, d'une virilité jeune et que puisse éclairer l'espérance d'un lendemain : il adopte Pison. Cependant quelques soldats sont venus au Forum. Il fallait trois cents Spartiates pour défendre la Grèce, il suffit de vingt-trois prétoriens, pas un de plus, pour faire un empereur.

Pison quitte le Palatin et gagne le Forum. Il parle, ou plutôt il veut parler, on ne l'écoute guère. Othon que vingt-trois suffrages désignent à la toute-puissance, mieux avisé, gagne le camp prétorien. La foule est partagée,

incertaine, unanime en la seule pensée de sa complète
abdication. Les rostres anciens se prononcent pour Othon ;
les rostres nouveaux, ceux de Jules César, tiennent encore
pour Galba, oh! sans conviction profonde. Grande rumeur
cependant. Pison a disparu dans un remous du flot populaire. Galba vient à son tour, on le porte dans une litière.
Il en veut sortir. On le pousse, on le heurte. Des amis,
des ennemis, des sauveurs, des meurtriers? On ne saurait le dire. On siffle et l'on applaudit. La tendresse ou la
haine, l'indifférence même, la gaminerie méchante, ont
des brutalités presque également redoutables. Galba tombe
à la renverse et ne peut se relever. Il faudrait plus d'élas-
ticité chez un élu du peuple. On le piétine, on le cherche, il disparaît ; quand la place est vide, plus rien ne
reste que des lambeaux sanglants ; et l'on pourrait douter
que cela fut un César.

Vitellius boit, mange, tue, digère et meurt, non pourtant, lui aussi, sans avoir bataillé dans le Forum, ou du
moins fait batailler, car les ennemis bien morts, empes-
tant les alentours, seuls rassurent sa couardise, et l'odeur
d'un bon dîner n'a jamais hâté d'une ardeur plus joyeuse
sa dévorante obésité. Sabinus, père de Vespasien, est tué
au Forum. Les mangeailles de Vitellius ont coûté à Rome
un véritable massacre, ce qui, du reste, ne semble pas
l'inquiéter beaucoup, et l'incendie du Capitole.

Le Forum, qui a vu la victoire passagère de Vitellius, le
voit revenir, à peine quelques jours se sont écoulés, et
l'assistance est plus nombreuse encore, plus bruyante
s'il est possible. Rome est toujours, au moins de sa présence et de son empressement, fidèle à ses empereurs.

Lié, poussé, fouetté de coups et d'outrages, contraint à
tenir la tête haute sous la blessure d'un glaive qui lui
pique le menton, Vitellius paraît et de longtemps le Forum
n'a connu si joyeuse fête. Cet homme est infâme et lâche;
il trouve cependant, pour le jeter tristement à la face
d'un tribun, ce mot qui ravale la meute hurlante de ses
bourreaux jusqu'à sa bassesse impériale : « J'ai été ton
empereur! »

La grande œuvre architecturale et dynastique de la
nouvelle famille est l'amphithéâtre Flavien, œuvre durable,
entre toutes définitive, car le Colisée suffira, jusqu'aux
derniers jours des prospérités et même des misères impériales, aux passions qu'il voulait satisfaire. Vespasien,
Titus avaient pris juste mesure et le colosse romain
trouva toujours à sa taille son magnifique abattoir. Il
convient de signaler encore, cela caractérise une époque,
les grands thermes publics qu'à l'exemple d'Agrippa,
mais en de plus vastes proportions, les Flaviens devaient
abandonner aux flâneries paresseuses. Entretenir le peuple
en cette béatitude intime qu'un lavage prolongé redonne
ou maintient, l'amuser au splendide étalage d'innombrables statues, lui conseiller la fuite inconsciente des
heures, donner à ce peuple librement et tous les jours
l'illusion de pénates accueillants ainsi que les rois n'en
connurent jamais de plus somptueux, puis l'appeler aux
gradins de l'amphithéâtre et l'enivrer de sang, telle a été,
au moins pour une part considérable, la politique inté-
rieure des Césars, même les meilleurs.

Vespasien, en sa jeunesse, avait fait le métier de maquignon et son père faisait l'usure; il passe dieu cependant

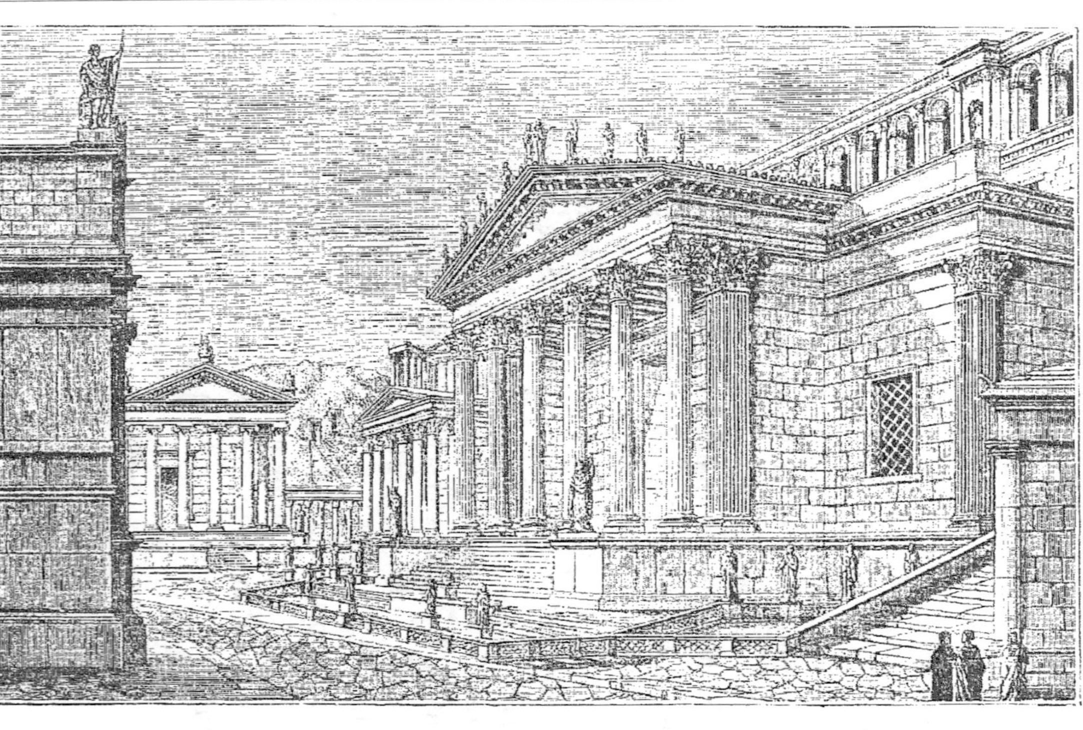

Temple de Saturne. — Temple de Vespasien. — Temple de la Concorde. (Restauration.)

et ses fils lui ont voulu consacrer un temple. L'espace commence à manquer au Forum; il faudra que les dieux se rangent et se pressent pour faire place au nouveau venu. Le temple de Vespasien apparaît comme enchâssé entre le temple de la Concorde qui le serre de bien près à droite sur le même alignement, et le temple de Saturne qui lui présente au contraire, orienté tout différemment, sa face latérale. La chaussée du *clivus Capitolinus* les sépare et ménage une pente adoucie à la montée du Capitole. Vespasien a relevé et de nouveau consacré le grand temple de Jupiter. Le sien est d'ordre corinthien, tandis qu'au temple de Saturne s'enroule la volute ionique. L'un et l'autre présentent sur leur face six colonnes alignées.

Domitien fait dresser dans le Forum sa statue équestre de proportions colossales. « Tu embrasses le Forum, s'écrie le poète Stace en son enthousiasme de commande; ton front brille au-dessus des temples voisins. »

Le colosse devait bientôt crouler de son piédestal, suivant l'empereur dans sa ruine.

Domitien avait entrepris, derrière la basilique Æmilia et dans le voisinage immédiat du Forum d'Auguste, la construction d'un nouveau forum, celui-ci placé sous la protection de Pallas. Aussi est-il dénommé quelquefois Forum Palladien. Nerva devait le terminer, le consacrer et même lui donner son nom, appellation officielle qui prétendait jeter l'oubli sur la mémoire même de Domitien maintenant proscrite et détestée.

Pallas n'est pas seulement la vierge guerrière qui se plaît aux fureurs de la bataille et protège de son apparition menaçante, de son casque échevelé, les murailles d'Ilion; elle préside aux travaux féminins qui font la joie, le doux apaisement des pénates respectés; elle aime à brandir la lance, mais aussi à manier l'aiguille. Nerva veut le rappeler, et les marbres du temple nouveau montrent, dans l'aimable abandon d'une vie journalière, de très sages fileuses et de laborieuses ménagères. N'est-ce pas une leçon et un reproche adressés à l'oisiveté tapageuse qui déserte le foyer et bientôt le déshonore?

.Trajan fait ce que les empereurs n'ont fait que bien rarement avant lui, ce qu'ils n'oseront plus même entreprendre après lui, il recule les frontières de l'empire. Il bataille, il triomphe, et deux arcs le proclament, l'un construit dans le vieux Forum, cette fois ouvert à la consécration d'une gloire digne de lui, l'autre dans un Forum tout nouveau, le dernier que Rome verra construire et peut-être le plus magnifique.

Ici encore c'est une œuvre d'ensemble, de dispositions symétriques. Un seul homme est glorifié, mais c'est Trajan, et cette figure peut suffire à remplir ce cadre grandiose. Une pensée unique a conduit les travaux, rassemblé et dressé les marbres, la pensée du Grec Apollodore, celui-là même que bassement jalousera Hadrien et qui mourra victime de cette jalousie.

L'emplacement même faisait défaut aux édifices projetés; il a fallu le conquérir entre le Capitole et le Quirinal. Ces conquêtes un peu brutales, consommées sur la nature même, plaisent à l'orgueil de Rome. Une colonne dressée, haute de cent dix-sept pieds, marque la hauteur même de la colline disparue. Ainsi le nouveau Forum est bien ro-

Remise de l'impôt des successions sous Trajan. — Bas-relief trouvé au Forum.

main par cette violence même et cette terre nivelée qui
fait place au triomphateur, bien romain aussi dans l'ordonnance des sujets décoratifs : le bulletin d'une campagne
écrit dans le marbre et le vainqueur terminant, comme
une exclamation dernière, la spirale triomphale. La Grèce
aurait fait chanter au marbre une hymne d'une plus
joyeuse envolée. La poésie de Rome est surtout de la
prose poétisée ; son épopée vole et plane sur la terre sans
jamais se perdre en de lointaines immensités.

Le Forum de Trajan est encore grec cependant par les
éléménts architectoniques mis en œuvre, par une délica-
tesse, une recherche du beau que Rome ne devait plus
connaître, enfin par une harmonie, une pondération savante de lignes et de proportions dont les Romains, constructeurs robustes plutôt qu'artistes raffinés, ne gar-
daient pas toujours l'inquiétude et le souci.

Le Forum de Trajan, sa colonne, c'est Rome impériale
en sa suprême splendeur par grand hasard affranchie de
ses laideurs morales, c'est son administration vigilante,
son état militaire, sa légion, admirable institution que l'on
disait inspirée d'un dieu, c'est son orgueil étalé au grand
soleil, le marbre même emportant dans le ciel l'apothéose
du maître et forçant en quelque sorte l'entrée du vieil
Olympe ; c'est mieux encore que tout cela, un beau sourire
de la Grèce, à peu près le dernier.

Nulle part mieux qu'ici l'alliance de Rome et de la
Grèce n'apparaît consentie librement, heureuse et féconde.

Une basilique, une bibliothèque complètent le Forum
de Trajan. Cette bibliothèque fraternellement groupe, sans
les confondre, l'œuvre de Rome et l'œuvre de la Grèce,

témoignant encore ainsi d'une mutuelle estime, et les figures des auteurs fameux tiennent compagnie aux travailleurs.

Un usage bientôt s'établit d'affranchir les esclaves dans la nouvelle basilique. Des souvenirs de joie, de gloire, de prospérité sans regret devaient seuls rester attachés au Forum de Trajan.

Les Forums impériaux de César, d'Auguste, de Nerva, de Trajan librement communiquent, et du vieux Forum jusqu'à celui de l'empereur conquérant, on peut cheminer dans le rayonnement des temples, sous l'ombre hospitalière des portiques, coudoyant tout un peuple de statues, s'enivrant soi-même à l'illusion facile de mener une pompe triomphale. Jamais dans le passé, jamais dans l'avenir, rien n'a été conçu, rien ne sera réalisé qui puisse balancer de telles magnificences.

En sa primitive signification, un forum est une place publique et par suite un marché; et les marchés de Rome multipliés, spécialisés ainsi que le commandent les complications de la vie citadine, conservent ce nom fameux. Le plus ancien, le *forum boarium*, que déjà nous avons signalé, est le marché aux bœufs. Les hautes murailles du théâtre dénommé le théâtre de Marcellus, ombragent le marché aux légumes (*forum olitorium*); c'est là, dans ce forum hanté d'une population campagnarde et des ménagères les plus pauvres, que la colonne *lactaria*, la colonne du lait, prête sa base, couchette un peu rude, aux petits abandonnés. La publicité de l'abandon, son libre étalage assurent le plus souvent la pitié réveillée et le berceau retrouvé. Rome ne saurait

Fondation alimentaire de Trajan. — Bas-relief trouvé au Forum.

oublier que ses premiers maîtres furent deux pauvres abandonnés.

Le marché aux poissons, *forum piscarium*, le marché des friandises, *forum cupedinis*, rejoignent le marché aux légumes, au nord du grand Forum, dans le même endroit (*macellum*) où les bouchers étalent leurs viandes. Ils durent tous être déplacés quand furent construits les Forums d'Auguste, de Nerva, de Trajan. Des boucheries furent ouvertes par Auguste sur l'Esquilin, par Néron sur le Cœlius. Il y avait aussi un marché aux porcs, *forum suarium* au pied du Quirinal et un marché au pain, *forum pistorium* près de l'Aventin, d'autres encore dont on a recueilli les noms sans connaître leurs emplacements.

Mais tous ces forums n'ont d'autre histoire que celle de la vie journalière. Ils ne sauraient nous retenir, non plus que les forums retrouvés à Pompéi, Ostie, et ceux d'autres cités romaines, ne sauraient nous appeler ; ces forums de province n'ayant jamais vécu que dans les étroitesses et les obscurités d'une vie municipale.

Il faut bien l'avouer, aux jours où nous sommes arrivés, le vieux Forum romain ne connaît pas une existence beaucoup plus féconde. Les Antonins gouvernent bien, en administrateurs vigilants, en bons soldats, en philosophes très humains, mais enfin ils gouvernent et gouvernent seuls. « Nous n'existons que dans l'empereur, écrit Pline à son cher Trajan ; c'est en lui que réside la république, et le seul vœu que nous puissions former, celui qui renferme tous les autres, c'est de souhaiter un bon empereur. Le posséder c'est tout avoir.... Nous sommes flexibles sous ta main ; nous te suivons en tous lieux où il te plaît de nous mener. Tu nous ordonnes d'être libres, nous le serons. »

Cette liberté par ordre impérial ne devait pas beaucoup agiter le Forum, ni réveiller les rostres.

Le temple du divin Antonin et de la divine Faustine vient dresser ses monolithes de marbre cipolin en bordure de la voie Sacrée, en face du temple de Vesta, mais un peu en arrière du temple de César.

Il est devenu impossible de rien construire de nouveau aux alentours immédiats du Forum. Le cadre est complet, ininterrompu, et les rues qui débouchent dans le Forum, même la voie Sacrée, apparaissent d'autant plus étroites et resserrées que de plus majestueux édifices les pressent et les décorent.

Septime Sévère, vainqueur des Daces, des Germains, des Parthes, ne trouve d'autre place à son arc de triomphe que le sol même du Forum. Il le place devant le temple de la Concorde, et non loin de ce qui fut l'ancien Comitium. C'est une décoration nouvelle, peut-être aussi un encombrement. Rome, en ses splendeurs comme en toutes choses, méconnaît la mesure. Cet arc triomphal témoigne déjà de négligences hâtives et d'une prochaine défaillance. L'ensemble reste harmonieux et magnifique; tout ce qui est en quelque sorte chiffré dans l'architecture est connu et maintenu. Mais le détail s'altère, le ciseau s'est alourdi, et les campagnes, les victoires de Septime sont racontées en des vulgarités maladroites qui les diminuent. Ce n'est pas un poète qui parle en ces sculptures, pas même un habile chroniqueur, mais un vétéran grossier qui raconte ses exploits le soir à la taverne. Titus, Trajan avaient

SENATVS
POPVLVS QVE ROMANVS
DIVO TITO DIVI VESPASIANI F
VESPASIANO AVGVSTO

Arc de Titus.

trouvé des artistes narrateurs qui devaient mieux les raconter.

Cette altération évidente apparait dans la dimension, dans la forme des lettres mêmes, et jusque dans les formules des inscriptions. Là-bas, plus loin que la Velia, sur la voie Sacrée, l'arc de Titus dénomme en toutes lettres d'abord, et quelles lettres! de géantes majuscules. le Sénat et le peuple romain ; les noms, les titres du César triomphateur ne viennent qu'à la suite de ce premier énoncé. C'est au moins une suprématie décorative que Rome affirme et se réserve. Ici Sévère et ses fils sont les premiers dénommés, et leurs noms enjambent le marbre escortés des surnoms conquis dans les batailles; le Sénat, le peuple romain ne sont plus que des initiales abrégées et rejetées en la dernière ligne de l'inscription.

Septime Sévère, à sa dernière heure, pourra dire en toute vérité : « J'ai été tout, *omnia fui* », et, désenchanté de tout, il ajoutera : « *et nihil expedit*, et cela ne sert de rien ».

L'empire, cela se met aux enchères et se peut acheter argent comptant. Didius Julianus l'a déjà prouvé, lorsque sa femme Manlia Scantilla l'incitait à surenchérir et à se porter acquéreur. Le Forum l'a vue passer, cette impératrice de soixante-six jours, et la proie convoitée qu'elle venait de saisir, ne lui inspirait plus que de l'épouvante, car les acclamations la faisaient pâlir, et c'est toute tremblante qu'elle franchissait le seuil du Palatin.

Le vieux Forum a reçu le suprême complément de sa décoration architectonique. Les statues impériales, celles de quelques puissants du jour se multiplient sans fin. Les caprices populaires, la gaminerie malfaisante, en jetteront bas quelques-unes, il en restera debout plus encore. Plus rares seront les vraies gloires, les victoires durables que Rome ait à célébrer, plus nombreux seront les monuments qui les doivent immortaliser. Rome mènera d'autant plus grand tapage en cette complaisante faconde qu'elle redoute davantage de se voir oubliée. Il n'est pas nécessaire de crier si haut quand les grandeurs n'ont pas encore trouvé d'incrédule.

Un Claude le Gothique d'argent, ou du moins argenté, est dressé aux rostres.

Le christianisme dépouille ses voiles mystérieux ; c'est une aurore, un éblouissement. Le Forum semble ignorer cette immense révolution. C'est un îlot resté tout païen et que la marée montante laisse librement émerger. Les enthousiastes de la foi nouvelle redoutent pour leurs symboles, la promiscuité, le voisinage même des héros, qui leur deviennent suspects, et des dieux, qui leur sont exécrables.

Le dernier César sincèrement païen, Maxence (Julien est plutôt un philosophe), dans un règne éphémère et traversé d'inquiétudes chaque jour grandissantes, trouve cependant le loisir de commencer, non loin du Forum, la construction d'une basilique immense. Il bâtit et il rebâtit, obéissant à ce goût bâtisseur que la Rome des Césars devait transmettre à la Rome des papes. Un incendie a dévasté le temple de Saturne. Maxence le relève en toute hâte, ramassant, rassemblant même au hasard les matériaux qu'il emploie. Cette précipitation flagrante, et que les ruines mêmes attesteront, dit bien les angoisses des jours

sans lendemain, les inutiles rebondissements d'une société
expirante. Ainsi le temple de Saturne reste tout à la fois
la création la plus ancienne et la construction la plus mo-
derne que le Forum devait connaître. Il était quand Rome
était moins qu'une espérance; il est quand Rome abdique
ses croyances et ses premières destinées.

Voici venir les Barbares. Les Césars désertent la ville
des Césars. Les braves n'osent plus quitter les frontières
menacées, ou du moins les villes toutes prochaines, Trè-
ves, Lutèce, Milan; les lâches vont chercher un refuge à
Ravenne, gardant plus de confiance en ses marécages em-
pestés qu'en leurs légions amoindries. Tout défaille, d'abord
et surtout les âmes.

Des fantômes de consuls, que des fantômes de licteurs
escortent, osent pourtant siéger aux rostres et de si haut
rendre ce qu'ils appellent la justice. Il en est encore ainsi
au temps où fait semblant de régner l'empereur Honorius.

La religion officielle des empereurs est un christianisme
d'une orthodoxie souvent incertaine. Cependant le goût
du bon ordre, le respect d'un grand passé, une tradition
administrative fortement établie leur conseillent quelque
réserve en leur zèle de néophyte. On a toléré les sacrifices païens et permis aux vieux temples de laisser leurs
portes entr'ouvertes. Bientôt les portes seront closes, mais
les temples restent protégés, au moins d'intention.

L'empereur Constant, dans un édit en date de l'an 342
de l'ère nouvelle, parle ainsi : « Bien que notre intention
soit assurément de détruire la superstition (c'est-à-dire
les croyances et les pratiques païennes), nous voulons
pourtant que les bâtiments des temples, situés hors des

murs de Rome, restent intacts et préservés de toute dégradation ».

Le jour s'est levé qui réalise la prédiction d'Horace :

« Vainqueur, le Barbare foulera du pied la cendre de Rome où résonnera le sabot de son coursier. »

Alaric a gueusé les honneurs impériaux, jaloux de se pavaner en ses guenilles éclatantes plus encore peut-être que d'emplir ses coffres. Patrice, maître de la milice, les barbares, les plus fiers et les plus terribles, ambitionnent ces misérables hochets, et rien ne proclame plus éloquemment l'immense prestige que Rome a conservé jusqu'en l'écroulement de son empire.

Alaric pourra bien la violenter et la saccager, mais une hésitation soudaine le saisira à la seule pensée de l'habiter. Ce Visigoth, ce sauvage avoue sa bassesse et son indignité ; en vérité il voit dans Honorius un être qui lui est supérieur et d'une essence plus haute. Il est comme un serf en visite chez le maître ou le patron ; le serf mécontent et famélique pourra bien déménager le logis, même l'ensanglanter, mais avant d'entrer il se sera déchaussé, il aura essuyé ses mains sales à sa peau de bique, en sortant il reprendra ses sabots. Ainsi fait Alaric.

Rome a résisté. Un suprême réveil de sa conscience païenne lui a conseillé les sacrifices déjà bien discrédités, la consultation des aruspices, mais aussi la patience et le courage. Il a fallu un siège prolongé, la trahison d'une femme chrétienne et l'abandon d'Honorius pour consommer le désastre suprême.

Alaric, en marche et déjà menaçant Rome, avait rencontré un ermite, et l'ermite l'avait conjuré de rebrousser chemin : « Je ne saurais, avait répondu Alaric d'une voix mal assurée ; quelqu'un me pousse en avant et me crie sans cesse : Marche, va dévaster Rome! *Perge, urbem Romam vastaturus !* »

Un égaré, un inconscient, une force déchaînée, un élément à peine un peu plus responsable qu'un torrent débordé, c'est l'histoire même des invasions. La bande d'Alaric le saura comprendre à merveille, achevant et résumant cette orageuse destinée, lorsqu'elle lui donnera pour sépulture et mausolée, le lit fangeux d'un petit fleuve sans gloire.

Alaric est dans cette ville qu'il convoite et qui lui fait peur. La foudre éclate et jette bas quelques statues au milieu du Forum, sinistre présage. Six jours durant, le vainqueur pille, saccage, tue, respectant à grand'peine le seuil de quelques sanctuaires, puis il s'éloigne, il fuit, écrasé de butin, épouvanté de sa victoire. Il semble que les dalles de ces rues où tant de triomphateurs ont cheminé, lui brûlent les pieds ; il fuit n'osant pas même regarder en arrière.

« *Nil factum !* » Ce n'est rien, ainsi parle Orose, un contemporain. C'est en prendre bien à son aise, et cet Orose, si complaisamment dégagé des intérêts présents, serait digne d'être l'historiographe de l'empereur Honorius.

Honorius est à Ravenne, très occupé dans son poulailler. Son eunuque favori accourt ; il est tout pâle, il tremble, balbutiant des mots sans suite. Enfin il se fait comprendre : « Rome est perdue! » s'est-il écrié. « Eh quoi! elle vient, réplique l'empereur, de manger dans ma main! » Rome est le nom d'une poule qu'il nourrit, empressée à sa voix, fidèle à ses caresses, et que lui-même a baptisée de ce grand nom. L'eunuque s'explique. Rome est perdue, Alaric campe sur le Capitole ! « Bon! dit Honorius, j'avais compris que ma poule était morte. »

Les Barbares bien repus modèrent leurs appétits dévastateurs, et l'admiration béate que le spectacle, pour eux si nouveau, des splendeurs romaines, leur inspire, devient pour ces mêmes splendeurs la meilleure sauvegarde. Aucun de ces·grands fléaux du monde ne se risque à revêtir la pourpre impériale. Ils font des empereurs, ils les défont, jamais ils n'oseront continuer les Césars jusque dans la complète usurpation de l'héritage.

Théodoric harangue la foule dans le Forum, en un très mauvais latin, il n'en faut pas douter, et qui aurait cruellement torturé l'oreille de Cicéron, mais la conquête barbare témoigne ainsi d'une solennelle déférence aux souvenirs du passé.

Ce même Théodoric, conseillé de Boèce, de Symmaque, de Cassiodore, car il aime à s'entourer d'esprits cultivés, déclare hautement ses résolutions protectrices. Les monuments seront conservés et même restaurés, étrangement peut-être et d'une main maladroite, mais enfin Théodoric rêve l'adoption de la vieille Rome et commence par la mériter. « Je veillerai, dit-il, sur les monuments avec un zèle infatigable. » Aussi Rome, surprise d'une clémence que ses maîtres romains ne lui témoignaient pas toujours, avoue et proclame son bonheur. Le marbre en reçoit confidence : « *Regnante Domino Theodorico, felix Roma* ».

Au vi^e siècle, Procope nous montre « le Forum tout rempli de statues de bronze. On y voit, dit-il, des œuvres de Phidias, de Lysippe et la célèbre vache de Myron. »

Le cirque est l'objet d'une sollicitude toute particulière, le cirque devenu, ainsi que le raconte Ammien Marcellin, le temple du peuple, sa demeure, son lieu de réunion, sa chambre à coucher.

Quelquefois les poètes, au milieu même du tapage un peu vide et sans pensée que menait la Rome impériale, affrontaient les suffrages de la foule, et le Forum retentissait de leur faconde cadencée. L'usage subsiste très longtemps. Aux premières années du viie siècle, Fortunat, le poète familier de Clotaire et de la princesse Radegonde, s'enorgueillit d'apprendre que ses vers sont récités au Forum de Trajan. La statuaire romaine, ne saurait-elle plus que tailler d'affreuses caricatures, n'a pas encore renoncé à consacrer les gloires nouvelles et la statue du poète Sidoine Apollinaire est dressée dans ce même Forum.

Les Byzantins ressaisissent l'Italie et pour quelques jours refoulent les Barbares. Aussitôt Smaragdus, préfet de Rome, enlève une colonne au temple de Vespasien, car il faut se presser, les destinées impériales ne connaissant pas beaucoup de lendemains, et le piédestal reçoit une inscription où l'empereur Phocas « très clément (il n'a tué que son prédécesseur et les enfants impériaux) est loué pour les bienfaits innombrables de sa piété, pour le repos procuré à l'Italie et à la liberté. »

Ce monument de mensonge et d'une basse adulation est le dernier qu'ait reçu le Forum.

Charlemagne, un passant qui du moins chemine dans le rayonnement d'un triomphe mérité, loge, peut-être vaudrait-il mieux dire, campe au Palatin, dans le palais des Césars.

Mais une puissance s'est élevée qui diminue ou du moins balance toutes les autres. Rome, jusque dans l'écroulement de ses prospérités dernières, ne fait, semble-t-il, que renouveler sa gloire et changer de grandeur. Le monde a subi si longtemps, si docilement accepté l'asservissement même de la pensée que Rome transformée va, sans grande peine, lui jeter le mot d'ordre nouveau et formuler les nouvelles croyances. Les papes, héritiers des césars et prenant après eux le titre de souverains pontifes, réservent peut-être aux élus un royaume qui n'est pas de ce monde, mais dans cette lointaine attente, traitent de haut avec les plus superbes et bientôt établissent en ce monde un empire qui n'a pas de frontière. L'anathème est longtemps aussi fort que la légion.

C'est un retour singulier et qui témoigne d'une longue survivance des traditions les plus lointaines, le Forum reprend son droit d'élection. Les fidèles, souvent non sans tumulte, comme si le choix d'un consul ou d'un tribun ameutait les partis rivaux, désignent le suprême pasteur de l'Église, aux lieux mêmes où reviennent tous les fantômes de la vieille Rome. Un cortège, aussi magnifique qu'un temps de misère et de ruine permet de le rêver, accueille l'élu de Rome et du monde, et le promène à travers le majestueux décor de la métropole païenne. Les arcs triomphaux s'ouvrent docilement à ce triomphe inattendu. Les échappés des catacombes, leurs enfants du moins, effaceraient les pas des grands césars, si rien de ce qui est très grand pouvait jamais être effacé. Le vnr siècle, devait renouveler plusieurs fois ce spectacle singulier.

L'œuvre de destruction est commencée cependant. Rome se déplace, sans toutefois sortir de ses murailles, enceinte devenue trop vaste et qui lui permet d'errer comme en des solitudes chaque jour grandissantes. Les aqueducs sont rompus et de plusieurs siècles ne seront plus rétablis, les fontaines se dessèchent. L'Aventin est déserté presque complètement ; l'Esquilin, le Cœlius, le Viminal, quatre collines sur sept, ne présentent plus que des champs, des vignes bien souvent négligées du travailleur, car le travail est inféçond au milieu des alertes d'une existence haletante et angoissée. Les grandes ruines apparaissent, se dressant dans cet abandon et ce silence, et d'autant plus majestueuses que la ruine même est une suprême majesté. Rome, bien réduite, se cantonne dans le champ de Mars et se blottit au bord du Tibre. Cette eau fangeuse longtemps lui restera le seul breuvage permis. Rome finit, ou du moins semble finir, ainsi qu'elle a commencé, dans le croupissement d'un marécage.

Le Normand Robert Guiscard saccage et détruit avec une sorte de fureur.

On bâtit cependant, et c'est le désastre inexorable. La vieille Rome devient la carrière de la Rome nouvelle; c'est un prodige qu'elle ait pu suffire à dix siècles de pillage et rester reconnaissable. La ruine, suspendue aux premiers lendemains des invasions, précipite son œuvre ; elle a regret et repentir de sa trop longue indulgence. Le pape Eugène IV (1431) prescrit la recherche et l'enlèvement

des marbres anciens. Un four à chaux est établi au collège
de Vesta pour les dévorer plus rapidement.

Un bail, officiellement consenti et daté de 1499, porte
ces mots : *Locatur marmorariis cava de S. Cosmo e Da-
miano ad tre colonne.* C'est la location d'une carrière en
plein Forum, et le langage employé est aussi barbare que
la mesure même.

En cet âge ténébreux, une lumière subsiste, quelquefois
à peine une lueur, mais qui semble continuer la flamme
protectrice de Vesta. La suprème prééminence de Rome
apparaît comme un dogme généralement consenti ; les
destinées mêmes du monde semblent étroitement soumises à cette Rome gisante et cependant toujours dominatrice. La foi et la légende associent la même pensée.
Un Marc-Aurèle équestre qu'une piété ignorante révère, le
prenant pour un Constantin, garde quelques vestiges de
dorure, et cette dorure lentement reparaît, dit-on. Lorsque
l'empereur aura complètement revêtu sa première splendeur, le monde finira. La même toute-puissance de prédiction est attribuée au Colisée. Le monde ne saurait survivre à sa disparition.

Les titres, les dignités même que Rome avait illustrés,
n'ont pas trouvé un si complet ensevelissement que de
subites résurrections ne les rejettent en pleine lumière.
Les agitateurs populaires, poursuivants d'un souvenir
perdu dans un passé trop lointain pour pouvoir être rap-
pelé, ou d'un idéal encore trop incertain aux brumes de
l'avenir pour qu'il puisse être rejoint, n'imaginent rien qui
leur soit une force plus grande, une plus éclatante consé-
cration. Au xe siècle Crescentius est consul ; au xiie siècle

Arnaud de Brescia est tribun. Rienzi à son tour reprend le titre de consul; il est toutefois le consul des pauvres et des orphelins, et c'est une appellation en quelque sorte christianisée que les fastes consulaires avaient ignorée. Il semble que le théâtre du vieux Forum devait convenir, mieux que pas un autre lieu en sa Rome bien-aimée, à cet évocateur du passé, lui-même enivré des visions sublimes qui lui faisaient cortège. Le Forum ne paraît jamais avoir reçu que la confidence de ses rêveries et ses visites solitaires. Mais combien de fois, foulant du pied ce passé qu'il connaissait si bien, il a dû réprouver un présent si tristement dissemblable, et quelles malédictions son âme orageuse, au milieu de ces poussières qui furent le Comitium, la Curie, les rostres retentissants, ne devait-elle pas envoyer à ces repaires, à ces citadelles qu'une aristocratie de malandrins et de pillards découpait, crénelait aux ruines insolemment usurpées! Les Orsini au théâtre de Pompée, au tombeau d'Hadrien, les Savelli au théâtre de Marcellus, les Conti au Forum de César, de quel poids écrasant tous ces tyranneaux pesaient au front de Rome !

Sixte-Quint fait du Forum un lieu de décharge publique. Les gravats, les immondices, toutes les inutilités, toutes les impuretés que vomit une ville, l'envahissent et si bien l'effacent que la sépulture même en devient incertaine et controversée.

Le xvie siècle a multiplié les fouilles et remué le sous-sol romain, mais dans une préoccupation d'avidité plus encore que de curiosité, sans méthode et sans suite. Les tranchées n'avaient pas plus tôt livré quelques beaux marbres, déco-

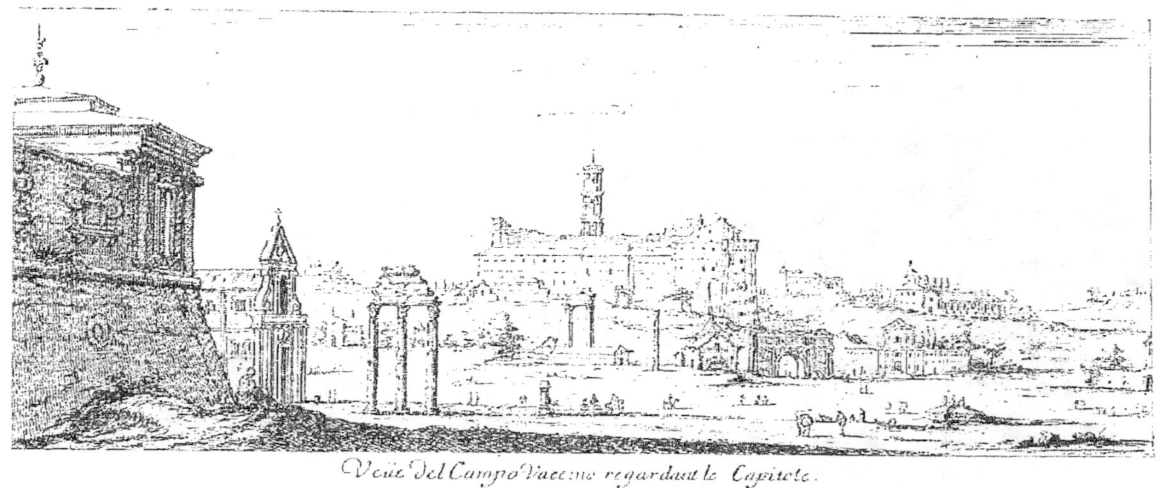

Le Forum au dix-septième siècle.

Le Forum au dix-septième siècle, regardant le Colisée.

ration enviée de tous ceux qui bâtissaient des palais ou
des villas, qu'elles étaient refermées, et la pioche allait
poursuivre un peu plus loin ses recherches. Paul III cependant, désireux de ménager à l'empereur Charles-Quint
les pompes d'une entrée solennelle, a ordonné le déblaie-
ment, ou du moins le nettoyage sommaire du Forum, de
la voie sacrée et de ses abords immédiats. Ainsi, sans
accrocher à la voûte les panaches de ses chevaliers, ce
César flamand-espagnol peut cheminer de l'arc de Constantin à l'arc de Sévère. Cette restitution pédante d'un triomphe à l'antique accuse bien le goût du temps; mais ce
n'est rien qu'une leçon apprise et plus ou moins mala-
droitement récitée, une mascarade où traînent des ori-
peaux menteurs. Le Forum n'en gardera qu'un peu plus
de poussière.

Le silence, l'abandon l'ont ressaisi. C'est maintenant le
Campo Vaccino, le champ des vaches, ainsi qu'il le fut
aux jours légendaires où Romulus y poussait son peuple
et son troupeau. Tel il nous apparaît au xviie siècle, lorsque
la rage destructive commence à se ralentir. Il n'a plus
guère d'habitants que des souvenirs, et encore ils
vagabondent indécis entre les débris qui les sollicitent, on dirait des hirondelles revenues d'un très lointain voyage. Elles souhaitent l'abri du vieux nid d'autrefois, mais le cherchent vainement, leur mémoire est
voilée de quelque incertitude; elles voltigent inquiètes;
les refuges aimés, toutes ces choses qui leur étaient
si doucement coutumières, ont si bien changé qu'elles
leur sont méconnaissables. Elles voltigent, les pau-
vrettes, répétant des appels restés inentendus; leurs

Vue prise du Forum en 1869

tournoiements et leurs petits cris disent leur triste déconvenue.

Le christianisme a conquis le Forum, tardivement,
mais enfin complètement. Les sanctuaires consacrés aux
saints, aux martyrs, germent presque aussi nombreux
que les sanctuaires païens et souvent à la même place.
Sainte-Marie libératrice avoisine ce qui fut le temple de
Vesta. L'église Saint-Cosme et Saint-Damien enchâssée
dans le temple de Romulus, fils de Maxence, une autre
église enchâssée dans le temple d'Antonin et de Faustine
et qui emprunte sa dénomination vulgaire d'admirable
Miranda, aux colonnes antiques magnifiquement alignées
sur sa façade, bordent la voie sacrée et annoncent le
Forum. La Curie et ses dépendances immédiates prêtent
l'appui de leurs murailles, ou du moins de leurs fondations, aux deux églises toutes voisines de Saint-Adrien et
de Sainte-Martine. La prison Mamertine est un sanctuaire
entre tous vénéré; elle ne connaîtra plus les angoisses
des agonies secrètes. Le sol même du Forum, ses dalles
obstinément païennes ont vu s'élever une petite église de
la Vierge mère, Sainte-Marie au Forum. Le rapprochement de ces mots, venus d'horizons si lointains, n'est-il
pas curieux et saisissant? C'est là un de ces contrastes
comme la ville éternelle en présente souvent. Cependant
cette église ne devait fournir qu'une destinée éphémère;
elle a disparu comme étouffée entre ces pierres qui répu-
gnaient à lui céder la place; ainsi languit et se dessèche
une plante chétive que le hasard d'une brise féconde a
fait germer entre deux pavés.

Au reste, toutes ces églises, parure nouvelle et longtemps

imprévue du Forum, empruntent leur plus grande magnificence aux débris qu'elles enchâssent, aux marbres ramassés dans les ruines.

Les basiliques, les sanctuaires qui ont fait la gloire de la Rome papale, sont loin d'ici.

Un long espace de temps devait s'écouler entre l'effacement suprême du Forum et sa longue exhumation, aujourd'hui seulement à peu près achevée. Les bœufs, les vaches y venaient poussés du long bâton ferré, et leurs pasteurs les escortaient, montés sur de petits chevaux. Ce n'était pas une solennelle hécatombe qui se préparait, mais la vente, l'achat très peu glorieux, un commerce très vulgaire. Dans l'attente du nouveau maître qui devait les emmener, les bêtes ruminaient tranquilles et bruyamment reniflaient, inquiètes de ne sentir à portée de leur langue qu'une herbe poudreuse et desséchée; puis elles sommeillaient de longues heures, car leurs maîtres de la veille, comme ceux du lendemain, n'étaient jamais bien pressés de conclure, et le Forum, devenu un pâturage, un dormoir, reflétait la si lointaine vision de ses premiers jours.

Les rêveurs, les chercheurs d'idéal, les glaneurs des hautes pensées, complaisamment visitaient ce Forum silencieux, les uns n'apportant à ce pèlerinage qu'une pieuse tendresse, les autres, le crayon à la main, interrogeant les ruines, ressaisissant à travers les siècles les splendeurs éteintes. Poussin, Gaspard Dughet, Claude Lorrain, combien d'autres sont venus là! Rien ou bien peu de chose troublait ces laborieuses méditations, cette sainte confraternité des grandes âmes et des grands souvenirs. Les

églises avoisinantes n'appelaient que le concours incertain
et intermittent de fidèles peu nombreux ; rien ne parlait,
rien ne respirait qu'en un discret murmure. Le pape
Pie VII voulut même éloigner un peu le marché aux bœufs
jusque sur la Vélia et planter d'ormeaux le vieux Forum,
ainsi que sur une tombe respectée, on veut la consolation
et l'abri de quelque verdure.

Les maisons étaient rares ; quelques pistes mal frayées
semblaient chercher à l'aveuglette le tracé des voies
anciennes ; un grand escalier, avoisinant la prison devenue
église, escaladait le Capitole, et si de là, arrêté sur les
derniers degrés, quelqu'un de ceux qui savent penser et
qui savent comprendre, se détournait et mesurait l'espace,
son regard restait enfermé aux étroitesses jalouses d'un
horizon bien réduit. Il ne voyait des temples que des
colonnes clairsemées, dernières survivantes de la futaie
tombée sous la cognée ; il n'en pouvait pas même mesurer
la hauteur, car les décombres leur montaient aux cannelures et les ensevelissaient presque à demi. Les voûtes
triomphales des arcs, où le nom des Césars encore res-
plendissait, s'enfonçaient ombreuses et basses ainsi que
l'entrée de mystérieuses catacombes, et les bas-reliefs de
guerres, de batailles, descendus au niveau du sol, met-
taient vainqueurs et vaincus à portée de la main. Pour
suivre l'épopée des victoires impériales il fallait écarter
du pied les broussailles ou les herbes folles. Et cependant
cette morne solitude grandissait jusqu'à l'immensité d'un
monde à ces yeux qui étaient dignes de la contempler, à
cette âme qui s'effrayait de ne la pouvoir contenir. C'est
que dans ces débris qui sont à peine des ruines, dans

cette tombe fameuse et qui semblait répandre en tous ses
alentours le silence et la mort même, se révélait la
plus féconde, la plus grande, la plus magnifique de toutes
les histoires, et que dans ces poussières frémissait encore
la vie la plus haute, la plus superbe qu'ait vécue l'humanité.

FIN

TABLE DES GRAVURES

TABLE DES MATIÈRES

22950. — PARIS, IMPRIMERIE LAHURE

9, rue de Fleurus, 9

CONDITIONS DE VENTE ET D'ABONNEMENT

LE JOURNAL DE LA JEUNESSE paraît le samedi de chaque semaine. Le prix du numéro, comprenant 16 pages grand in-8°, est de **40** centimes.

Les 52 numéros publiés dans une année forment deux volumes.

Prix de chaque volume, broché, **10** francs; cartonné en percaline rouge, tranches dorées, **13** francs.

PRIX DE L'ABONNEMENT

POUR PARIS ET LES DÉPARTEMENTS

UN AN (2 volumes)............... **20** FRANCS
SIX MOIS (1 volume)............. **10** —

Prix de l'abonnement pour les pays étrangers qui font partie de l'Union générale des postes : Un an, **22** fr.; six mois, **11** fr.

Les abonnements se prennent à partir du 1er décembre et du 1er juin de chaque année.

MON JOURNAL

DIXIÈME ANNÉE

NOUVEAU RECUEIL MENSUEL ILLUSTRÉ

POUR LES ENFANTS DE 5 A 10 ANS

PUBLIÉ SOUS LA DIRECTION DE

Mme Pauline KERGOMARD et de M. Charles DEFODON

CONDITIONS DE VENTE ET D'ABONNEMENT :

Il paraît un numéro le 15 de chaque mois depuis le 15 octobre 1881.

Prix de l'abonnement : Un an, 1 fr. 80; prix du numéro, 15 centimes.

Les neuf premières années de ce nouveau recueil forment neuf beaux volumes grand in-8°, illustrés de nombreuses gravures. La première année est épuisée; la dixième est en cours de publication.

Prix de l'année, brochée, 2 fr. ; cartonnée en percaline avec fers spéciaux à froid, 2 fr. 50.

Prix de l'emboîtage en percaline, pour les abonnés ou les acheteurs au numéro, 50 centimes.

NOUVELLE COLLECTION ILLUSTRÉE
POUR LA JEUNESSE ET L'ENFANCE
1re SÉRIE, FORMAT IN-8° JÉSUS

Prix du volume : broché, 7 fr.; cartonné, tranches dorées, 10 fr.

About (ED.) : *Le roman d'un brave homme.* 1 vol. illustré de 52 compositions par Adrien Maire.
— *L'homme à l'oreille cassée.* 1 vol. illustré de 61 compositions par Eug. Courboin.

Cahun (L.) : *Les aventures du capitaine Magon.* 1 vol. illustré de 72 gravures d'après Philippoteaux.
— *La bannière bleue.* 1 vol. illustré de 73 gravures d'après Lix.

Deslys (CHARLES) : *L'héritage de Charlemagne.* 1 vol. illustré de 129 gravures d'après Zier.

Dillaye (FR.) : *Les jeux de la jeunesse,* 1 vol. illustré de 203 grav.

Du Camp (MAXIME) : *La vertu en France.* 1 vol. illustré de 45 grav. d'après DUEZ, MYRBACH, TOFANI et E. ZIER.

Fleuriot (Mlle Z.) : *Cœur muet.* 1 vol. ill. de grav. d'après Adrien MARIE.

Guillemin (AMÉDÉE) : *La Pesanteur et la Gravitation universelle.* — *Le Son.* 1 vol. contenant 3 planches en couleurs, 23 planches en noir et 445 figures dans le texte.
— *La Lumière.* 1 vol. contenant 13 planches en couleurs, 14 planches en noir et 353 figures dans le texte.

Guillemin (AMÉDÉE) (suite) : *Le Magnétisme et l'Electricité.* 1 vol. contenant 5 planches en couleurs, 15 planches en noir et 577 figures dans le texte.
— *La Chaleur.* 1 vol. contenant 1 planche en couleurs, 8 planches en noir et 324 gravures dans le texte.
— *La Météorologie et la Physique moléculaire.* 1 vol. contenant 9 planches en couleurs, 20 planches en noir et 343 gravures dans le texte.

La Ville de Mirmont (H. DE) : *Contes Mythologiques.* 1 vol. illustré de 51 gravures.

Manzoni : *Les fiancés.* Édition abrégée par Mme J. Colomb. 1 vol. illustré de 40 gravures.

Mouton (EUG.) : *Vie et Aventures du Capitaine Marius Cougourdan.* 1 vol. illustré de 66 gravures d'après E. ZIER.

Rousselet (LOUIS) : *Nos grandes écoles militaires et civiles.* 1 vol. illustré de gravures d'après A. LEMAISTRE, FR. RÉGAMEY et P. RENOUARD.

Witt (Mme de), née Guizot : *Les femmes dans l'histoire.* 1 vol. illustré de 80 gravures.

2e SÉRIE, FORMAT IN-8° RAISIN

Prix du volume : broché, 4 fr.; cartonné, tranches dorées, 6 fr.

Anonyme (l'auteur de la Neuvaine de Colette) : *Tout droit.* 1 vol. illustré de 112 grav. d'après E. ZIER.

Assollant (A.) : *Montluc le Rouge.* 2 vol. avec 107 grav. d'après Sahib.
— *Pendragon.* 1 vol. avec 42 gravures d'après C. Gilbert.

Blandy (Mme S.) : *Rouxélou.* 1 vol. illustré de 112 gravures d'après E. Zier.
— *La part du Cadet.* 1 vol. illustré de 112 gravures d'après ZIER.

Cahun (L.) : *Les mercenaires.* 1 vol. avec 54 gravures d'après P. Fritel.

Chéron de la Bruyère (Mme) : *La tante Derbier.* 1 vol. illustré de 50 gravures d'après Myrbach.
— *Princesse Rosalba.* 1 vol. illustré de 60 gravures d'après TOFANI.

Colomb (Mme) : *Le violoneux de la sapinière.* 1 vol. avec 85 gravures d'après A. Marie.
— *La fille de Carilès.* 1 vol. avec 96 grav. d'après A. Marie. Ouvrage couronné par l'Académie française.
— *Deux mères.* 1 vol. avec 133 gravures d'après A. Marie.

Colomb (Mme) (suite) : *Le bonheur de Françoise.* 1 vol. avec 112 grav. d'après A. Marie.
— *Chloris et Jeanneton.* 1 vol. avec 105 gravures d'après Sahib.
— *L'héritière de Vauclain.* 1 vol. avec 104 grav. d'après C. Delort.
— *Franchise.* 1 vol. avec 113 gravures d'après C. Delort.
— *Feu de paille.* 1 vol. avec 98 grav. d'après Tofani.
— *Les étapes de Madeleine.* 1 vol. avec 105 grav. d'après Tofani.
— *Denis le tyran.* 1 vol. avec 115 gravures d'après Tofani.
— *Pour la muse.* 1 vol. avec 105 gravures d'après Tofani.
— *Pour la patrie.* 1 vol. avec 112 gravures d'après E. Zier.
— *Hervé Plémeur.* 1 vol. avec 112 gravures d'après E. Zier.
— *Jean l'innocent.* 1 vol. illustré de 112 gravures d'après Zier.
— *Danielle.* 1 vol. illustré de 112 gravures d'après Tofani.
— *Les révoltes de Sylvie.* 1 vol. avec 112 gravures d'après Tofani.
— *Mon oncle d'Amérique.* 1 vol. illustré de 112 grav. d'après TOFANI.
— *La Fille des Bohémiens.* 1 vol. illustré de 12 gravures d'après S. Reichan.

Cortambert (E.) : *Voyage pittoresque à travers le monde.* 1 vol. avec 81 gravures.

Cortambert et Deslys : *Le pays du soleil.* 1 vol. avec 35 gravures.

Daudet (E.) : *Robert Darnetal.* 1 vol. avec 81 grav. d'après Sahib.

Demoulin (Mme G.) : *Les animaux étranges.* 1 vol. avec 172 gravures.

Deslys (CH.) : *Courage et dévouement.* Histoire de trois jeunes filles. 1 vol. avec 31 gravures d'après Lix et Gilbert.
— *L'Ami François.* 1 vol. avec 35 gr.
— *Nos Alpes*, avec 39 gravures d'après J. David.
— *La mère aux chats.* 1 vol. avec 50 gravures d'après H. David.

Dillaye (Fr.) : *La filleule de saint Louis.* 1 vol. avec 39 grav. d'après E. Zier.

Énault (L.) : *Le chien du capitaine.* 1 vol. avec 43 gravures d'après E. Riou.

Erwin (Mme E. d') : *Heur et malheur.* 1 vol. avec 50 gravures d'après H. Castelli.

Fath (G.) : *Le Paris des enfants.* 1 vol. avec 60 gravures d'après l'auteur.

Fleuriot (Mlle Z.) : *M. Nostradamus.* 1 vol. avec 36 gravures d'après A. Marie.
— *La petite duchesse.* 1 vol. avec 73 gravures d'après A. Marie.
— *Grandcœur.* 1 vol. avec 45 gravures d'après C. Delort.
— *Raoul Daubry, chef de famille.* 1 vol. avec 32 gravures d'après C. Delort.
— *Mandarine.* 1 vol avec 95 gravures d'après C. Delort.
— *Cadok.* 1 vol. avec 24 gravures d'après C. Gilbert.
— *Câline.* 1 vol. avec 102 grav. d'après G. Fraipont.
— *Feu et flamme.* 1 vol. avec 80 gravures d'après Tofani.
— *Le clan des têtes choudes.* 1 vol. illustré de 65 gravures d'après Myrbach.
— *Au Galadoc.* 1 vol. illustré de 60 gravures d'après Zier.
— *Les premières pages.* 1 vol. avec 75 gravures d'après Adrien Marie.
— *Rayon de soleil.* 1 vol. illustré de 10 gravures d'après Mencina Kreszs.

Girardin (J.) : *Les braves gens.* 1 vol. avec 115 gravures d'après E. Bayard.
Ouvrage couronné par l'Académie française.
— *Nous autres.* 1 vol. avec 182 gravures d'après E. Bayard.
— *Fausse route.* 1 vol. avec 55 grav. d'après H. Castelli.
— *La toute petite.* 1 vol. avec 128 gravures d'après E. Bayard.
— *L'oncle Placide.* 1 vol. avec 139 gravures d'après A. Marie.
— *Le neveu de l'oncle Placide.* 3 vol. illustrés de 367 gravures d'après A. Marie, qui se vendent séparément.

Girardin (J.) (suite) : *Grand-père* 1 vol. avec 91 gravures d'après C. Delort.

Ouvrage couronné par l'Académie française.

— *Maman.* 1 vol. avec 112 gravures d'après Tofani.

— *Le roman d'un cancre.* 1 vol. avec 119 gravures d'après Tofani.

— *Les millions de la tante Zézé.* 1 vol. avec 112 grav. d'après Tofani.

— *La famille Gaudry.* 1 vol. avec 112 gravures d'après Tofani.

— *Histoire d'un Berrichon.* 1 vol. avec 112 gravures d'après Tofani.

— *Le capitaine Bassinoire.* 1 vol. illustré de 119 gravures d'après Tofani.

— *Second violon.* 1 vol. illustré de 112 gravures d'après Tofani.

— *Le fils Valansé.* 1 vol. avec 112 gravures d'après Tofani.

— *Le commis de M. Bouvat.* 1 vol. illustré de 119 gr. d'après TOFANI.

Giron (AIMÉ) : *Les trois rois mages.* 1 vol. illustré de 60 gravures d'après Fraipont et Pranishnikoff.

Gouraud (Mlle J.) : *Cousine Marie.* 1 vol. avec 36 gravures d'après A. Marie.

Nanteuil (Mme P. de) : *Capitaine.* 1 vol. illustré de 72 gravures d'après Myrbach.

Ouvrage couronné par l'Académie française.

— *Le général Du Maine.* 1 vol. avec 70 gravures d'après Myrbach.

— *L'épave mystérieuse.* 1 volume illustré de 80 gr. d'après MYRBACH.

Ouvrage couronné par l'Académie française.

— *En esclavage.* 1 vol. illustré de 80 gravures d'après Myrbach.

Rousselet (L.) : *Le charmeur de serpents.* 1 vol. avec 68 gravures d'après A. Marie.

— *Le fils du connétable.* 1 vol. avec 113 gravures d'après Pranishnikoff.

Rousselet (L.) (suite) : *Les deux mousses.* 1 vol. avec 90 gravures d'après Sahib.

— *Le tambour du Royal-Auvergne.* 1 vol. avec 115 gravures d'après Poirson.

— *La peau du tigre.* 1 vol. avec 102 gravures d'après Bellecroix et Tofani.

Saintine : *La nature et ses trois règnes,* ou la mère Gigogne et ses trois filles. 1 vol. avec 171 gravures d'après Foulquier et Faguet.

— *La mythologie du Rhin et les contes de la mère-grand.* 1 vol. avec 160 gravures d'après G. Doré.

Tissot et **Améro** : *Aventures de trois fugitifs en Sibérie.* 1 vol. avec 72 gravures d'après Pranishnikoff.

Witt (Mme de), née Guizot : *Scènes historiques.* 1re série. 1 vol. avec 18 gravures d'après E. Bayard.

— *Scènes historiques.* 2e série. 1 vol. avec 28 gravures d'après A. Marie.

— *Lutin et démon.* 1 vol. avec 36 gravures d'après Pranishnikoff et E. Zier.

— *Normands et Normandes.* 1 vol. avec 70 gravures d'après E. Zier.

— *Un jardin suspendu.* 1 vol. avec 39 gravures d'après C. Gilbert.

— *Notre-Dame Guesclin.* 1 vol. avec 70 gravures d'après E. Zier.

— *Une sœur.* 1 vol. avec 65 gravures d'après E. Bayard.

— *Légendes et récits pour la jeunesse.* 1 vol. avec 18 gravures d'après Philippoteaux.

— *Un nid.* 1 vol. avec 63 gravures d'après Ferdinandus.

— *Un patriote au quatorzième siècle.* 1 vol. illustré de gravures d'après E. Zier.

BIBLIOTHÈQUE DES PETITS ENFANTS
DE 4 A 8 ANS
FORMAT GRAND IN-16
CHAQUE VOLUME, BROCHÉ, 2 FR. 25
CARTONNÉ EN PERCALINE BLEUE, TRANCHES DORÉES, 3 FR. 50
Ces volumes sont imprimés en gros caractères.

Chéron de la Bruyère (Mme): *Contes à Pépée.* 1 vol. avec 24 gravures d'après Grivaz.
— *Plaisirs et aventures.* 1 vol. avec 30 gravures d'après Jeanniot.
— *La perruque du grand-père.* 1 vol. illustré de 30 gr. d'après Tofani.
— *Les enfants de Boisfleuri.* 1 vol. illustré de 30 gravures d'après Semechini.
— *Les vacances à Trouville.* 1 vol. avec 40 gravures d'après Tofani.
— *Le château du Roc-Salé.* 1 vol. illustré de 30 gr. d'après Tofani.
Colomb (Mme) : *Les infortunes de Chouchou.* 1 vol. avec 48 gravures d'après Riou.
Desgranges (Guillemette) : *Le chemin du collège.* 1 vol. illustré de 30 gravures d'après Tofani.
— *La famille Le Jarriel.* 1 vol. illustré de 36 gr. d'après Geoffroy.
Duporteau (Mme) : *Petits récits.* 1 vol. avec 28 gr. d'après Tofani.
Erwin (Mme E. d') : *Un été à la campagne.* 1 vol. avec 39 gravures d'après Sahib.
Favre : *L'épreuve de Georges.* 1 vol. avec 44 gravures d'après Geoffroy.
Franck (Mme E.) : *Causeries d'une grand'mère.* 1 vol. avec 72 gravures d'après C. Delort.
Fresneau (Mme), née de Ségur: *Une année du petit Joseph.* Imité de l'anglais. 1 vol. avec 67 gravures d'après Jeanniot.
Girardin (J.) : *Quand j'étais petit garçon.* 1 vol. avec 52 gravures d'après Ferdinandus.
— *Dans notre classe.* 1 vol. avec 26 gravures d'après Jeanniot.
— *Un drôle de Bonhomme.* 1 vol. illustré de 36 grav. d'après Geoffroy.
Le Roy (Mme F.): *L'aventure de Petit Paul.* 1 vol. illustré de 45 gravures, d'après Ferdinandus.

Le Roy (Mme F.) : *Pipo.* 1 vol. illustré de 36 grav. d'après Mencina Kresz.
Molesworth (Mme) : *Les aventures de M. Baby*, traduit de l'anglais par Mme de Witt. 1 vol. avec 12 gravures d'après W. Crane.
Pape-Carpantier (Mme) : *Nouvelles histoires et leçons de choses.* 1 vol. avec 42 grav. d'après Semechini.
Surville (André) : *Les grandes vacances.* 1 vol. avec 30 gravures d'après Semechini.
— *Les amis de Berthe.* 1 vol. avec 30 gravures d'après Ferdinandus.
— *La petite Givonnette.* 1 vol. illustré de 34 gravures d'après Grigny.
— *Fleur des champs.* 1 vol. illustré de 32 gravures d'après Zier.
— *La vieille maison du grand père.* 1 vol. avec 34 gravures d'après Zier.
— *La fête de Saint-Maurice.* 1 vol. illustré de 34 grav. d'après Tofani.
Witt (Mme de), née Guizot : *Histoire de deux petits frères.* 1 vol. avec 45 grav. d'après Tofani.
— *Sur la plage.* 1 vol. avec 55 gravures d'après Ferdinandus.
— *Par monts et par vaux.* 1 vol. avec 54 grav. d'après Ferdinandus.
— *Vieux amis.* 1 vol. avec 60 gravures d'après Ferdinandus.
— *En pleins champs.* 1 vol. avec 45 gravures d'après Gilbert.
— *Petite.* 1 vol. avec 56 gravures d'après Tofani.
— *A la montagne.* 1 vol. illustré de 5 gravures d'après Ferdinandus.
— *Deux tout petits.* 1 vol. illustré de 32 gravures d'après Ferdinandus.
— *Au-dessus du lac.* 1 vol. avec 44 grav.
— *Les enfants de la tour du Roc.* 1 vol. illustré de 56 gravures d'après E. Zier.
— *La petite maison dans la forêt.* 1 vol. illustré de 36 grav. d'après Robaudi.

BIBLIOTHÈQUE ROSE ILLUSTRÉE

FORMAT IN-16

CHAQUE VOLUME, BROCHÉ, 2 FR. 25

CARTONNÉ EN PERCALINE ROUGE, TRANCHES DORÉES, 3 FR. 50

Ire SÉRIE, POUR LES ENFANTS DE 4 A 8 ANS

Anonyme : *Chien et chat*, traduit de l'anglais. 1 vol. avec 45 gravures d'après É. Bayard.
— *Douze histoires pour les enfants de quatre à huit ans*, par une mère de famille. 1 vol. avec 8 gravures d'après Bertall.
— *Les enfants d'aujourd'hui*, par le même auteur. 1 vol. avec 40 gravures d'après Bertall.

Carraud (Mme) : *Historiettes véritables*, pour les enfants de quatre à huit ans. 1 vol. avec 94 gravures d'après G. Fath.

Fath (G.) : *La sagesse des enfants*, proverbes. 1 vol. avec 100 gravures d'après l'auteur.

Laroque (Mme) : *Grands et petits*. 1 vol. avec 61 gravures d'après Bertall.

Marcel (Mme J.) : *Histoire d'un cheval de bois*. 1 vol. avec 20 gravures d'après E. Bayard.

Pape-Carpantier (Mme) : *Histoire et leçons de choses pour les enfants*. 1 vol. avec 85 gravures d'après Bertall.
Ouvrage couronné par l'Académie française.

Perrault, MM^{mes} d'Aulnoy et Leprince de Beaumont : *Contes de fées*. 1 vol. avec 65 gravures d'après Bertall et Forest.

Porchat (J.) : *Contes merveilleux*. 1 vol. avec 21 gravures d'après Bertall.

Schmid (le chanoine) : 100 *contes pour les enfants*, traduit de l'allemand par André Van Hasselt. 1 vol. avec 29 gravures d'après Bertall.

Ségur (Mme la comtesse de) : *Nouveaux contes de fées*. 1 vol. avec 46 gravures d'après Gustave Doré et H. Didier.

IIe SÉRIE, POUR LES ENFANTS DE 8 A 14 ANS

Achard (A.) : *Histoire de mes amis*. 1 vol. avec 25 gravures d'après Bellecroix.

Alcott (Miss) : *Sous les lilas*, traduit de l'anglais par Mme S. Lepage. 1 vol. avec 23 gravures.

Andersen : *Contes choisis*, traduit du danois par Soldi. 1 vol. avec 40 gravures d'après Bertall.

Anonyme : *Les fêtes d'enfants*, scènes et dialogues. 1 vol. avec 41 gravures d'après Foulquier.

Assollant (A.). *Les aventures merveilleuses mais authentiques du
capitaine Corcoran.* 2 vol. avec
50 gravures, d'après A. de Neuville.
Barrau (Th.) : *Amour filial.* 1 vol.
avec 41 gravures d'après Ferogio.
Bawr (Mᵐᵉ de) : *Nouveaux contes.*
1 vol. avec 40 grav. d'après Bertall.
Ouvrage couronné par l'Académie
française.
Beleze : *Jeux des adolescents.* 1 vol.
avec 140 gravures.
Berquin : *Choix de petits drames et
de contes.* 1 vol. avec 36 gravures
d'après Foulquier, etc.
Berthet (E.) : *L'enfant des bois.*
1 vol. avec 61 gravures.
— *La petite Chailloux.* 1 vol. illustré
de 41 gravures d'après É. Bayard
et G. Fraipont.
Blanchère (De la) : *Les aventures
de la Ramée.* 1 vol. avec 36 gravures d'après E. Forest.
— *Oncle Tobie le pêcheur.* 1 vol. avec
80 gr. d'après Foulquier et Mesnel.
Boiteau (P.): *Légendes* recueillies ou
composées pour les enfants. 1 vol.
avec 42 gravures d'après Bertall.
Carpentier (Mˡˡᵉ E.): *La maison du
bon Dieu.* 1 vol. avec 58 gravures
d'après Riou.
— *Sauvons-le !* 1 vol. avec 60 gravures d'après Riou.
— *Le secret du docteur,* ou la maison
fermée. 1 vol. avec 43 gravures
d'après P. Girardet.
— *La tour du preux.* 1 vol. avec
59 gravures d'après Tofani.
— *Pierre le Tors.* 1 vol. avec 64 gravures d'après Zier.
— *La dame bleue.* 1 vol. illustré de
49 gravures d'après E. Zier.
Carraud (Mᵐᵉ Z.): *La petite Jeanne,*
ou le devoir. 1 vol. avec 21 gravures d'après Forest.
Ouvrage couronné par l'Académie
française.

Carraud (Mᵐᵉ Z.) (suite) : *Les goû-
ters de la grand'mère.* 1 vol. avec
18 gravures d'après E. Bayard.
— *Les métamorphoses d'une goutte
d'eau.* 1 vol. avec 50 gravures
d'après É. Bayard.
Castillon (A.) : *Les récréations
physiques.* 1 vol. avec 36 gravures
d'après Castelli.
— *Les récréations chimiques,* faisant
suite au précédent. 1 vol. avec
34 gravures d'après H. Castelli.
Cazin (Mᵐᵉ J.) : *Les petits montagnards.* 1 vol. avec 51 gravures
d'après G. Vuillier.
— *Un drame dans la montagne.* 1 vol.
avec 33 grav. d'après G. Vuillier.
— *Histoire d'un pauvre petit.* 1 vol.
avec 40 gravures d'après Tofani.
— *L'enfant des Alpes.* 1 vol. avec
33 gravures d'après Tofani.
— *Perlette.* 1 vol. illustré de 54 gravures d'après Myrbach.
— *Les saltimbanques.* 1 vol. avec
66 gravures d'après Girardet.
— *Le petit chevrier.* 1 vol. illustré
de 39 gravures d'après Vuillier.
— *Jean le Savoyard.* 1 vol. illustré
de 51 gravures d'après Slom.
Chabreul (Mᵐᵉ de) : *Jeux et exer-
cices des jeunes filles.* 1 vol. avec
62 gravures d'après Fath, et la
musique des rondes.
Colet (Mᵐᵉ L.) : *Enfances célèbres.*
1 vol. avec 57 grav. d'après Foulquier.
Colomb (Mᵐᵉ J.) : *Souffre-douleur.*
1 vol. illustré de 49 gravures d'après
Mˡˡᵉ Marcelle Lancelot.
Contes anglais, traduits par Mᵐᵉ de
Witt. 1 vol. avec 43 gravures
d'après Morin.
Deslys (Ch.) : *Grand'maman.* 1 vol.
avec 29 gravures d'après E. Zier.
Edgeworth (Miss) : *Contes de
l'adolescence,* traduit par A. Le
François. 1 vol. avec 42 gravures
d'après Morin.

Edgeworth (Miss) (suite) : *Contes de l'enfance*, traduit par le même. 1 vol. avec 26 gravures d'après Foulquier.

— *Demain*, suivi de *Mourad le malheureux*, contes traduits par H. Jousselin. 1 vol. avec 55 grav. d'après Bertall.

Fath (G.) : *Bernard, la gloire de son village*. 1 vol. avec 56 gravures d'après Mᵐᵉ G. Fath.

    Ouvrage couronné par l'Académie française.

Fleuriot (Mˡˡᵉ) : *Le petit chef de famille*. 1 vol. avec 57 gravures d'après H. Castelli.

— *Plus tard*, ou Le jeune chef de famille. 1 vol. avec 60 gravures d'après É. Bayard.

— *L'enfant gâté*. 1 vol. avec 48 gravures d'après Ferdinandus.

— *Tranquille et Tourbillon*. 1 vol. avec 45 grav. d'après C. Delort.

— *Cadette*. 1 vol. avec 52 gravures d'après Tofani.

— *En congé*. 1 vol. avec 61 gravures d'après Ad. Marie.

— *Bigarette*. 1 vol. avec 48 gravures d'après Ad. Marie.

— *Bouche-en-Cœur*. 1 vol. avec 45 gravures d'après Tofani.

— *Gildas l'intraitable*. 1 vol. avec 56 gravures d'après E. Zier.

— *Parisiens et Montagnards*. 1 vol. avec 49 gravures d'après E. Zier.

Foë (de) : *La vie et les aventures de Robinson Crusoé*, traduit de l'anglais. 1 vol. avec 40 gravures.

Fonvielle (W. de) : *Néridah*. 2 vol. avec 45 gravures d'après Sahib.

Fresneau (Mᵐᵉ), née de Ségur : *Comme les grands !* 1 vol. illustré de 46 gravures d'après Ed. Zier.

— *Thérèse à Saint-Domingue*. 1 vol. avec 49 gravures d'après Tofani.

— *Les protégés d'Isabelle*. 1 vol. illustré de 42 grav. d'après Tofani.

Genlis (Mᵐᵉ de) : *Contes moraux*. 1 v. avec 40 grav. d'après Foulquier, etc.

Gérard (A.) : *Petite Rose. — Grande Jeanne*. 1 vol. avec 28 gravures d'après Gilbert.

Girardin (J.) : *La disparition du grand Krause*. 1 vol. avec 70 gravures d'après Kauffmann.

Giron (A.) : *Ces pauvres petits*. 1 vol. avec 22 grav. d'après B. Nouvel.

Gouraud (Mˡˡᵉ J.) : *Les enfants de la ferme*. 1 vol. avec 59 grav. d'après É. Bayard.

— *Le livre de maman*. 1 vol. avec 68 grav. d'après É. Bayard.

— *Cécile, ou la petite sœur*. 1 vol. avec 26 grav. d'après Desandré.

— *Lettres de deux poupées*. 1 vol. avec 59 gravures d'après Olivier.

— *Le petit colporteur*. 1 vol. avec 27 grav. d'après A. de Neuville.

— *Les mémoires d'un petit garçon*. 1 vol. avec 86 grav. d'après É. Bayard.

— *Les mémoires d'un caniche*. 1 vol. avec 75 grav. d'après É. Bayard.

— *L'enfant du guide*. 1 vol. avec 60 gravures d'après É. Bayard.

— *Petite et grande*. 1 vol. avec 48 gravures d'après É. Bayard.

— *Les quatre pièces d'or*. 1 vol. avec 54 gravures d'après É. Bayard.

— *Les deux enfants de Saint-Domingue*. 1 vol. avec 54 gravures d'après É. Bayard.

— *La petite maîtresse de maison*. 1 vol. avec 37 grav. d'après Marie.

— *Les filles du professeur*. 1 vol. avec 36 grav. d'après Kauffmann.

— *La famille Harel*. 1 vol. avec 44 gravures d'après Valnay.

— *Aller et retour*. 1 vol. avec 40 gravures d'après Ferdinandus.

— *Les petits voisins*. 1 vol. avec 39 gravures d'après C. Gilbert.

Gouraud (Mlle J.) (suite) : *Chez grand'mère.* 1 vol. avec 98 grav. d'après Tofani.
— *Le petit bonhomme.* 1 vol. avec 45 grav. d'après A. Ferdinandus.
— *Le vieux château.* 1 vol. avec 28 gravures d'après E. Zier.
— *Pierrot.* 1 vol. avec 31 gravures d'après E. Zier.
— *Minette.* 1 vol. illustré de 52 gravures d'après TOFANI.
— *Quand je serai grande!* 1 vol. avec 60 gravures d'après Ferdinandus.

Grimm (les frères) : *Contes choisis,* traduit par Ferd. Baudry. 1 vol. avec 40 gravures d'après Bertall.

Hauff : *La caravane,* traduit par A. Talon. 1 vol. avec 40 gravures d'après Bertall.
— *L'auberge du Spessart,* traduit par A. Talon. 1 vol. avec 61 gravures d'après Bertall.

Hawthorne : *Le livre des merveilles,* traduit de l'anglais par L. Rabillon. 2 vol. avec 40 gravures d'après Bertall.

Hébel et **Karl Simrock** : *Contes allemands,* traduit par M. Martin. 1 vol. avec 27 grav. d'après Bertall.

Johnson (R. B.) : *Dans l'extrême Far West,* traduit de l'anglais par A. Talandier. 1 vol. avec 20 gravures d'après A. Marie.

Marcel (Mme J.) : *L'école buissonnière.* 1 vol. avec 20 gravures d'après A. Marie.
— *Le bon frère.* 1 vol. avec 21 gravures d'après É. Bayard.
— *Les petits vagabonds.* 1 vol. avec 25 gravures d'après É. Bayard.
— *Histoire d'une grand'mère et de son petit-fils.* 1 vol. avec 36 gravures d'après C. Delort.
— *Daniel.* 1 vol. avec 45 gravures d'après Gilbert.

Marcel (Mme J.) (suite). : *Le frère et la sœur.* 1 vol. avec 45 gravures d'après E. Zier.
— *Un bon gros pataud.* 1 vol. avec 45 gravures d'après Jeanniot.
— *L'oncle Philibert.* 1 vol. illustré de 56 grav. d'après Fr. Régamey.

Maréchal (Mlle M.) : *La dette de Ben-Aïssa.* 1 vol. avec 20 gravures d'après Bertall.
— *Nos petits camarades.* 1 vol. avec 18 gravures d'après E. Bayard et H. Castelli, etc.
— *La maison modèle.* 1 vol. avec 42 gravures d'après Sahib.

Marmier (X.) : *L'arbre de Noël.* 1 vol. avec 68 grav. d'après Bertall.

Martignat (Mlle de) : *Les vacances d'Élisabeth.* 1 vol. avec 36 gravures d'après Kauffmann.
— *L'oncle Boni.* 1 vol. avec 42 gravures d'après Gilbert.
— *Ginette.* 1 vol. avec 50 gravures d'après Tofani.
— *Le manoir d'Yolan.* 1 vol. avec 56 gravures d'après Tofani.
— *Le pupille du général.* 1 vol. avec 40 gravures d'après Tofani.
— *L'héritière de Maurivèze.* 1 vol. avec 39 grav. d'après Poirson.
— *Une vaillante enfant.* 1 vol. avec 43 gravures par Tofani.
— *Une petite-nièce d'Amérique.* 1 vol. avec 43 gravures d'après Tofani.
— *La petite fille du vieux Thémi.* 1 vol. illustré de 42 gravures d'après TOFANI.

Mayne-Reid (le capitaine) : *Les chasseurs de girafes,* traduit de l'anglais par H. Vattemare. 1 vol. avec 10 grav. d'après A. de Neuville.
— *A fond de cale,* traduit par Mme H. Loreau. 1 vol. avec 12 gravures.
— *A la mer!* traduit par Mme H. Loreau. 1 vol. avec 12 gravures.

Mayne-Reid (le capitaine) (suite) :
Bruin, ou les chasseurs d'ours,
traduit par A. Letellier. 1 vol. avec
8 grandes gravures.

— *Les chasseurs de plantes*, traduit
par Mme H. Loreau. 1 vol. avec
29 gravures.

— *Les exilés dans la forêt*, traduit par
Mme H. Loreau. 1 vol. avec 12 gravures.

— *L'habitation du désert*, traduit par
A. Le François. 1 vol. avec 24 grav.

— *Les grimpeurs de rochers*, traduit
par Mme H. Loreau. 1 vol. avec
20 gravures.

— *Les peuples étranges*, traduit par
Mme H. Loreau. 1 vol. avec 24 grav.

— *Les vacances des jeunes Boërs*,
traduit par Mme H. Loreau. 1 vol.
avec 12 gravures.

— *Les veillées de chasse*, traduit
par H.-B. Révoil. 1 vol. avec
43 gravures d'après Freeman.

— *La chasse au Léviathan*, traduit
par J. Girardin. 1 vol. avec 51 gravures
d'après A. Ferdinandus et
Th. Weber.

— *Les naufragés de la Calypso*. 1 vol.
traduit par Mme GUSTAVE DEMOULIN
et illustré de 55 gravures d'après
PRANISHNIKOFF.

Moussac (Mme la marquise de) :
Popo et Lili ou les deux jumeaux.
1 vol. illustré de 58 gravures d'après
E. Zier.

Muller (E.) : *Robinsonnette*. 1 vol.
avec 22 gravures d'après Lix.

Ouida : *Le petit comte*. 1 vol. avec
34 gravures d'après G. Vuillier,
Tofani, etc.

Peyronny (Mme de), née d'Isle :
Deux cœurs dévoués. 1 vol. avec
53 gravures d'après J. Devaux.

Pitray (Mme de) : *Les enfants des
Tuileries*. 1 vol. avec 29 gravures
d'après E. Bayard.

— *Les débuts du gros Philéas*. 1 vol.
avec 57 grav. d'après H. Castelli.

— *Le château de la Pétaudière*.
1 vol. avec 78 grav. d'après A. Marie.

Pitray (Mme de) (suite) : *Le fils du
maquignon.* 1 vol. avec 65 grav.
d'après Riou.

— *Petit monstre et poule mouillée*.
1 vol. avec 66 grav. par E. Girardet.

— *Robin des Bois*. 1 vol. illustré de
40 gravures d'après Sirouy.

— *L'usine et le château*. 1 vol. illustré
de 44 grav. d'après Robaudi.

Rendu (V.) : *Mœurs pittoresques
des insectes*. 1 vol. avec 49 grav.

Rostoptchine (Mme la comtesse) :
Belle, Sage et Bonne. 1 vol. avec
39 gravures d'après Ferdinandus.

Sandras (Mme) : *Mémoires d'un lapin
blanc*. 1 vol. avec 20 gravures
d'après E. Bayard.

Sannois (Mlle la comtesse de) : *Les
soirées à la maison*. 1 vol. avec
42 gravures d'après E. Bayard.

Ségur (Mme la comtesse de) : *Après
la pluie, le beau temps*. 1 vol.
avec 128 grav. d'après E. Bayard.

— *Comédies et proverbes*. 1 vol.
avec 60 gravures d'après E. Bayard.

— *Diloy le chemineau*. 1 vol. avec
90 gravures d'après H. Castelli.

— *François le bossu*. 1 vol. avec
114 gravures d'après E. Bayard.

— *Jean qui grogne et Jean qui rit*.
1 vol. avec 70 grav. d'après Castelli.

— *La fortune de Gaspard*. 1 vol.
avec 52 gravures d'après Gerlier.

— *La sœur de Gribouille*. 1 vol.
avec 72 grav. d'après H. Castelli.

— *Pauvre Blaise !* 1 vol. avec 65
gravures d'après H. Castelli.

— *Quel amour d'enfant !* 1 vol. avec
79 gravures d'après E. Bayard.

— *Un bon petit diable*. 1 vol. avec
100 gravures d'après H. Castelli.

— *Le mauvais génie*. 1 vol. avec
90 gravures d'après E. Bayard.

— *L'auberge de l'Ange-Gardien*. 1 vol.
avec 75 grav. d'après Foulquier.

— *Le général Dourakine*. 1 vol. avec
100 gravures d'après E. Bayard.

Ségur (Mme la comtesse de) (suite) : *Les bons enfants*. 1 vol. avec 70 gravures d'après Ferogio.

— *Les deux nigauds*. 1 vol. avec 76 gravures d'après H. Castelli.

— *Les malheurs de Sophie*. 1 vol. avec 48 grav. d'après H. Castelli.

— *Les petites filles modèles*. 1 vol. avec 21 gravures d'après Bertall.

— *Les vacances*. 1 vol. avec 36 gravures d'après Bertall.

— *Mémoires d'un âne*. 1 vol. avec 75 grav. d'après H. Castelli.

Stolz (Mme de) : *La maison roulante*. 1 vol. avec 20 grav. sur bois d'après E. Bayard.

— *Le trésor de Nanette*. 1 vol. avec 24 gravures d'après E. Bayard.

— *Blanche et noire*. 1 vol. avec 54 gravures d'après E. Bayard.

— *Par-dessus la haie*. 1 vol. avec 56 gravures d'après A. Marie.

— *Les poches de mon oncle*. 1 vol. avec 20 gravures d'après Bertall.

— *Les vacances d'un grand-père*. 1 vol. avec 40 gravures d'après G. Delafosse.

— *Quatorze jours de bonheur*. 1 vol. avec 45 gravures d'après Bertall.

— *Le vieux de la forêt*. 1 vol. avec 32 gravures d'après Sahib.

— *Le secret de Laurent*. 1 vol. avec 32 gravures d'après Sahib.

— *Les deux reines*. 1 vol. avec 32 gravures d'après Delort.

— *Les mésaventures de Mlle Thérèse*. 1 vol. avec 29 grav. d'après Charles.

Stolz (Mme de) (suite) : *Les frères de lait*. 1 vol. avec 42 gravures d'après E. Zier.

— *Magali*. 1 vol. avec 36 gravures d'après Tofani.

— *La maison blanche*. 1 vol. avec 35 gravures d'après Tofani.

— *Les deux André*. 1 vol. avec 45 gravures d'après Tofani.

— *Deux tantes*. 1 vol. avec 43 gravures d'après Tofani.

— *Violence et bonté*. 1 vol. avec 36 gravures par Tofani.

— *L'embarras du choix*. 1 v. illustré de 36 gravures d'après Tofani.

— *Petit Jacques*. 1 vol. illustré de 48 gravures d'après Tofani.

Swift : *Voyages de Gulliver*, traduit et abrégé à l'usage des enfants. 1 vol. avec 57 gravures d'après Delafosse.

Taulier : *Les deux petits Robinsons de la Grande-Chartreuse*. 1 vol. avec 69 gravures d'après E. Bayard et Hubert Clerget.

Tournier : *Les premiers chants*, poésies à l'usage de la jeunesse. 1 vol. avec 20 gravures d'après Gustave Roux.

Vimont (Ch.) : *Histoire d'un navire*. 1 vol. avec 40 gravures d'après Alex. Vimont.

Witt (Mme de), née Guizot : *Enfants et parents*. 1 vol. avec 34 gravures d'après A. de Neuville.

— *La petite-fille aux grand'mères*. 1 vol. avec 36 grav. d'après Beau.

— *En quarantaine*. 1 vol. avec 48 gravures d'après Ferdinandus.

IIIe SÉRIE, POUR LES ENFANTS ADOLESCENTS

ET POUVANT FORMER UNE BIBLIOTHÈQUE POUR LES JEUNES FILLES DE 14 A 18 ANS

VOYAGES

Agassiz (M. et Mme) : *Voyage au Brésil*, traduit et abrégé par J. Belin de Launay. 1 vol. avec 16 gravures et 1 carte.

Aunet (Mme d') : *Voyage d'une femme au Spitzberg*. 1 vol. avec 34 gravures.

Baines : *Voyages dans le sud-ouest de l'Afrique*, traduit et abrégé par J. Belin de Launay. 1 vol. avec 23 gravures et 1 carte.

Baker : *Le lac Albert N'yanza.* Nouveau voyage aux sources du Nil, abrégé par Belin de Launay. 1 vol. avec 16 gravures et 1 carte.

Baldwin : *Du Natal au Zambèze* (1861-1865). Récits de chasses, abrégés par J. Belin de Launay. 1 vol. avec 24 gravures et 1 carte.

Burton (le capitaine) : *Voyages à la Mecque, aux grands lacs d'Afrique et chez les Mormons,* abrégé par J. Belin de Launay. 1 vol. avec 12 gravures et 3 cartes.

Catlin : *La vie chez les Indiens,* traduit de l'anglais. 1 vol. avec 25 gravures.

Fonvielle (W. de) : *Le glaçon du Polaris,* aventures du capitaine Tyson. 1 vol. avec 19 gravures et 1 carte.

Hayes (D^r) : *La mer libre du pôle,* traduit par F. de Lanoye, et abrégé par J. Belin de Launay. 1 vol. avec 14 gravures et 1 carte.

Hervé et de **Lanoye** : *Voyages dans les glaces du pôle arctique.* 1 vol. avec 40 gravures.

Lanoye (F. de) : *Le Nil et ses sources.* 1 vol. avec 32 gravures et des cartes.
— *La Sibérie.* 1 vol. avec 48 gravures d'après Lebreton, etc.
— *Les grandes scènes de la nature.* 1 vol. avec 40 gravures.
— *La mer polaire,* voyage de l'*Érèbe* et de la *Terreur,* et expédition à la recherche de Franklin. 1 vol. avec 29 gravures et des cartes.
— *Ramsès le Grand,* ou l'Égypte il y a trois mille trois cents ans. 1 vol. avec 39 gravures d'après Lancelot, E. Bayard, etc.

Livingstone : *Explorations dans l'Afrique australe,* abrégé par J. Belin de Launay. 1 vol. avec 20 gravures et 1 carte.

Livingstone (suite) : *Dernier journal,* abrégé par J. Belin de Launay. 1 vol. avec 16 grav. et 1 carte.

Mage (L.) : *Voyage dans le Soudan occidental,* abrégé par J. Belin de Launay. 1 vol. avec 16 gravures et 1 carte.

Milton et **Cheadle** : *Voyage de l'Atlantique au Pacifique,* traduit et abrégé par J. Belin de Launay. 1 vol. avec 16 gravures et 2 cartes.

Mouhot (Ch.) : *Voyage dans le royaume de Siam, le Cambodge et le Laos.* 1 vol. avec 28 gravures et 1 carte.

Palgrave (W. G.) : *Une année dans l'Arabie centrale,* traduit et abrégé par J. Belin de Launay. 1 vol. avec 12 gravures, 1 portrait et 1 carte.

Pfeiffer (Mme) : *Voyages autour du monde,* abrégé par J. Belin de Launay. 1 vol. avec 16 gravures et 1 carte.

Piotrowski : *Souvenirs d'un Sibérien.* 1 vol. avec 10 gravures d'après A. Marie.

Schweinfurth (D^r) : *Au cœur de l'Afrique* (1866-1871). Traduit par Mme H. Loreau, et abrégé par J. Belin de Launay. 1 vol. avec 16 gravures et 1 carte.

Speke : *Les sources du Nil,* édition abrégée par J. Belin de Launay. 1 vol. avec 24 gravures et 3 cartes.

Stanley : *Comment j'ai retrouvé Livingstone,* traduit par Mme Loreau, et abrégé par J. Belin de Launay. 1 vol. avec 16 gravures et 1 carte.

Vambéry : *Voyages d'un faux derviche dans l'Asie centrale,* traduit par E. D. Forgues, et abrégé par J. Belin de Launay. 1 vol. avec 18 gravures et une carte.

HISTOIRE

Le loyal serviteur : *Histoire du gentil seigneur de Bayard*, revue et abrégée, à l'usage de la jeunesse, par Alph. Feillet. 1 vol. avec 36 gravures d'après P. Sellier.

Monnier (M.) : *Pompéi et les Pompéiens*. Édition à l'usage de la jeunesse. 1 vol. avec 25 gravures d'après Thérond.

Plutarque : *Vie des Grecs illustres*, édition abrégée par A. Feillet. 1 vol. avec 53 gravures d'après P. Sellier.

— *Vie des Romains illustres*, édition abrégée par A. Feillet. 1 vol. avec 69 gravures d'après P. Sellier.

Retz (Le cardinal de) : *Mémoires* abrégés par A. Feillet. 1 vol. avec 35 gravures d'après Gilbert, etc.

LITTÉRATURE

Bernardin de Saint-Pierre : *Œuvres choisies*. 1 vol. avec 12 gravures d'après E. Bayard.

Cervantès : *Don Quichotte de la Manche*. 1 vol. avec 64 gravures d'après Bertall et Forest.

Homère : *L'Iliade et l'Odyssée*, traduites par P. Giguet et abrégées par Alph. Feillet. 1 vol. avec 33 gravures d'après Olivier.

Le Sage : *Aventures de Gil Blas*, édition destinée à l'adolescence. 1 vol. avec 50 gravures d'après Leroux.

Mac-Intosch (Miss) : *Contes américains*, traduit par Mme Dionis. 2 vol. avec 50 gravures d'après E. Bayard.

Maistre (X. de) : *Œuvres choisies*. 1 vol. avec 15 gravures d'après E. Bayard.

Molière : *Œuvres choisies*, abrégées, à l'usage de la jeunesse. 2 vol. avec 22 gravures d'après Hillemacher.

Virgile : *Œuvres choisies*, traduites et abrégées à l'usage de la jeunesse, par Th. Barrau. 1 vol. avec 20 gravures d'après P. Sellier.

PETITE BIBLIOTHÈQUE DE LA FAMILLE

FORMAT PETIT IN-12

A 2 FRANCS LE VOLUME

LA RELIURE EN PERCALINE GRIS PERLE, TRANCHES ROUGES,
SE PAYE EN SUS, 50 C.

Fleuriot (Mlle Z.) : *Tombée du nid.*
1 vol.

— *Raoul Daubry, chef de famille.*
2e édit. 1 vol.

— *L'héritier de Kerguignon.* 3e édit.
1 vol.

— *Réséda.* 9e édit. 1 vol.

— *Ces bons Rosačc !* 1 vol.

— *La vie en famille.* 8e édit. 1 vol.

— *Le cœur et la tête.* 1 vol.

— *Au Galadoc.* 1 vol.

— *De trop.* 1 vol.

— *Le théâtre chez soi, comédies et proverbes.* 1 vol.

— *Sans beauté.* 1 vol.

— *Loyauté.* 1 vol.

— *La clef d'or.* 1 vol.

— *Bengale.* 1 vol.

Fleuriot Kérinou : *De fil en aiguille.* 1 vol.

Girardin (J.) : *Le locataire des demoiselles Rocher.* 1 vol.

Girardin (J.) (suite) : *Les épreuves d'Étienne.* 1 vol.

— *Les théories du docteur Wurtz.* 1 vol.

— *Miss Sans-Cœur.* 2e édit. 1 vol.

— *Les braves gens.* 1 vol.

Giron (AIMÉ) : *Braconnette.* 1 vol.

Marcel (Mme J.) : *Le Clos-Chantereine.* 1 vol.

Wiele (Mme Van de) : *Filleul du roi !* 1 vol.

Witt (Mme de), née Guizot : *Tout simplement.* 2e édition. 1 vol.

— *Reine et maîtresse.* 1 vol.

— *Un héritage.* 1 vol.

— *Ceux qui nous aiment et ceux que nous aimons.* 1 vol.

— *Sous tous les cieux.* 1 vol.

— *A travers pays.*

— *Vieux contes de la veillée.* 1 vol.

— *Regain de vie.* 1 vol.

D'autres volumes sont en préparation.

6186. — Imprimeries réunies, rue Mignon, 2, Paris. — 8-91. — 40,000.

9 782013 438544